Norbert Elias : *Etudes sur les Allemands*

5-7, rue de l'Ecole polytechnique ; 75005 Paris

http://www.librairieharmattan.com
diffusion.harmattan@wanadoo.fr
harmattan1@wanadoo.fr

ISBN : 978-2-296-07644-0
EAN : 9782296076440

Françoise Lartillot (*coord.*)

Norbert Elias : *Etudes sur les Allemands*

Lectures d'une œuvre

L'Harmattan

DE L'ALLEMAND (DA)

Collection dirigée par Françoise Lartillot
(Germaniste, Professeur à l'Université Paul Verlaine - Metz) et Joël Bernat

Le titre de cette collection fait écho à celui de Mme de Staël, *De l'Allemagne*, qui voulait diffuser plus largement la littérature et la pensée allemandes en France. La connaissance de l'Allemagne et de ses lettres s'est diversifiée depuis, elle n'est plus, espérons-le, la cause de quelque bannissement ; pourtant il ne semble pas superflu de soutenir par une médiation renouvelée la diffusion de ce qui s'écrit « en allemand » (que ce soit de textes d'Allemagne, d'Autriche, de Suisse alémanique, ...). Tel est le sens de « **DA** » : un premier volant de la collection présente des traductions de textes encore inconnus en France, soit littéraires soit critiques, elle ne négligera pas de présenter à l'occasion des textes qui, pour être déjà connus en langue française, n'en recèleraient pas moins encore quelque secret recouvert par certaines habitudes de lecture et qu'il s'agirait alors d'exhumer. La lecture critique sera au cœur de l'autre volant de « **DA** », lectures d'œuvres en langue allemande, qui proposeront non seulement des voies d'accès mais aussi une réflexion sur ces voies, qu'elles suivent et feront donc jouer les points de vue.

Donc une collection qui se divise en deux séries : des études et recherches universitaires, et des traductions inédites en français.

Cet ouvrage a été réalisé en collaboration avec Olivier Agard, responsable des deux journées d'études consacrées à ce même sujet, lors desquelles certaines contributions ont fait l'objet d'une communication et auquel j'exprime ici mes remerciements.

Ces journées ont eu lieu les *vendredi 6 et samedi 7 février 2009* à la maison *Heinrich Heine* de Paris avec le soutien du *Groupe Weimar* (Groupe de Recherche sur la Culture de Weimar) rattaché au secrétariat scientifique de la *Maison des Sciences de l'Homme* (Paris).

Enfin, l'ouvrage a été publié grâce au soutien financier du CEGIL (Centre d'Etudes Germaniques Interculturelle de Lorraine) de l'université Paul Verlaine – Metz. Que son directeur Michel Grunewald en soit ici remercié.

Françoise Lartillot*
En guise d'introduction. Norbert Elias : Du mythe aux histoires « symboliques », la méthode « Elias »

> « Quand les détenteurs du pouvoir se menacent mutuellement – c'est toujours le Pauvre Jacob que l'on bat, qu'il soit bouddhiste, païen, chrétien, musulman, ou Juif Éternel. Pour finir, il en va toujours ainsi de nos jours. Les réfugiés du Vietnam, de l'Afghanistan, d'Éthiopie, du Soudan, du Chili et de nombreux autres pays – sont tous rejetés par les détenteurs du pouvoir et de belle manière. »[1]

Les textes de Norbert Elias, en particulier ceux qui sont présents dans les *Études sur les Allemands*[2] offrent des accès multiples. Cela est lié à plusieurs types de facteurs. Il y a d'une part l'interdisciplinarité qui y est pratiquée sans être revendiquée en tant que telle : histoire, anthropologie (Plessner), psychanalyse (Freud, mais aussi Foulke), philosophie de la connaissance (en particulier néokanntienne Hönigswald, Cassirer), sociologies (Weber, Simmel, Parsons, ...) sont présentes en filigrane et en même temps remises en cause. D'autre part joue un rôle une forme d'intertextualité ou d'interdiscursivité voilée : on reconnaît, mais parfois à grand peine, telle ou telle philosophie, telle ou telle notion souvent privée d'une partie significative d'elle-même (en particulier en ce qui concerne la psychanalyse – dont Elias occulte en fait tout l'aspect intrapersonnel). On observe enfin une tendance d'Elias à la narrativité : en un sens, l'on pourrait dire qu'il anticipe tout à la fois le discours sur la mémoire[3], la question psychanalytique liée à l'histoire de soi telle que présentée par Michel de Certeau[4] ou l'analyse culturelle – telle que présentée par Mieke Bal[5] – et qu'en même temps, il est naturellement en retrait par rapport à certaines de ces orientations, qui se sont forgées de manière explicite ultérieurement ; il les annonce en filigrane, parlant en fait depuis un autre lieu que celui de la théorisation pure et simple.

Dans cette introduction, nous n'aurons pas la prétention de résoudre toutes les questions que posent ces juxtapositions ou superpositions, mais plutôt

* Françoise Lartillot, Professeur des Universités, Université Paul Verlaine – Metz, lartillot@univ-metz.fr.

[1] Norbert Elias : *Los der Menschen*, Suhrkamp, Frankfurt am Main, 1988, p. 88. Notre traduction.

[2] Norbert Elias : *Studien über die Deutschen. Machtkämpfe und Habitusentwicklung im 19. und 20. Jahrhundert*. Suhrkamp, Frankfurt am Main, 1992 (erste Auflage 1989) ; désormais cité SüD.

[3] Tel qu'illustré paradigmatiquement par les thèses de Maurice Halbwachs.

[4] Michel de Certeau : *Histoire et psychanalyse entre science et fiction*. Gallimard, Paris, 1986.Voir surtout le chapitre V, « Psychanalyse et histoire ».

[5] Mieke Bal : *Kulturanalyse*. Aus dem Englischen von Joachim Schulte. Suhrkamp, 2006 (Originaltext, 2002) où elle porte l'accent sur le « narratif » comme mise en lumière de processus culturels.

d'essayer d'en comprendre l'agencement à partir du lien d'Elias à la narration précisément et en considérant ensuite ce lien tout d'abord de manière intrinsèque, interne à l'œuvre.

Nous considérerons donc tout d'abord que le texte *Qu'est-ce que la sociologie ?*[6] est un texte programmatique qui donne quelques clefs du programme eliasien en particulier en ce qui concerne la réflexion d'Elias sur la question du mythe comme d'une forme première de narration mensongère qui reste enkystée dans le langage scientifique qui prétend pour sa part à une certaine « vérité » (c'est-à-dire pour Elias à une adéquation au moins transitoire entre un modèle et une série d'observations).

Ensuite, nous considérerons la manière dont Elias remplace cela par des « récits symboliques », tantôt plutôt symboles, tantôt plutôt récits de longue haleine.

Enfin, nous considérerons que ce récit s'accompagne d'un point de vue.

1) Le refus du mythe : une question de principe

Dans son texte sur la sociologie, Elias définit son activité de sociologue comme celle d'un « chasseur de mythes », « étiquette » qu'il revendique encore dans l'interview où il présente son parcours[7]. Il définit cette notion ainsi :

> Les scientifiques sont en d'autres termes des chasseurs de mythe, ils s'efforcent de substituer l'observation des faits aux images utilisées pour représenter des relations d'interdépendance se trouvant à la base d'événements donnés mais ne reposant sur aucune preuve tangible, de remplacer les mythes, les représentations liées à des croyances, les spéculations métaphysiques par des théories, donc par des modèles représentant les relations d'interdépendances déjà nommées, lesquels sont vérifiables à partir de l'observation des faits et susceptibles d'être corrigés.
>
> Cette chasse aux mythes, le fait de révéler que les mythes nés par l'opération d'une synthèse de la représentation n'a pas de fondement effectif, restera toujours la tâche des sciences, car que l'on soit intégré ou non dans un groupe de spécialistes scientifiques, on transforme par trop souvent des théories scientifiques elles-mêmes en systèmes relevant de la croyance. On les élargit ou les utilise d'une manière qui ne trouve pas sa justification dans l'observation des faits prenant appui sur la théorie. »[8]

---

[6] Norbert Elias : *Was ist Soziologie ?* München, 1970.

[7] *Norbert Elias über sich selbst.* Suhrkamp, Frankfurt am Main, 1990. « Dans mon livre, Qu'est-ce que la sociologie, il y a un chapitre intitulé "Le sociologue : un chasseur de mythes" (...) les mythes, tel est ma conviction, se vengent toujours. » (Ibid., p.53). Un peu plus loin, Norbert Elias rappelle que son projet de doctorat initial portait sur la question du passage d'une pensée mythologique à une pensée scientifique (projet nourri durant les années vingt et qui devait être conduit sous la direction d'Alfred Weber). (*Ibid.*, 55)

[8] Norbert Elias : *op. cit.* (note 6), p. 65. On pourra reconnaître ici une réflexion très proche de la réflexion de Max Weber sur les types idéaux mais aussi de la pensée d'Ernst Cassirer sur la

La notion de mythe s'avère étroitement liée à la question de la représentation d'une part, à l'usage du langage d'autre part, étant donné que le langage véhicule des représentations mythiques « naïves » qui s'immiscent dans les théories d'autant plus que les expressions employées ne sont pas d'abord examinées de manière critique par les scientifiques eux-mêmes[9]. Ainsi, l'utilisation irréfléchie du langage quotidien qui émane d'une confusion des effets de la raison, de la perception naïve et de l'affect, en particulier dans le domaine des sciences humaines et en l'occurrence de la sociologie, est le vecteur de ce gauchissement ; Elias en donne un exemple parlant, d'autant plus qu'il se rapporte à un concept central de sa propre théorie, celui de pouvoir :

> Nous disons d'un être humain qu'il a énormément de pouvoir, comme si le pouvoir était quelque chose qu'il portait dans sa poche avec lui. Mais cet usage du terme est un résidu de représentations magico-mythiques. Le pouvoir n'est pas une amulette possédée par l'un et non pas l'autre, c'est une caractéristique structurelle des relations humaines – de toutes les relations humaines.[10]

La représentation de l'individu pensant relève également selon Elias, des confusions notoires de la réflexion scientifique.

2) Une autre manière de « mettre en « images » »

S'il s'agit d'exclure des transpositions qui paraîtraient impropres, des expressions peu précises, entraînant des confusions de registres de la représentation, il ne s'agit pas non plus de valoriser de manière unilatérale une raison abstraite et formaliste établie une fois pour toute.

Il s'agit d'une part de valoriser une raison qui épouse les traits d'un « affect juste » quoique évolutif (ou précisément parce qu'évolutif). C'est ce sentiment moral, malgré tout relatif, qui donne en particulier aux *Etudes sur les Allemands*, leur impulsion et leur orientation profonde :

> Elle (la formation de la conscience morale) pose un critère quant au comportement humain, à partir duquel la manière de procéder des nazis

---

fonctionnalité de la connaissance. Suivant R. Kilminster et C. Wouters, Elias s'inspire en effet d'Ernst Cassirer tout en considérant que le néokantien ne va pas assez loin, car il a, selon Elias, une conception insuffisante du contexte historique et sociologique tel qu'il détermine la pensée philosophique. (d'après R. Kilminster et C. Wouters : "From philosophy to sociology. Elias and the neo-Kantians (a response to Benjo Maso)" in : *Theory, Culture and Society*, vol. 12, 1995, p.101).

9 On pourrait croire entendre ici un écho des thèses d'Ernst Cassirer sur le mythe comme forme symbolique quoique peu affinée et sur le langage comme première formalisation de la connaissance ; ces premières formes ne sont pas pour Cassirer à proscrire mais en effet, elles peuvent avoir des effets dévastateurs quand la pensée qui a progressé par ailleurs, recourt finalement au mythe sur le mode régressif. Il étudie ces formes de régression dans son fameux ouvrage sur le mythe de l'État (Ernst Cassirer : .

10 *Op. cit*, note 6, p.95.

> apparaît dans son aspect le plus épouvantable et est considéré avec des sentiments spontanés d'horreur.[11]

Il s'agit d'autre part de toujours considérer les phénomènes dans leur interrelation. La notion de figuration ou configuration intervient en particulier dans ce cadre[12].

Il s'agit enfin de donner à ces configurations la possibilité de s'incarner, tantôt dans ce que Norbert Elias nomme des symboles (sur un plan ponctuel), tantôt dans une manière d'histoire que Norbert Elias retrace à grands traits (sur un plan plus général), tantôt enfin en établissant une sorte de maillage entre histoire type et modèle scientifique, de leur donner donc la possibilité d'être visualisée, toutefois non plus de manière intuitive. Elias signale cela en recourant à l' « exemple » de la caméra :

> La caméra peut servir d'exemple. On se trouve dans la situation de positionner l'objectif suivant différentes distances – vue de près, vue à moyenne distance, importants éloignements. La même chose vaut pour la vue de qui est à la fois témoin vivant et chercheur.[13]

En revanche, il se peut que l'image utilisée soit une figuration condensée, symbolique de la situation historique présentée. Ainsi, Elias affirme-t-il dans son introduction qu'il recourt au duel parce qu'il y trouve le symbole d'un mode de fonctionnement social :

> J'ai choisi le duel comme symbole d'une certaine culture sociale. C'est un symbole de certains comportements humains, d'une forme de violence réglée d'un point de vue social[14]

De même recourt-il clairement, pour représenter l'histoire des Allemands au « mythe du Sonderweg » qui devient sous sa plume simplement une histoire générale, brossée à grands traits et théoriquement modifiable[15].

Enfin, il présente de temps à autre, dans une manière qui est inspirée des textes psychanalytiques, un enchevêtrement de récit et d'analyse. On en a un bel exemple dans le chapitre « Transformation de standards du comportement au 20e siècle », où Norbert Elias pour illustrer la transmission au niveau du collectif d'attitudes reposant sur une demande de contrainte externe forte et sur une incapacité fondamentale à maîtriser par soi-même des pulsions destructrices commence par évoquer le cas d'un enfant battu devenant à son tour adulte tortionnaire[16].

---

[11] *SüD*, 46 (notre traduction).

[12] Dans *Qu'est-ce que la sociologie*, Norbert Elias donne une définition parlante de la notion : « Le concept de configuration sert à créer un outil conceptuel simple à l'aide duquel on peut assouplir la contrainte sociale qui fait que l'on parle et l'on pense comme si l'individu et la société étaient deux figures différentes voire antagonistes. » *Ibid.*, 172 (notre traduction).

[13] *SüD*, 7 (notre traduction).

[14] *SüD*, 27 (notre traduction).

[15] On se reportera en particulier à l'article de Gérard Raulet dans cet ouvrage.

[16] *SüD*, 49.

Toutefois, comme l'histoire racontée est absolument privée de contenu intrapsychique tout en conservant une part de probabilité, elle devient plutôt une manière d'allégorie populaire, rendant compréhensible et plausible en même temps la théorie intergénérationnelle qui suit.

Ainsi, peut-on comprendre même le recours fait par Elias à la littérature, en effet, comme il le dit lui-même : « Même les romans, quand on y recourt de manière critique, peuvent aider à faire renaître sous nos yeux une société passée et sa structure de pouvoir. »[17]

3) La question du point de vue

Qui dit caméra, formalisation, mais aussi exemplification de phénomènes collectifs à partir de « cas d'école » sur un mode narratif, dit également focalisation, point de vue.

Cette question peut être traitée facilement si l'on se réfère au principe éliassien d'un équilibre nécessaire entre l'engagement et la prise de distance du penseur[18].

Pour l'illustrer, nous recourons ici à un poème dramatique d'Elias qui nous semble significatif, la ballade du pauvre Jacob, qui est introduite par un texte en prose dont nous avons cité les dernières lignes en exergue. Ce poème vient conclure le dernier chapitre du recueil de poèmes, il est intitulé « Nous » (« Wir »), il conclut de la sorte également le recueil intitulé « Le sort des hommes » (« Los der Menschen ») dans son entier. Ce poème raconte l'histoire du pauvre Jacob en cinq étapes : une introduction qui situe la source du problème dans la rivalité entre deux groupes, lesquels s'accordent pour tomber à bras raccourcis sur le pauvre Jacob plutôt que d'entrer en guerre l'un avec l'autre. Une introduction qui donne une figuration d'une situation d'exclusion. A partir de cette entente, le poème se déroule en quatre actes, les étapes de la destruction du pauvre Jacob. Au premier acte, il est tout d'abord un enfant battu par ses deux parents suivant le schéma énoncé dans la partie introductive du poème, schéma du duo qui s'accorde à frapper un tiers plus faible plutôt que de s'affronter mutuellement ; il est ensuite expulsé dans le vaste monde. Devenu jeune adulte juif, il réussit à prendre pied en tant qu'artiste mais sur lequel finalement s'acharnent les « bruns » (les nazis) et les « gris » (sans doute ceux que l'on a aussi appelé les « Mitlaüfer », complices plus ou moins passifs du régime nazi) durant les années trente ; voulant fuir, le pauvre Jacob ne parvient à passer ni la frontière hollandaise, ni la frontière belge, les uns et les

---

[17] *SüD*, 65.

[18] Il s'agit d'une des trois paires qui organisent la compréhension des processus sociaux suivant la présentation de Carsten Kaven, les deux autres étant les oppositions de l'intégration et de la désintégration ; des processus de civilisation et de décivilisation (Carsten Kaven : *Sozialer Wandel und Macht ; die theoretischen Ansätze von Max Weber, Norbert Elias und Michel Foucault im Vergleich*, Metropolis, Marburg, 2006, p. 110.)

autres se le renvoyant et s'accordant finalement pour le battre comme plâtre. Reconduit à la frontière française, il aborde Paris, mais la guerre éclatant, il est interné dans un camp. Les Allemands qui ont envahi Paris, réclament qu'on leur confie les prisonniers du camp, entrent en conflit avec les Français jusqu'à ce que les uns et les autres s'entendent pour battre le pauvre Jacob et d'autres prisonniers. Des gardes français finissent néanmoins par le cacher avec quelques autres. Le cinquième acte reprend l'histoire de manière synthétique et présente le pauvre Jacob devenu âgé et racontant sa propre histoire inlassablement de par le monde jusqu'à ce que ceux qui l'entendent s'accordent ; toutefois, prudent, le pauvre Jacob reprend sa route.

Cette histoire intègre toutes les données éliasiennes et permet de bien saisir en même temps la question du point de vue ou de la focalisation essentielle pour sa pensée. Il est une figuration qui prend appui à la fois sur l'observation et sur un modèle théorique. Observation de la figure de l'exclu et théorisation relative à cette figure dans la dynamique d'interdépendance conditionnée par la question du pouvoir et de la violence (entre pays et entre groupes sociaux – représentants de la loi ; exclus). Il est une manière de représenter une problématique sur le mode narratif en empruntant une forme dévolue pourtant au subjectif, le poème, mais un poème, en l'occurrence une ballade, qui est un poème-rôle (Rollengedicht) où c'est une figure qui s'exprime et non pas un moi lyrique tout en exprimant bien entendu des éléments de la scène psychique du moi, mais perçus de l'extérieur et comme aplanis de ce fait. Au sein de cet ensemble narratif, Elias nous montre que le personnage principal devient lui-même narrateur et qu'il a une fonction conciliatrice. Ainsi, la dimension affective est bien présente, qui finalement légitime cette représentation au plan éthique et en constitue le vecteur de même qu'une dimension partiellement utopique ; en effet, les derniers vers disent ceci :

> (...)
> Da sangen sie alle und tranken
> Und der alte Jakob freute sich der Menschen so wie sie waren
> Bald gut, bald schlecht, wie es die Zeitläufte brachten.
> Aber am Morgen machte er sich wieder auf seinen Weg
> und wenn sie ihn nicht totgeschlagen haben
>
> *Sprecher und Chor :*
> Wandert er noch immer ohne Geld
> ein Stück weiter um die weite Welt.[19]

[19] Norbert Elias : *Los der Menschen, op. cit.* (note 1) : « (...) (/) Alors ils se mirent tous à chanter et à boire (/) Et le vieux Jacob avait plaisir à voir les hommes tels qu'ils étaient. (/) Tantôt bons et tantôt mauvais, ainsi que le voulaient les époques. (/) Mais le lendemain, il se mettait à nouveau en chemin (/) et s'ils ne l'ont pas battu à mort (//)

4) Les interprétations de la méthode et de son application dans cet ouvrage

Cette manière de procéder que nous avons décrite sommairement, suscite de nombreuses interrogations quant à sa genèse, quant à sa parenté avec d'autres théories, quant aux éléments narratifs qu'elle retient et à la confrontation forcément fragmentaire à l'épreuve du réel pourtant appelée de ses vœux par Elias.

Ces interrogations conduisent la littérature sur l'œuvre d'Elias et ici en particulier les contributeurs de ce volume dont le centre de gravité est les « Etudes sur les Allemands », à répondre aux questions suscitées, en situant « la méthode Elias », tantôt d'une manière plutôt informative, tantôt de manière critique. Nous avons toutefois regroupé les études proposées ici plutôt suivant leur centre d'intérêt principal.

Ainsi dans une partie introductive, on lira l'étude générale de Nathalie Heinich sur les critiques formulées à l'égard des thèses de Norbert Elias et les réponses qu'on peut leur faire. Puis, dans cette même partie, l'article de Daniel Azuélos, qui situe Norbert Elias dans le contexte de l'histoire des idées et en même temps le présente d'un point de vue compréhensif, insistant sur la focalisation spécifique des textes d'Elias, partant du point de vue de l'exclu qui toutefois ne se présente comme tel qu'à travers différents masques théoriques ou narratifs.

Les études regroupées dans la seconde partie portent surtout sur la question de la relation entre sociologie et histoire, elles apportent de nombreux compléments d'information sur cette question et éclairages tantôt heuristiques tantôt critiques. Le premier niveau auquel s'intéressent les études présentées est le niveau que l'on pourrait appeler symbolique en référence au développement présenté plus haut. Ce niveau s'intéresse à la continuité présentée par Elias du 19ᵉ siècle au nazisme et à la fonction de clef de voûte qui est accordée à la bourgeoisie allemande dans la représentation de cette continuité et d'une manière symbolique au duel dans le portrait du 19ᵉ siècle. Gérard Raulet apporte des éléments de preuve qui tendent à infirmer les thèses de Norbert Elias et propose une lecture de l'histoire allemande et de sa théorisation qui prend le contre-pied du rôle négatif imputé par Norbert Elias à la bourgeoisie allemande ; il détecte dans la représentation proposée par Elias une « confusion entre libéralisme économique et libéralisme politique »; Manfred Gangl apporte des compléments d'information relativement à la perception des *Burschenschaften* (associations conservatrices d'étudiants), par des contemporains de Norbert Elias, et s'étonne également de ce qu'elles constituent le seul exemple analysé

Chroniqueur et chœur : (/) Alors il erre encore toujours sans le sou (/) Il poursuit sa route de par le vaste monde. »

en détail par Norbert Elias dans son chapitre sur le nationalisme pour faire comprendre les mécanismes sociaux à l'œuvre selon lui dans le *Sonderweg* allemand.

Concernant la représentation de la République de Weimar, deux auteurs apportent leurs éclairages complémentaires. Reinhard Blomert se concentre sur les aspects non énoncés par Elias mais qui conforterait la thèse de ce dernier sur l'échec autoprogrammé de la République de Weimar. Reiner Marcowitz suit une voie médiane entre explicitation et critique, en présentant à la fois les écarts entre les réflexions de Norbert Elias sur la République de Weimar et celle des historiens, en particulier dans la recherche plus récente et adopte en même temps, une attitude compréhensive vis-à-vis du témoin de son époque.

Dans la partie suivante, il est essentiellement question des fondements anthropologiques de la pensée historiciste d'Elias et en particulier d'un recours qu'il aurait pu avoir aux réflexions de Helmut Plessner. La comparaison entre les deux penseurs est présentée de manière détaillée suivant le principe d'une complémentarité par Karl-Siegbert Rehberg, puis plutôt suivant le principe d'une distance par Olivier Agard.

Enfin dans la dernière partie, qui est loin d'être la moins décisive, Andrea Allerkamp s'intéresse surtout aux relations de la pensée d'Elias à la psychanalyse et en particulier à la compatibilité ou au contraire à l'incompatibilité des thèses de Freud sur la psychologie des masses et l'analyse du moi et de celles d'Elias sur les phénomènes d'identification conduisant le peuple allemand à adhérer aux thèses de caractères dominateurs et destructeurs.

Thomas Keller pour sa part apporte de nombreux éclairages, d'une part sur les représentations anthropologiques de Norbert Elias, et d'autre part sur son usage d'une certaine littérature, plutôt conservatrice pour étayer sa représentation des Allemands. Thomas Keller s'oriente finalement également vers la critique en concevant que ce conservatisme est peut-être aussi pour une part celui d'Elias lui-même, doublé d'un schématisme réducteur.

On le voit, notre ouvrage parcourt l'étendue des optiques possibles quant aux théories développées par Norbert Elias dans les « Études sur les Allemands ». L'interdiscursivité de ces « Études » est la source de cette démultiplication irrésolue des points de vue. Peut-être pourra-t-on néanmoins faire valoir que malgré le schématisme qui affleure par instant chez Elias et le sentiment d'approximation qu'on éprouve à le lire, malgré même des défauts qui pourraient paraître structurels (à moins qu'on ne rejoigne l'analyse de Nathalie Heinich selon laquelle on n'en arrive à cette conclusion qu'en hypostasiant certaines hypothèses eliasiennes au détriment d'autres articulations de sa pensée), malgré tout cela, donc, les études d'Elias rendent visibles des phénomènes habituellement passés sous silence habituellement, prenant le point de vue des faibles et des exclus et appelant de ses vœux la construction durable des processus de civilisation.

Nathalie Heinich*

De quelques malentendus concernant la pensée d'Elias**

Je vais tenter d'analyser les raisons pour lesquelles certaines des critiques faites à la pensée d'Elias me paraissent procéder d'un malentendu ou d'une mauvaise interprétation. Il ne s'agit pas, ce faisant, de défendre une orthodoxie, ni de prétendre à une supposée infaillibilité de sa pensée. Celle-ci en effet mérite comme toute autre d'être discutée, sur certains points, de façon critique : notamment en ce qui concerne le statut des sources (où la différence entre observation et prescription des pratiques n'est pas toujours clairement spécifiée), l'interprétation des interdits (qui peuvent indiquer soit la prégnance d'une pratique, soit son amorce de déligitimation), ou encore le problème de la réfutabilité empirique d'un modèle très général.

Mais les critiques d'une oeuvre n'ont d'intérêt qu'en tant qu'elles se réfèrent à ce qui a été écrit par l'auteur, et non pas à ce qu'on lui fait dire, comme c'est souvent le cas avec Elias. Certes, ses propres formulations sont souvent ambiguës, et la plupart des malentendus qui vont être évoqués trouvent leur aliment dans l'oeuvre elle-même. Au nom de quoi, objectera-t-on alors, les qualifier de « malentendus », voire de « contresens » ? Je n'ai d'autre réponse que de leur opposer ma propre lecture d'Elias, animée toutefois non d'une simple préférence subjective pour tel aspect de sa pensée, mais d'un parti pris cohérent : celui de privilégier systématiquement, face aux ambiguïtés, la ligne de plus grande radicalité, autrement dit la posture intellectuelle par laquelle il prend le maximum de distances avec la tradition savante - et grâce à laquelle, surtout, il permet les utilisations empiriques les plus productives.

Mon propos est donc de souligner les apports d'une certaine posture conceptuelle, dont la pensée d'Elias constitue une mise en application même si elle ne se présente pas toujours sous son angle le plus radical. Et la meilleure façon de rendre sensible un certain mode de pensée me paraît d'en passer par les mauvaises lectures, incompréhensions ou contresens sur son oeuvre, qui témoignent de la difficulté à faire entendre une pensée innovante, donc vulnérable à la déformation par des lectures qui procèdent d'habitudes intellectuelles inadéquates - habitudes qu'Elias, me semble-t-il, a justement cherché à dépasser.

Je passerai sur des contresens qui ne révèlent que l'incompétence de leurs auteurs, pour ne m'arrêter qu'à des malentendus récurrents et, pour cela, symptomatiques de la radicalité des partis pris conceptuels d'Elias. Et je m'en tiendrai à cinq grands malentendus : le malentendu normatif, le malentendu

---

* Nathalie Heinich est sociologue, chercheur au CNRS : heinich@ehess.fr.

** Cet article a paru tout d'abord dans la revue TUMULTES n° 15 octobre 2000, numéro intitulé « Norbert Elias : pour une sociologie non-normative » et placé sous la direction de Nicole Tabboni. Nous remercions Nathalie Heinich de nous avoir permis de le reproduire.

évolutionniste, le malentendu universaliste, le malentendu substantialiste et le malentendu logiciste.

1. Le malentendu normatif

Un premier malentendu consiste à donner, implicitement ou explicitement, un sens normatif au « processus de civilisation », en considérant qu'Elias décrit là un progrès, une avancée du moins au plus. Et certes, la régulation de la violence ne peut guère être considérée, a priori, que comme un progrès : certaines formulations d'Elias lui-même induisent probablement cette perspective. Il existe toutefois une différence entre la mise en évidence d'une tendance et son évaluation, autrement dit entre le registre descriptif du constat, propre au chercheur, et le registre normatif du jugement de valeur, relevant du monde ordinaire : cette distinction a d'ailleurs été explicitée par Elias, comme l'a noté Eric Dunning.[1]

La confusion, si fréquente même chez les chercheurs, entre ces deux registres, est patente dans la critique de Daniel Gordon lorsqu'il invoque une parenté de l'opposition eliasienne entre « Kultur » et « Zivilisation » avec les conceptions prétendument nationalistes du jeune Thomas Mann.[2] Or même si cette opposition avait été utilisée par ailleurs, dans un contexte politique, en un sens nationaliste, on ne voit pas ce que cela enlèverait à la généalogie historique qu'en propose Elias - sinon à raisonner en termes de « camps » politiques, autrement dit à confondre le plan de la recherche et celui de l'idéologie.

Cette confusion jette quelques doutes quant à la validité du travail de Gordon sur la citoyenneté dans la pensée française à l'âge classique : doutes confirmés lorsqu'on le voit, un peu plus loin, critiquer la mise en évidence par Elias des phénomènes hiérarchiques comme si elle participait d'une défense de ces hiérarchies (louant inversement la conception de Goffman, en tant qu'elle mettrait en évidence une « fonction anticoloniale »...[3]). On voit bien là à l'oeuvre une conception politique - et, ici, égalitariste - du travail du chercheur, qui me paraît

---

[1] « Norbert Elias a reconnu explicitement le fait que le terme de "civilisation" est dans l'usage commun un terme chargé en valeur. A l'inverse, dans son usage sociologique, et plus particulièrement sous la forme du concept de "processus civilisationnel", c'est un mot technique, différent, utilisé sans aucune connotation en terme de valeur » (Eric Dunning, « Civilisation, formation de l'État et premier développement du sport moderne », in *Norbert Elias, la politique et l'histoire*, sous la dir. de Bernard Lacroix et Alain Garrigou, Paris, La Découverte, 1997, p. 133).

[2] « It is ironic that Elias, who was to flee from Germany to France and England following the National Socialist's accession to power in 1933, imbibed some of the more nationalistic modes of self-representation that were current within the German intellectual world » (Daniel Gordon, *Citizens without sovereignty. Equality and Sociability in French Thought, 1670-1789*, Princeton University Press, 1994, p. 91).

[3] « Elias and his followers have treated civility as a set of forms designed to make all encounters hierarchical. (...) Goffman, in contrast, suggests the possibility that the rules of "good manners" served an anticolonial function by releasing encounters from de grip of external structures » (*idem*, p. 94).

appartenir à la préhistoire des sciences sociales : cette préhistoire dont Elias, justement, nous aide à nous extraire, quand nous savons le lire.

Plus intéressante est une autre catégorie de lecture normative : non plus, comme avec Gordon, celle qui ne fait même pas la différence entre visée descriptive et visée normative de l'énonciation, mais celle qui impute cette dernière à Elias dans son analyse de la « civilisation ». C'est ainsi que Zygmunt Bauman, dans sa réflexion par ailleurs fort intéressante et subtile sur la Shoah, sa place dans la modernité et ses incidences sur la pensée sociologique, dénonce le « mythe occidental » d'une « élévation morale » de l'humanité à partir d'une « barbarité pré-sociale » - mythe qu'Elias aurait contribué à forger, ou du moins à étayer, en décrivant « l'histoire récente » comme celle d'une « élimination de la violence dans la vie de tous les jours ».[4]

Il y a là, à l'évidence, une lecture doublement biaisée : d'une part, en ce qu'Elias n'a jamais parlé d'« élimination » de la violence, mais de déplacement, par une double tendance à sa monopolisation par l'État et à son intériorisation (sans compter qu'on se demande ce que signifie pour Bauman « histoire récente » : est-il au courant que la théorie eliasienne repose sur des phénomènes advenus il y a cinq à dix siècles ?) ; et d'autre part, en ce qu'il lit cette analyse comme une tentative normative pour « dresser une ligne arbitraire entre le normal et l'anormal », « réduisant ainsi au silence et marginalisant les critiques qui insistent sur l'ambivalence de la situation moderne ».[5] Autrement dit, on a là une interprétation normative de la pensée d'Elias menant à une critique de son normativisme...

On comprend, certes, le souci qu'a Bauman de donner tout son poids à l'expérience de la Shoah en tant que mise en crise des principes civilisés ; mais s'il s'agit d'attirer l'attention sur certaines conséquences négatives du processus de civilisation[6], il pourrait se référer à Elias lui-même dans *La Solitude des mourants*, qui évoque là certains aspects du prix de la civilisation ; et quant à considérer la Shoah comme une contre-épreuve de la théorie eliasienne, d'autres que moi ont déjà

---

4 « The etiological myth deeply entrenched in the self-consciousness of our Western society is the morally elevating story of humanity emerging from pre-social barbarity. (...) Elias's portrayal of recent history as that of eliminating violence from daily life » (Zygmunt Bauman, *Modernity and the Holocaust*, London, Polity Press, 1989, p. 12).

5 « This vision is not necessarily misleading. In the light of the Holocaust, however, it certainly looks one-sided. While it opens for scrutiny important trends of recent history, it forecloses the discussion of no crucial tendencies. Focusing on one facet of the historical process, it draws an arbitrary dividing line between norm and abnormality. By de-ligitimizing some of the resilient aspects of civilization, it falsely suggests their fortuitous and transitory nature, simultaneously concealing the striking resonance between most prominent of their attributes and the normative assumptions of modernity. In other words, it diverts attention from the permanence of the alternative, destructive potential of the civilizing process, and effectively silences and marginalizes the critics who insist on the double-sidedness of modern social arrangement » (*idem*, p. 28).

6 « Thus the much vaunted mellowing of manners (which Elias, following the etiological myth of the West, celebrates with such a relish), and the cosy security of daily life that follows have their price. A price which we, dwellers in the house of modernity, may be called to pay at any time. Or made to pay, without being called first » (*idem*, p. 107).

montré qu'il ne peut s'agir là que d'une lecture à la fois continuiste et à court terme - alors que le modèle eliasien intègre, nous le savons, des moments de régression. Cette lecture est, de plus, évolutionniste, au sens où il y aurait forcément progrès vers un objectif mélioratif. Or cet évolutionnisme constitue, nous allons le voir, le deuxième malentendu récurrent dans les lectures d'Elias.

2. Le malentendu évolutionniste

Eric Dunning a évoqué les tentatives pour réfuter la théorie eliasienne par l'argument de l'Holocauste[7], et Stephen Mennell a ironiquement souligné que « L'Holocauste réfute la théorie du processus de civilisation en Europe à peu près de la même façon que la peste noire conduit à douter de l'accroissement de la population du continent sur la longue durée ! »[8]

Je ne reviendrai pas ici sur la question complexe de l'évolutionnisme eliasien : Catherine Colliot-Thélème a bien montré que, contrairement à celui du XIXe siècle, il n'est ni linéaire ni totalisant, mais qu'il n'en postule pas moins, contre l'orthodoxie anti-évolutionniste propre à son époque, une logique d'évolution, au sens d'un ordre immanent au changement, conférant une cohérence à une multitude de phénomènes non directement corrélés entre eux - à condition toutefois de ne confondre « évolution » ni avec « progrès », ni avec « progression continue ».[9] Or c'est cette confusion qui induit fréquemment des lectures spontanément évolutionnistes (au sens traditionnel, historiciste et téléologique) de sa pensée, menant, inévitablement, à une critique de son évolutionnisme...

Certes, il a pu exister chez Elias des formulations qui ont donné prise à de telles lectures : nous sommes là sur un terrain glissant, et l'on passe facilement de « processus » à « progression » et à « progrès », puis de « progrès » à « but » ou « objectif » transcendant les actions humaines, conformément à une conception magico-religieuse encore si présente non seulement dans le sens commun, mais aussi dans le monde savant. Mais s'il y a, chez Elias, « évolutionnisme », il faut rappeler que celui-ci est empirique et non pas théorique, réfutable et non pas axiomatique, pluriel et non pas unilinéaire, et surtout, non assignable à une finalité.

Peut-être y a-t-il dans ce malentendu l'indice, chez les historiens, d'une carence de réflexion théorique sur la notion même de changement ? (cette réflexion que l'on trouve par exemple chez un Michel Serres lorsqu'il suggère l'image du « temps plié » pour rendre compte du cours de l'histoire). Mais pour la mener, encore faudrait-il se déprendre d'une conception spontanément familiale des liens entre passé, présent et avenir, qui tend à projeter sur le long terme des sociétés la vision

---

7 Cf. Eric Dunning, *loc. cit.* p. 132.

8 Stephen Mennell, « L'envers de la médaille : les processus de décivilisation », in *Norbert Elias, la politique et l'histoire*, sous la dir. de Bernard Lacroix et Alain Garrigou, Paris, La Découverte, 1997, p. 225.

9 Catherine Colliot-Thélème, « Le concept de rationalisation : de Max Weber à Norbert Elias », in *Norbert Elias, la politique et l'histoire*, sous la dir. de Bernard Lacroix et Alain Garrigou, Paris, La Découverte, 1997, p. 67-68.

individuelle des relations entre générations : une conception que l'on trouve par exemple, sous une forme assez naïve, chez Emmanuel Leroy Ladurie lorsque, cherchant à invalider, dans son livre récent sur Saint-Simon, une théorie dont on se demande s'il l'a vraiment comprise, il écrit : « On ne prend plus guère au sérieux les qualités prédictives d'une "société de cour" qui serait, nous dit-on, l'aïeule de notre vie de relation et de modération bourgeoise, elle-même fondée sur les continuités de la sociabilité française, depuis l'aristocratie domestiquée de Versailles jusqu'aux plus hautes notabilités roturières du XVIe arrondissement des années 1930. Le curial, en fait, n'est pas forcément le géniteur du convivial. La curialité ne conduit pas toujours à la cordialité ; celle-ci fût-elle soigneusement réglée, contrôlée, hypocrite même. »[10] L'usage de termes tels que « aïeule » ou « géniteur », renvoyant à des entités substantialisées et à des métaphores d'engendrement, d'héritage et de similitude, en dit long sur la tendance à projeter spontanément l'expérience individuelle sur le fonctionnement des collectifs - tendance qu'Elias, on le sait, n'a cessé de combattre, parce qu'elle relève, elle aussi, d'un état préhistorique de la pensée sociologique. Et rien ne résume mieux, me semble-t-il, sa conception particulière de l'évolution que ces mots qui closent *La Société des individus* : « Née de multiples projets, mais sans projet, animée par de multiples finalités, mais sans finalité ».

3. Le malentendu universaliste

Un autre reproche couramment fait à Elias - et là encore, à mon avis, à contre-courant de sa pensée - est celui d'universalisme : faut-il considérer le processus de civilisation comme généralisable à l'ensemble des sociétés humaines ? Et en ce cas, ne se condamne-t-on pas à l'ethnocentrisme, éventuellement invalidé par des contre-exemples pris dans des sociétés non occidentales ?

Là encore, les formulations d'Elias lui-même sont ambiguës : s'il a pu étayer l'interprétation universaliste (par exemple en déclarant dans *La Dynamique de l'Occident* que « La curialisation des guerriers est un phénomène qu'on n'observe pas seulement en Occident, mais - pour autant que nos connaissances permettent d'en juger - dans tous les processus de civilisation de quelque importance »), il est évident en revanche que toute sa méthode repose sur une attention aux contextes, aux situations spatio-temporelles, qui l'ancre davantage dans la mouvance de l'observation empirique - fût-elle hautement généralisée - que dans celle de la spéculation sur les universaux. C'est pourquoi il me semble que l'universalisme eliasien, s'il existe, n'est tel - comme l'évolutionnisme - que « sous contrainte de rigueur » : en l'occurrence, sous la contrainte d'une théorisation limitée à l'état des connaissances, qui ne peut donc être postulée comme universelle qu'en attendant d'être contredite par d'autres données empiriques. Il s'agit donc d'un universalisme descriptif et hypothétique, et non d'un postulat métaphysique. Là encore, Catherine Colliot-Thélème a bien montré que ce soupçon d'universalisme et

[10] Emmanuel Leroy-Ladurie, *Saint-Simon ou le système de la cour*, Paris, Fayard, 1997, p. 518.

d'européocentrisme naît d'un malentendu entre jugement de valeur et descriptivisme.[11]

Il y a donc deux façons d'instruire ce procès. La première façon consiste à plaider que le modèle est *trop* universaliste, et à lui opposer le relativisme culturel, en montrant que toutes les sociétés ne fonctionnent pas sur le modèle du processus de civilisation : c'est, là encore, une interprétation universaliste de la pensée d'Elias, conduisant à une critique de son universalisme. Pour répondre à cette objection, il suffit de limiter l'espace de pertinence du modèle pour lui maintenir ses capacités analytiques en abandonnant toute prétention à l'universalité (ce qui me paraît la position la plus adéquate, pour peu qu'on ne mette pas au premier plan de ses préoccupations l'essence de la nature humaine).

La seconde façon consiste au contraire à plaider que le modèle n'est *pas assez* universaliste, car il historicise une donnée propre à toute société humaine. On reconnaît là la thèse de Hans-Peter Duerr, qui s'est illustré par un monumental essai sur l'histoire de la pudeur, récemment traduit en français (Duerr, 1998). Duerr part de deux erreurs d'interprétation des images commises par Elias : l'une concernant une image médiévale de baigneurs nus, interprétée comme l'indice d'un faible interdit de la nudité alors qu'il s'agirait d'un bain bordel ; l'autre concernant l'interprétation d'une autre image médiévale, représentant simultanément deux événements successifs, selon un procédé de bande dessinée, ce qui invalide sa lecture comme image d'une copulation en présence de tiers.

À partir de là, Duerr tente d'invalider l'ensemble de la théorie du processus de civilisation, négligeant pour cela bien d'autres catégories d'indices utilisés par Elias, notamment les manières de table ou les façons de se moucher et de cracher. En outre il ne semble pas avoir compris que la problématique de la pudeur est articulée, chez Elias, à une réflexion beaucoup plus globale sur l'intériorisation des contraintes et l'auto-contrôle des émotions, par rapport à quoi le rapport au corps nu ne constitue qu'une des facettes, intéressante certes, mais indissociable de cette problématique plus générale.

Un autre contresens réside dans sa décontextualisation systématique de la théorie d'Elias, dont les exemples abondent tout au long du livre. Ainsi, comment comprendre la problématique de l'interdit de la nudité sans prendre en compte la différence entre espace public et espace privé ? C'est là une question qui ne semble pas effleurer Duerr, lequel, dans ses réfutations, ne semble pas faire la différence entre un corps nu et un corps en chemise (ce qui est gênant dans un livre dont le

---

[11] « Le problème ne se poserait pas, il est vrai, s'il se trouvait un sociologue pour justifier l'usage de catégories purement descriptives permettant de penser les caractères universels des procès de développement, qui soient par là-même à l'abri de tout soupçon d'européocentrisme. (...) Offrir à la sociologie les moyens de sortir de l'alternative stérilisante entre le Scylla de l'apriorisme universaliste et le Charybde du relativisme historique était son ambition. A la différence de Max Weber, qui avait rejeté d'un même mouvement évolutionnisme et philosophie de l'histoire, il travailla sa vie durant à l'élaboration d'une théorie générale du développement de l'humanité dont il était convaincu qu'elle était en principe dissociable de toute référence téléologique au présent des sociétés occidentales » (Catherine Colliot-Thélème, *loc. cit.*, 1997, p. 54).

titre est « nudité et pudeur »), ni envisager que la vie familiale, l'arène judiciaire et la rue, ou encore le corps exposé et le corps exhibé, ne relèvent pas tout à fait des mêmes réalités.[12] L'auteur rétorquerait probablement que son refus de toute contextualisation relève d'un postulat parfaitement assumé par lui, à savoir l'universalisme, en vertu duquel il existe des invariants anthropologiques, au nombre desquels la pudeur. Mais on ne peut dé-contextualiser une thèse comme celle d'Elias, inscrite dans le contexte précis de la société européenne de la fin du Moyen-Âge, pour la réfuter ensuite comme si elle se prétendait universaliste : plus qu'un contresens, c'est une trahison délibérée.

Ainsi, pour contester la thèse du renforcement de la sphère privée, Duerr nous emmène sans hésiter « chez les Yagua, Indiens de la forêt vierge au nord-est du Pérou » (p. 151). Dans une même page (172) consacrée à la pudeur au lit, il cite successivement l'Amérique du XVIIe siècle, le Moyen-Âge (société non spécifiée), un « Espagnol libertin », et les Navajos ; et dans une autre (195) il est question des lieux d'aisance dans un couvent du XVIIe et (« de même ») dans un palais du Moyen Age ! Si le comparatisme est un instrument précieux, encore faut-il comparer du comparable : en l'occurrence, des « processus » (de civilisation), et non des états observés sans aucun souci de leur contexte et de leur signification. Ici, ce n'est même plus par rapport au travail d'Elias qu'opère la régression, mais par rapport à toute l'histoire des sciences sociales - comme si rien n'avait existé depuis le règne des académies érudites du XIXe siècle...

Quant à la thèse que Duerr prétend opposer au modèle eliasien, la voici, en dernière page (310) : « de nombreux arguments plaident en faveur de la vérité du mythe biblique, selon lequel la pudeur entourant la mise à nu des organes sexuels n'est pas un hasard historique mais appartient à l'*essence* de l'homme. »

Bien. Nous éviterons de commenter cette alternative entre « hasard » et « essence », qui laisserait entendre qu'il n'est de rationalité que dans les entités métaphysiques (commandées probablement par l'intention divine) - tout le reste ne relevant, bien sûr, que du chaos. Ajoutons simplement, pour abonder dans le sens de l'auteur, que l'alimentation, la reproduction, le langage, et quelques autres invariants, appartiennent aussi à la nature humaine. A quand d'autres passionnants ouvrages pour nous offrir le catalogue des preuves que dans tous les pays, à toutes les époques, dans toutes les sociétés, les hommes mangent, se reproduisent et parlent ? Le comparatisme des ressemblances exige de travailler à un minimum de profondeur, pour mettre en évidence des structures sous-jacentes (pensons à Lévi-

---

[12] Contre la thèse d'Elias selon laquelle « au début du XVIe siècle, dans la vie quotidienne comme dans certaines occasions particulières, la nudité n'était pas taboue », il propose comme contre-exemple « ce croisé pris en faute à qui on avait laissé le choix entre deux châtiments : ou bien il rendait son cheval et ses armes avant d'être ignominieusement chassé de l'armée chrétienne, ou bien il se résignait à paraître en chemise devant ses compagnons. (...) Des amendes encore plus lourdes et des peines autrement infamantes menaçaient les exhibitionnistes... » (Hans-Peter Duerr, *Nudité et pudeur. Le mythe du processus de civilisation*, Paris, Éditions de la Maison des Sciences de l'Homme, 1998, p. 263).

Strauss), si l'on veut éviter de ne produire qu'un catalogue de lieux communs. A défaut, on est en droit de préférer un bon comparatisme des différences : entre sociétés, comme le font les anthropologues, entre les époques, comme le font les historiens, ou à l'intérieur d'une même société, comme le font les sociologues - voire les sociologues-historiens lorsque, comme Elias, ils croisent évolution historique et évolution sociale.

4. Le malentendu substantialiste

Mais le pamphlet de Duerr est intéressant à un autre titre encore. Car outre qu'il permet, par son universalisme naïf, de mieux appréhender les mérites d'une pensée profondément contextualisante comme l'est celle d'Elias, il nous montre aussi par la négative à quel point elle est éloignée de toute tentation métaphysique, de tout substantialisme. C'est, me semble-t-il, le sens d'une réflexion qui ne raisonne jamais en termes d'états distincts, mais de processus continus.

C'est pourquoi Elias serait probablement bien surpris de voir son travail réduit à la version assez confondante qu'en donne, dès l'introduction, son contradicteur : « Ce "mythe du processus de civilisation" voile le fait que, selon toute vraisemblance, au moins dans les quarante mille dernières années, il n'y a eu ni sauvages ni primitifs, ni non civilisés ni peuples à l'état de nature. (...) c'est dans la *nature* humaine que d'avoir honte de sa nudité, quelle que soit la façon dont historiquement on définit cette nudité » (p. 4). Elias a-t-il jamais eu la naïveté d'opposer, comme des réalités, un « état de nature » à un « état civilisé » ? Tout son travail porte sur un *processus* de civilisation, autrement dit le déplacement sur un axe continu entre deux polarités, deux tendances. Duerr semble ne pas avoir entrevu l'un des principaux enseignements d'Elias, à savoir que les oppositions entre catégories discontinues ne sont pertinentes qu'à l'état conceptuel : prises pour des entités réelles, elles relèvent de la métaphysique. On peut toujours, certes, postuler une « nature humaine » ; mais il faudrait un travail de démonstration et de définition autrement plus élaboré que celui de Duerr pour faire d'un tel concept autre chose que ce « mythe » qu'il impute - c'est la fable de l'arroseur arrosé - à la cible de ses critiques.

Dans le même esprit, Duerr manifeste son incompréhension de la notion - centrale - d'interdépendance, lorsqu'il s'appuie sur une opposition fictive entre « individu » et « contrôle social », considérés comme des catégories absolues, dans la droite ligne d'un sous-foucaldisme abêti qui aura décidément beaucoup fait pour la crétinisation de toute une génération. La notion d'interdépendance, associée à celle d'intériorisation des contraintes, permet précisément d'échapper à cette opposition binaire, largement métaphysique (comme le montre bien *La Société des individus*), pour comprendre comment s'opère précisément le jeu entre la dimension individuelle et la dimension collective des déterminations psychiques, corporelles, affectives. Rabattre cette notion sur la problématique du « contrôle social » - ou la mainmise de la société forcément oppressive sur l'individu idéalement autonome - procède d'une assez désolante régression intellectuelle.

Duerr, toutefois, n'est pas le seul à éprouver cette difficulté à comprendre en profondeur - et donc à appliquer - la « révolution copernicienne » accomplie par Elias en débarrassant la sociologie de l'alternative individu/société (ou encore nature/culture). Des chercheurs beaucoup plus attentifs à son système conceptuel trahissent malgré tout la rémanence du substantialisme savant, qui semble plomber la pensée même lorsqu'il s'agit d'intégrer d'autres habitudes mentales. Ainsi, dans deux articles par ailleurs intéressants sur la généalogie intellectuelle des concepts eliasiens, Jean-Hugues Déchaux ne parvient pas, au terme de son analyse, à penser autrement qu'en termes d'« ajustement » entre entités séparées : « L'idée d'un ajustement des structures mentales aux structures sociales, elles-mêmes conçues comme un tissu de relations et de tensions, doit théoriquement lui permettre d'échapper au double écueil de l'atomisme et du sociologisme. »[13]

Opposer ainsi, comme des entités séparées, les « structures mentales » aux « structures sociales », c'est ignorer que le « mental » est entièrement modelé par des cadres collectifs, au premier rang desquels le langage, et que le « social » est le produit des interactions individuelles, inégalement stabilisées dans des institutions, des lois, des règlements, des habitudes, des postures corporelles, des objets, des mots. Et c'est, du même coup, créer de toutes pièces de faux problèmes d'« explication », forcément insolubles parce que reposant sur des prémisses totalement irréelles : « Malheureusement, poursuit Déchaux, cet ajustement est davantage postulé que démontré : l'auteur allemand ne parvient pas à en expliquer le mécanisme général. » Cette incapacité à sortir du « point de départ, le dilemme individu-société » (p. 385), se trahit également dans un autre article, consacré à quelques « failles » dans la pensée de celui qu'il nomme, « sans aucune ironie », le « petit maître de Breslau », et où, tout en qualifiant fort justement sa pensée (« un nominalisme radical et un souci de saisir des processus »[14]), il commet le même contresens, affirmant que « dans son esprit c'est bien le social qui explique le mental », ou que « la coïncidence entre structures sociales et structures mentales est postulée plus que prouvée »[15]. Or, comme l'écrit fort bien Charles Henry, « le programme de Norbert Elias consiste précisément à penser *ensemble* structures mentales et structures sociales. »[16]

Ce ne sont là que quelques exemples de ces interprétations substantialistes de sa pensée, menant à une critique de son impuissance à résoudre les faux problèmes fabriqués de toutes pièces par le substantialisme - ce substantialisme

---

[13] Jean-Hugues Déchaux, « N. Elias et P. Bourdieu », *Archives européennes de sociologie*, 34, 2, 1993, p. 384.

[14] Jean-Hugues Déchaux, « Quelques failles dans la sociologie de N. Elias », *Cahiers internationaux de sociologie*, vol. 99, 1995, p. 299.

[15] *Idem*, pp. 305 et 306.

[16] « Sortir de l'alternative individu/société consisterait alors à opérer une révolution copernicienne qui ne serait rien d'autre que passer d'une pensée substantialiste à une pensée relationnelle, comme il en fut du passage de la physique aristotélicienne à la physique moderne. » (Charles Henry, « Éléments pour une théorie de l'individuation. Quand le domestique Mozart se prenait pour un libre artiste », in *Norbert Elias, la politique et l'histoire*, sous la dir. de Bernard Lacroix et Alain Garrigou, Paris, La Découverte, 1997, p. 202).

endémique, héritier de la tradition métaphysique, qui plombe des pans entiers de la réflexion sociologique. Mais il reste encore un dernier malentendu à lever.

5. Le malentendu logiciste

Ce substantialisme a partie liée avec ce que j'ai appelé le « logicisme » : car en réifiant des concepts, on construit des catégories tranchées, transformant en entités distinctes, discontinues, ce qui n'a d'existence qu'au titre de pôles d'orientation permettant, tels des points cardinaux, de décrire le déplacement sur des axes continus - tel l'individuel et le collectif. Elias, on le sait, n'a cessé de s'ériger contre ces « oppositions conceptuelles », qui fabriquent des frontières artificielles et, du même coup, des apories, avec le faux problème du raccordement entre ces catégories ou les querelles sans fin sur leur hiérarchisation.

Cette déviation logiciste est une excellente machine à produire de faux problèmes, dans lesquels la sociologie semble s'enliser à souhait. Ainsi, toute action ne répondant pas aux « lois » invariables de la logique - autrement dit à l'idéal de non-contradiction - est perçue comme anormale, déviante, et requérant une « explication » particulière. Plutôt que d'observer et d'analyser les logiques plurielles qui sont celles des acteurs (et dont le raisonnement logique n'est qu'une des composantes parmi d'autres, et sans doute pas la plus essentielle), le logicisme fait de la pensée logique son point de départ, transparent à force d'évidence, au lieu d'en faire l'objet de l'investigation, en s'intéressant à l'économie de ses usages dans l'action.

Il en va de même avec le « causalisme », autrement dit la tendance à donner à chaque phénomène une cause et une seule, et à chaque cause une conséquence et une seule. Or le refus de ce « causalisme » constitue sans doute l'une des grandes originalités d'Elias - et, comme Catherine Colliot-Thélène l'a suggéré, son principal décrochement par rapport à Max Weber.[17]

Ce sera là mon dernier exemple de contresens sur la pensée d'Elias, pris à un article par ailleurs intéressant de Nicos Mouzelis, qui re-situe la théorie eliasienne par rapport au problème sociologique classique de la relation entre la structure sociale et l'acteur, tels que le traitent Marx, Parsons et Giddens. Mais Mouzelis est victime du réflexe causaliste lorsqu'il reproche à Elias son incohérence puisque, selon sa théorie, l'accroissement de la division du travail et de l'interdépendance mènerait dans certains cas à un accroissement de l'autocontrôle, et dans d'autres cas à son abaissement.[18]

---

[17] « Il reste encore entre les deux auteurs une différence qui n'a rien de secondaire, et qui explique pour une grande part, s'agissant du concept de rationalisation, les lacunes de Weber et l'audace d'Elias. Ce dernier touche probablement au coeur du problème quand il invite à se défaire de la catégorie de causalité, qui obère selon lui la compréhension du procès de transformation sociale » (Catherine Colliot-Thélène, *loc. cit.*, pp. 63-64).

[18] « The whole theory boils down to the proposition that *sometimes* growing division of labour and interdependance leads to growing self-regulation, and sometimes it does not » (Nicos Mouzelis, « On Figurational Sociology », *Theory, Culture and Society*, vol. 10, 1993, p. 243) ; we may « interpret

Voilà donc, là encore, comment une interprétation logiciste d'Elias conduit à une critique de ce qui apparaît alors comme une contradiction logique. Car dans le modèle eliasien, « civilisation » et « décivilisation » ne sont pas, comme certains le supposent, les conséquences opposées d'une même cause (la monopolisation étatique de la violence et de l'impôt), mais des moments hétérogènes co-existant en un même temps : il faut se détacher de l'explication causale pour pouvoir restituer une cohérence générale qui rende compte des phénomènes décrits.

Certes, il est difficile de se déprendre de la notion traditionnelle de causalité telle qu'on l'utilise dans les sciences de la nature ; mais les sciences sociales sont, probablement, d'autant plus efficaces qu'elles s'adossent à des systèmes explicatifs plus complexes : il ne s'agit plus de corréler tel effet à telle cause, puisqu'il peut y avoir une pluralité de facteurs susceptibles de rendre compte d'un phénomène. On n'est plus dans l'engendrement mécanique d'un effet par une cause, mais dans la relation, variable selon les contextes, entre des phénomènes interdépendants, soumis à déterminations réciproques. Dans cette perspective, la catégorie de causalité n'est pas, certes, inopérante (pas plus que ne l'est la géométrie euclidienne par rapport aux géométries non-euclidiennes) : elle devient simplement un cas particulier de phénomènes plus généraux d'interdépendance.

Voilà qui ouvre d'étonnantes perspectives, puisque les sciences de la nature apparaîtraient ainsi, non comme le modèle des sciences sociales mais, au contraire, comme un cas particulier d'une science du monde dont les sciences de l'homme fourniraient le modèle le plus général. Je ne garantis pas qu'une telle interprétation soit tout à fait fidèle à la pensée d'Elias - peut-être n'est-elle qu'une divagation. Mais c'est, me semble-t-il, à ce type d'ouvertures et de renversements que conduit sa conception du travail intellectuel, pour peu qu'on accepte de le lire non avec les lunettes déformantes de la tradition savante, mais avec les yeux neufs qu'il contribue à fabriquer.

---

the growing interdependance or division of labour in ways that might lead to eigher self-regulation or self-deregulation » (p. 245).

Daniel Azuélos

Le modèle configurationnel de Norbert Elias en discussion

On pourrait dire que la sociologie de Norbert Elias s'inscrit à la fois dans la continuité et dans la rupture par rapport à la tradition allemande. Rupture tout d'abord avec son directeur de thèse, le philosophe kantien Richard Hönigswald. Travaillant à sa thèse soutenue en 1924, *Idee und Individuum. Eine kritische Untersuchung zum Begriff der Geschichte*, Elias prit conscience que la théorie kantienne de la connaissance fondée sur des structures de pensée et de savoir *a priori* n'était pas adaptée à sa propre conception de l'histoire encore embryonnaire à l'époque et qu'il allait développer par la suite en s'appuyant sur sa théorie des processus dynamiques. Elias s'est détourné de la philosophie pour se consacrer à la sociologie lorsqu'il lui est apparu que la tendance de l'idéalisme allemand, dans lequel il avait été formé, à réduire les processus observables à des invariants atemporels ne pouvait que pérenniser une conception close de l'individu, refermé sur lui-même, l'*homo clausus*, à laquelle il souhaitait opposer sa propre conception des *homines aperti*, ouverts sur le monde et sur les autres hommes. Elias rompt également avec l'opposition de l'individu et de la société qu'il estime beaucoup trop statique et qui est, selon lui, à l'œuvre dans les théories de la plupart des sociologues qui l'ont précédé, de Tönnies à Weber en passant par Durkheim. C'est un reproche qu'il fait également à la théorie freudienne dont il s'inspire par ailleurs pour élaborer sa propre conception de la sociogenèse et de la psychogenèse dans la construction des États et des habitus nationaux qui en sont le reflet. Sa proximité avec Karl Mannheim, dont il a été l'assistant à Francfort, l'éloigne aussi bien sûr des conceptions de l'école historique allemande.

Elias qui affirme avoir voulu réaliser en sociologie sa propre révolution copernicienne s'inscrit cependant dans une certaine continuité avec certains de ses prédécesseurs dont il s'ingénie à minimiser l'apport théorique. Mannheim et Freud, bien que critiqués par ailleurs, font ici un peu exception, nous l'avons constaté. Si Elias remet fortement en question l'individualisme méthodologique de Max Weber et son idéalisme sociologique qui l'amènent à déduire l'ordre social du comportement supposé rationnel des individus, il lui concède cependant d'avoir, dans ses recherches empiriques, construit des modèles (il cite en exemple la ville et la bureaucratie) dont on peut vérifier qu'ils offrent une assez bonne adéquation à la réalité décrite. Il utilise même ici pour parler des modèles wébériens le terme de « *Figurationsmodelle* »[1], qui renvoie à sa propre théorie. On ne peut nier que la théorie du monopole de la violence étatique

[1] Norbert Elias : « Notizen zum Lebenslauf », in : *Norbert Elias über sich selbst*, Frankfurt am Main : Suhrkamp, 1990, pp. 187-188.

présente chez Elias doit beaucoup à Max Weber. D'une certaine façon le modèle d'Elias s'apparente aussi à la construction idéal-typique wébérienne et il y a chez lui également une démarche comparative qui implique un retour sur le réel pour vérifier et modifier sans cesse ses instruments conceptuels : construction d'un modèle d'évolution idéal ouest-européen confronté ensuite au modèle allemand. Quant au concept de configuration, il était déjà préfiguré dans le concept de constellation souvent utilisé par Simmel.

L'analyse en termes de rapports au sein de configurations sociétales toujours en mouvement, et non plus ordonnée autour de la conception classique du sujet prétendu autonome, clos sur lui-même et pourvu d'une essence immuable, est commune aux deux sociologues, comme le montre un texte de Simmel écrit en 1908[2] où il s'interroge sur les conditions de possibilité de la société. Les hommes, écrit-il, sont certes les produits d'une société qui a conservé en mémoire toute la chaîne biologique qui les relie à leurs ancêtres les plus lointains, mais aussi les traditions dans tous les domaines du travail, du savoir et des croyances, en un mot l'esprit du passé tel qu'il a pu se cristalliser en formes objectives. On a pu prétendre que l'individu n'était que le réceptacle où venaient se mélanger dans des proportions changeantes toutes sortes d'ingrédients qui existaient en dehors de lui. Ainsi la part de l'individu dans la production du social est-elle minime, voire négligeable. Néanmoins, cela ne nous empêche pas de nous percevoir chacun comme individu, membre de la société, rattaché par des liens inextricables à nos contemporains comme à ceux qui nous ont précédés. Simmel refusant, comme plus tard Elias, de considérer l'homme indépendamment de la société et la société comme entité dépassant l'individu, résume ainsi sa conception :

> S'il est clair que nous ne possédons pas en tant que choses de la nature un être pour nous-mêmes parce que les éléments naturels passent en un manège ininterrompu à travers nous comme à travers des formes totalement désintéressées et que l'égalité face aux lois de la nature dissout entièrement notre être-là en une simple modalité de leurs nécessités — il n'en est pas moins évident que nous ne vivons pas en tant qu'êtres sociaux autour d'un centre autonome, mais que nous nous recomposons à chaque instant à partir des relations de réciprocité que nous entretenons avec les autres hommes, semblables en ceci à la substance corporelle qui n'existe plus pour nous que comme la somme de nos multiples impressions sensorielles et non pas comme un étant pour soi. [3]

---

[2] Georg Simmel : "Exkurs über das Problem : Wie ist Gesellschaft möglich ?", in : *Schriften zur Soziologie : eine Auswahl*, Frankfurt am Main : Suhrkamp, 1992, p. 287.

[3] "So wenig wir als Naturwesen ein Fürunssein haben, weil die Kreisung der natürlichen Elemente durch uns wie durch völlig selbstlose Gebilde hindurchgeht und die Gleichheit vor den Naturgesetzen unser Dasein ohne Rest in ein bloßes Beispiel ihrer Notwendigkeiten auflöst - so wenig leben wir als Gesellschaftswesen um ein autonomes Zentrum herum, sondern sind Augenblick für Augenblick aus den Wechselbeziehungen zu andern

Elias n'est pas très éloigné de ces considérations, lorsqu'il s'insurge contre le mythe de l'*homo clausus* ou *Zustandsmensch*[4], de l'homme pensé comme état et non comme devenir, et qu'il développe sa propre conception de l'individu au pluriel, censé interagir avec les autres individus dans une configuration ouverte et toujours en mouvement. Pour Elias, l'essence de l'individu est ce processus même, la société n'est pas une construction d'individus autonomes, acteurs de leur propre vie, mais les configurations sociales dans lesquelles sont impliqués des individus interagissant sont comme autant de parallélogrammes de forces entraînés par leur dynamique propre dans une direction presque toujours imprévisible. L'analyse configurationnelle qui est la sienne se doit de prendre en compte les pesanteurs géographiques et historiques, les configurations que forment les individus en société ne passent pas d'un état d'équilibre à un autre par la magie de la transformation sociale ou la décision d'individus complètement indépendants, elles intègrent toutes les attitudes et comportements en apparence décisionnels et autonomes des individus et des groupes humains dans un processus d'évolution toujours aléatoire, bien qu'il soit structuré et orienté. Le processus de transformation sociale ne connaît ainsi ni commencement ni fin, ni point de départ, ni point d'arrivée. Chaque configuration se développe à partir de la configuration précédente en se recomposant en une figure inédite qui débouche insensiblement sur la configuration suivante sans que celle-ci ne se stabilise jamais, même si la lenteur du processus peut suggérer l'illusion de l'immobilité.

On peut maintenant se demander, en s'appuyant sur les textes réunis dans l'ouvrage *Studien über die Deutschen*, dans quelle mesure Elias réussit son pari de débarrasser la sociologie de toute forme d'idéologie, d'éviter que le sociologue ne fasse passer en contrebande ses propres idées sur la société, de les amalgamer à sa théorie, tout en faisant en même temps de la sociologie un vecteur de transformation sociale. Il s'agissait donc de dépasser les conceptions de Weber et de Marx, de renvoyer dos à dos l'option marxiste et l'option libérale en se plaçant dans la position excentrée du scientifique non inféodé à quelque idéologie que ce soit. Nous avons déjà fait état des reproches qu'il fait à Weber. Elias ne s'en prend pas au positionnement libéral en tant qu'il constitue un élément parmi d'autres au sein de la configuration socio-économique comme du reste le positionnement socialiste, mais vouloir construire une théorie de la société à partir de l'individu isolé lui semble être une erreur méthodologique condamnable. Il est clair pour Elias que domaine des faits et domaine des valeurs doivent être séparés, même s'il convient de démarquer les sciences sociales des sciences de la nature. De l'autre côté, il considère que, chez Marx, l'élaboration du mythe d'une classe sociale à laquelle serait dévolue

---

zusammengesetzt und sind so der körperlichen Substanz vergleichbar, die für uns nur noch als die Summe vielfacher Sinneseindrücke, aber nicht als eine für sich seiende Existenz besteht." *Ibid.*

[4] Norbert Elias : *Was ist Soziologie ?*, Weinheim-München : Juventa, 1993, p. 130.

la mission de prendre en main le destin de l'humanité correspond au modèle déterministe d'une histoire tendue vers un état final, conçu comme couronnement et aboutissement, et il réprouve cette conception qui relève d'un prophétisme et d'une mythologie du salut caractéristiques d'un mode de pensée préscientifique[5]. Elias reproche à la pensée marxiste, tout à son modèle d'affrontement bipolaire entre classes moyennes industrielles et classes laborieuses, de faire l'impasse sur les combats acharnés qui opposent durant l'époque wilhelminienne ces mêmes classes moyennes à la caste noble militaro-agrarienne encore dominante[6], comme s'il était admis que depuis la Révolution française elle avait été mise hors-jeu une fois pour toutes. Sa propre position partisane l'empêchait de prendre en compte toute la variété des mouvements ascendants et descendants des différentes classes sociales dans toute sa complexité et de construire un modèle plus large et plus différencié de la science historique. Le modèle marxiste, trop centré sur les antagonismes de classe générés par la lutte pour le pouvoir économique, omettait d'apprécier à sa juste valeur le rôle non strictement économique d'un pouvoir résiduel qui, en tout cas dans l'Allemagne wilhelminienne, a pesé d'un poids non négligeable sur les rapports de force politiques[7]. Ce rejet du réductionnisme marxiste, tel que l'interprète Elias, qui consiste à faire dériver quasi automatiquement le pouvoir politique de la puissance économique était également partagé par Max Weber. En outre, Elias mettait l'accent sur le fait que, dans bien des cas, le concept d'identité nationale commun aux deux classes montantes de l'ère industrielle se superposait à celui de conscience de classe quand il n'en était pas strictement l'habillage, même si, concédait Elias, la bourgeoisie industrielle, dans son insistance à mettre en avant la nation comme valeur refuge, avait devancé ici de quelques longueurs le prolétariat[8]. Là encore, l'analyse en termes de configuration permet de dépasser le modèle marxiste qui selon Elias est beaucoup trop centré sur une explication monocausale et unilinéaire du développement social, alors que les conflits pour le pouvoir se jouent toujours au sein de configurations toujours en mutation et en mouvement. Pour Elias, le modèle marxiste est tout empreint d'une vision téléologique, proprement métaphysique, qui confère à la garde montante prolétarienne, qu'il pare de toutes les vertus, un rôle d'entraînement dans un processus tendant inéluctablement à l'abolition des antagonismes de classe.

---

[5] *Ibid.*, p. 55.

[6] *Ibid.*, p. 202.

[7] Norbert Elias : *Studien über die Deutschen : Machtkämpfe und Habitusentwicklung im 19. und 20. Jahrhundert* (cité désormais *SüdD*), hrsg ; von Michael Schröter, Frankfurt am Main : Suhrkamp, 1989, p. 62.

[8] Norbert Elias : Über den Prozess der Zivilisation. Soziogenetische und psychogenetische Untersuchungen : Wandlungen des Verhaltens in den weltlichen Oberschichten des Abendlandes (erster Band), Frankfurt am Main : Suhrkamp Taschenbuch Verlag, 1978, p. XXXIII.

Une remarque s'impose avant d'examiner comment Elias applique la méthode configurationnelle à la réalité wilhelminienne. Elias, dans ses *Notizen zum Lebenslauf*, met en garde contre la dérive théorique qui consisterait à juger de la réalité sociale à partir d'une position de classe trop affirmée. C'est un problème qu'il a examiné en détail dans son ouvrage *Engagement und Distanzierung*[9]. Les membres des classes privilégiées auraient ainsi tendance à minimiser les problèmes de différence de pouvoir au sein des configurations sociales et inversement les classes inférieures qui luttent pour une amélioration de leur situation ont une perception plus aiguë des écarts entre les groupes sociaux[10]. Elias n'est pas étonné que Marx, en tant que membre d'un groupe marginalisé et stigmatisé, se soit solidarisé avec la classe ouvrière exploitée. Lui-même d'ailleurs avouait dans une interview qu'il s'était senti, comme *outsider* hostile à la guerre, davantage proche de ses camarades de combat prolétaires que des jeunes bourgeois dont il partageait malgré tout certaines des valeurs culturelles[11]. Cependant, l'exigence scientifique impliquait cette prise de distance nécessaire qui faisait justement défaut à Marx :

> Mais la vision de Marx et de la plupart de ses disciples était tellement obnubilée par cette forme particulière des sources du pouvoir et des différentiels de pouvoir, qui découlait de la monopolisation des moyens de production, qu'ils en devenaient incapables de produire une théorie explicite et plus large de la théorie du pouvoir[12].

Il reproche autant aux libéraux qu'aux marxistes d'avoir voulu rabattre les sources réelles du pouvoir présents dans une configuration sociale en mouvement sur le seul pouvoir économique. Il en voyait la preuve dans le fait que la suppression de la propriété privée des moyens de production dans les régimes communistes n'avait pas mis fin à l'inégalité hiérarchique de la structure sociale[13]. Nous voudrions démontrer ici qu'Elias lui-même n'échappe pas complètement au dilemme, que le reproche qu'il fait à Marx peut lui être fait, mais à fronts renversés. Même si Elias prend la précaution méthodologique de s'installer commodément dans l'entre-deux, d'utiliser sa position d'*outsider* pour revendiquer un statut d'exterritorialité et d'objectivité, on peut se demander dans quelle mesure l'habitus bourgeois libéral de la minorité juive allemande n'a pas d'une certaine manière contaminé son discours scientifique, s'il a réussi cette gageure de se tenir lui-même à la bonne distance entre engagement et distanciation. On peut penser à Sigmund Freud qui écrivait en 1926 :

---

9 Norbert Elias : *Engagement und Distanzierung* (Arbeiten zur Wissens-soziologie 1), Frankfurt am Main : Suhrkamp, 1990.

10 Norbert Elias : « Notizen zum Lebenslauf », in : *Norbert Elias über sich selbst*, Frankfurt am Main : Suhrkamp, 1990, p. 188.

11 A. J. Heerma van Voss und A. van Stolk : « Biographisches Interview mit Norbert Elias », in : *Norbert Elias über sich selbst*, Frankfurt am Main : Suhrkamp, 1990, p. 39.

12 Norbert Elias : « Notizen zum Lebenslauf », in : *Norbert Elias über sich selbst*, Frankfurt am Main : Suhrkamp, 1990, p. 189.

13 *Ibid.*

> [...] En plus de cela, j'eus bientôt la conviction que je n'étais redevable qu'à ma nature juive des deux qualités qui, tout au long du chemin difficile que fut mon existence, m'étaient devenues indispensables. C'est parce que j'étais juif que j'étais exempt de nombre de préjugés qui constituent pour beaucoup d'autres un frein à l'utilisation de leur intellect ; en tant que Juif j'étais préparé à entrer en opposition et à renoncer à être en accord avec la « majorité compacte. »[14]

Le problème, aussi bien pour Freud que pour Elias, était de concilier l'approche scientifique qui inclut une phase descriptive et explicative avec la volonté de s'impliquer dans le processus. Le sociologue selon Elias est un peu comme le psychanalyste de la société, il est à l'écoute, collecte les faits, essaye de mettre le doigt sur certains dysfonctionnements, laisse percevoir certaines contradictions et tente de faire comprendre rationnellement les véritables enjeux de pouvoir des partis en présence dans le but d'éviter le collapsus social. Elias affiche son ambition de vouloir être une sorte de médecin du social, c'est une des tâches du sociologue que de prévenir certaines catastrophes :

> [...] J'ai le sentiment que les hommes dans ma position pourraient faire en sorte que beaucoup d'erreurs de nos sociétés présentes fussent évitées en portant tous ces faits à la conscience de tous. [...] On ne peut rien faire contre la foudre ou contre la peste si l'on n'en connaît pas la cause ; mais si on la connaît, on peut les prévenir toutes les deux.[15]

Nous verrons que cette position n'était pas évidente à tenir, que la solution au dilemme du savant que Max Weber avait déjà esquissé dans sa conférence de 1922, *Wissenschaft als Beruf*[16], à savoir : éclaircir certaines difficultés conceptuelles, apporter des réponses à certains problèmes sans jamais vouloir imposer son propre système de valeurs, exigeait les vertus d'un équilibriste. Norbert Elias a-t-il satisfait complètement à ces exigences ? Cela n'était guère possible de toute façon, car pour Elias le sociologue et l'historien devaient cohabiter dans une certaine harmonie. Pour agir sur le réel, le sociologue se devait d'anticiper certaines évolutions, faire des prévisions les plus exactes possibles afin d'ajuster au mieux ses réponses. L'historien est, pour reprendre

---

[14] "[...] Und dazu kam bald die Einsicht, daß ich nur meiner jüdischen Natur die zwei Eigenschaften verdankte, die mir auf meinem schwierigen Lebensweg unerläßlich geworden waren. Weil ich Jude war, fand ich mich frei von vielen Vorurteilen, die andere im Gebrauch ihres Intellekts beschränkten, als Jude war ich dafür vorbereitet, in die Opposition zu gehen und auf das Einvernehmen mit der "kompakten Majorität" zu verzichten". Sigmund Freud : « Ansprache an die Mitglieder des Vereins B'nai B'rith (1926) » in : *Gesammelte Schriften*, London : Imago.

[15] « ... Ich habe nun einmal das Gefühl, dass Menschen in meiner Position, wenn sie diese Tatsachen für alle vernehmbar aussprechen, viele Fehler der Gegenwart verhüten könnten. [...] Man kann nichts gegen das Einschlagen des Blitzes, gegen die Pest unternehmen, wenn man die Ursache nicht kennt ; aber wenn man sie kennt, kann man beides verhüten ». Voir note 11 : « Biographisches Interview mit Norbert Elias », p. 31.

[16] Max Weber : *Wissenschaft als Beruf*, Berlin : Duncker und Humblot, 1992.

l'expression de Schlegel, un « prophète tourné vers le passé » (*ein rückwärtsgewandter Prophet*), qui peut certes construire son objet scientifiquement, mais doit toujours intégrer la part de l'accident, du hasard qui rend toute comparaison difficile, sinon vaine et qui interdit toute projection. Elias se risque à quelques prédictions sur l'avenir de la République fédérale à la fin de son ouvrage *Studien über die Deutschen.* Elles sont souvent peu pertinentes, mais n'infirment en aucune façon son analyse sur un siècle d'histoire allemande. Au contraire, son mauvais diagnostic sur la République fédérale confirmerait plutôt l'idée qu'il se fait de l'histoire : Il aurait sans aucun doute souscrit à cette phrase de Raymond Aron, dans sa préface à la traduction du texte de Weber sur *le savant et le politique* : « Oui, l'histoire est la tragédie d'une humanité qui fait son histoire, mais qui ne sait pas l'histoire qu'elle fait. » Le diagnostic peu perspicace d'Elias quant à l'avenir de la République fédérale est sans doute à mettre au compte du pessimisme de l'exilé revenu en Allemagne bien après la fin de la guerre. Sa comparaison des étudiants révolutionnaires des années 68 avec la génération des corps francs et des terroristes de Weimar est par certains côtés séduisante, mais Elias s'est laissé aller par manque de contextualisation à une condamnation du mouvement étudiant qui sera encore plus virulente chez un autre exilé juif revenu comme professeur en Allemagne, Max Horkheimer, qui ira jusqu'à mettre au jour l'affinité profonde des jeunes étudiants de 68 avec l'état d'esprit des jeunes nazis qu'il a connus jadis à Francfort[17]. Chez l'un comme chez l'autre, la pesanteur d'un passé douloureux avait été un obstacle à une juste évaluation des forces en présence, les avait rendu aveugles à cette évidence que l'expérience de trente années de régime démocratique avait rapproché la République fédérale des nations européennes sur lesquelles l'hypothèque totalitaire avait moins pesé. On peut comprendre néanmoins que le diagnostic plutôt pessimiste d'Elias sur l'évolution de l'Allemagne soit intervenu à ce moment très critique de l'histoire européenne : la violence assez singulière du terrorisme ouest-allemand, le caractère souvent ambigu et parfois inapproprié des réactions de l'*establishment*, les maladresses engendrées par la tentation de l'oubli du passé, souvent rattrapées il est vrai par des initiatives courageuses, pouvaient laisser craindre un retour de flamme et une rechute dans les errements anciens. Mais c'était une possibilité parmi d'autres. On ne saurait faire grief à un émigré marqué dans sa chair par la tragédie allemande d'avoir été particulièrement sensible à ce qui pouvait apparaître comme une régression dans le processus de civilisation et sceptique quant à la capacité de la société allemande désormais normalisée de surmonter sans trop de secousses ses difficultés et de s'installer durablement dans le camp des démocraties. Elias avait simplement failli à sa propre règle : trop d'engagement ou d'implication nuit à la prise de distance.

---

[17] Max Horkheimer : « Späte Notizen (Jan. 1969) », in : *Gesammelte Schriften*, Bd. 14 (*nachgelassene Schriften 1949-1972*), Frankfurt am Main : Fischer, 1985, p. 512.

Quels sont maintenant les éléments qu'Elias met particulièrement en évidence dans sa présentation et son analyse de l'histoire allemande contemporaine ? Quelles sont les forces en présence qui luttent pour le pouvoir et/ou pour l'appropriation des symboles du pouvoir dans la configuration allemande ? Elias attribue à l'époque wilhelminienne une importance fondamentale dans la constitution de l'habitus national allemand sur le moyen terme : la montée en puissance d'un nationalisme agressif y coïncide en effet avec une redéfinition des rapports entre bourgeoisie et aristocratie, mais ce sont aussi les rapports entre toutes les classes sociales qui se trouvent affectés par ces bouleversements aggravés encore par la défaite de 1918. L'habitus façonné dans ces années cruciales de l'histoire allemande va peser sur toute l'évolution ultérieure, mais non pas mécaniquement : ni les thèses qui attribuent au caractère national allemand prétendument immuable le pouvoir de modeler à sa guise la réalité sociale, ni l'économisme des libéraux ou des marxistes, pour lesquels les enjeux de pouvoir ne sont en dernière instance que des enjeux pour l'appropriation des moyens de production, ne sauraient rendre compte de la complexité des antagonismes sociaux. Cela n'est pas suffisant pour le sociologue qui doit intégrer dans son analyse la propension des hommes d'une société donnée à évaluer leur propre situation et celle des autres groupes par rapport à eux-mêmes en termes de statut et de relations de pouvoir. En sus des critères de stratification sociale qui déterminent au sein d'une configuration la place objective d'une catégorie sociale, il convient de prendre en compte la manière dont les hommes se positionnent eux-mêmes par rapport aux autres et dont ils situent les autres sur la pyramide sociale (*Ich-Bild, Wir-Bild, Sie-Bild*[18]). Car l'expérience que l'on fait pour soi-même de la place que l'on occupe dans la hiérarchie sociale, même si elle ne renvoie souvent qu'une image déformée de la réalité, est un des éléments constitutifs de la configuration. On se rend compte alors que, pour la période comprise entre 1871 et 1918, les catégories les plus en vue – les banquiers, les grands chefs d'entreprise ou les grands hommes d'affaires – n'avaient pas conscience d'avoir un rang social correspondant à leur poids économique réel dans la société. Même les médecins et les avocats pouvaient se targuer d'un *Wir-Bild* supérieur à celui des banquiers ou des chefs d'entreprise. C'était, de fait, le groupe des hauts fonctionnaires et des officiers supérieurs, qui avait le statut le plus élevé dans la hiérarchie. Ils jouissaient au sein des autres catégories d'un prestige social qui était sans commune mesure avec leur poids économique, mais reflétait une force politique bien réelle. En Allemagne, la bourgeoisie, affaiblie par les défaites politiques successives, enfermée dans ses dilemmes que reflète bien le débat sur *Kultur* et *Zivilisation* évoqué par Elias, n'a pas été assez puissante pour imposer, une fois l'unité réalisée, ses conceptions démocratiques. Et ce sont paradoxalement des représentants de la noblesse particulariste, aiguillonnés par la dynamique

[18] Norbert Elias, *Was ist Soziologie ?*, pp. 132-139.

unitaire, qui mirent fin au particularisme allemand. Les canons comportementaux de l'élite noble victorieuse furent ainsi transposés tels quels à l'ensemble du *Reich*. Et cela fut d'autant plus facile que la bourgeoisie d'affaires et industrielle, entraînée dans un processus de modernisation accéléré, sans précédent dans l'histoire allemande, et confrontée à la montée d'un prolétariat de plus en plus conquérant, était forcée de se chercher dans l'urgence des alliés et de nouvelles valeurs intégratives. En se rapprochant de l'élite wilhelminienne marquée par un habitus façonné par les vertus militaires et les vertus d'obéissance à l'autorité, la bourgeoisie allemande se trouvait en porte-à-faux par rapport à sa propre tradition humaniste, et ce d'autant plus que la cour de Guillaume II avait développé une culture du mépris et du rejet de ce qui ne lui ressemblait pas, une culture de parvenu que la personne de l'empereur incarnait au plus haut point. C'est à travers deux institutions fondamentales du *Reich* que le canon comportemental hérité de la cour et de la tradition autoritaire prussienne a pu diffuser ses valeurs jusque dans certains secteurs de la bourgeoisie jusqu'alors indemnes et les fondre dans ce qu'on identifie couramment comme étant le caractère national allemand. L'accès pour un non noble à la «bonne société» wilhelminienne était balisé par deux étapes élevées au rang de rites de passage pour la jeunesse. Les jeunes bourgeois arrivés à la fin de leurs études secondaires pouvaient bénéficier sous certaines conditions d'une année de préparation militaire à l'issue de laquelle le titre d'officier de réserve leur était décerné : c'est le système des *Einjährig-Freiwillige*. Ils étaient ainsi distingués de la masse des jeunes ouvriers et paysans astreints à un service militaire plus long et étaient confrontés très tôt à tout un système de valeurs fondé sur les vertus d'obéissance et de commandement qu'ils s'appliqueraient à intérioriser avant de retourner à la vie civile. L'institution des corporations étudiantes (*schlagende Verbindungen*) accentuait encore l'emprise du canon aristocratique sur la jeunesse issue de la bourgeoisie. Le rite du duel, survivance d'un état de la société où la noblesse échappait encore aux normes de juridiction universelle imposées par le souverain centralisateur et pratiquement éradiqué dans les pays à forte tradition démocratique, était plus qu'un symbole de l'appartenance à la «bonne société». La soumission aux normes du canon et du code de l'honneur aristocratique était gravée dans la chair même des jeunes étudiants : la balafre devenait le signe très visible d'appartenance à ce qu'Elias appelle la *satisfaktionsfähige Gesellschaft*, la société du petit nombre de ceux que l'on pouvait provoquer en duel sans déchoir, et dont étaient exclus généralement les Juifs, une grande partie de la classe moyenne, la classe ouvrière, les démocrates ainsi que tous ceux qui n'avaient pas satisfait à leurs obligations militaires. Ce rite initiatique était un passage obligé pour tout jeune bourgeois diplômé qui désirait faire partie de l'*establishment* impérial. Il n'y avait pour la bourgeoisie de reconnaissance possible qu'à travers l'obligation de calquer son habitus sur celui de la noblesse de la cour impériale. Pour autant, les places les plus en vue dans la haute administration et le gouvernement du *Reich*, l'armée et la diplomatie, restèrent réservées à la noblesse héréditaire.

On avait donc là tous les ingrédients d'une crise future, si la stratégie de fuite en avant choisie par le pouvoir pour assurer l'hégémonie européenne, puis mondiale, du *Reich* venait à échouer : un différentiel de formalité très élevé par rapport à celui des autres nations européennes de premier plan, une bourgeoisie, prise en tenaille entre une noblesse arrogante et une classe ouvrière menaçante, qui renonce par «réalisme» à ses valeurs propres et forge son caractère, pour le conformer à l'habitus aristocratique, non pas à l'université comme dans les démocraties traditionnelles, mais dans le vivier parallèle des corporations étudiantes. D'un autre côté, le pouvoir pensait faire avaler plus facilement la pilule autoritaire aux classes dominées auxquelles il promettait une «place au soleil» selon l'expression de Guillaume II. Les lois sociales qu'avait engagées Bismarck y ont aussi contribué. L'équilibre psychique d'une personnalité qui se construit autour de ces allers et retours entre punitions et gratifications, de ces va-et-vient entre formalisation extrême des comportements dans le cadre du rituel et relâchement moral dans des circonstances plus informelles est bien instable. Elle s'inscrit dans une dynamique de barbarisation des conduites qui privilégie le profil agressif, batailleur, peu apte à intérioriser un grand nombre de contraintes internes et à contrôler ses affects en dehors de toute instance ou institution extérieure. On peut facilement imaginer qu'à partir d'une telle structure psychique les conditions favorables à une autonomie de la personne conforme à l'habitus bourgeois libéral n'étaient pas réunies. Avec l'avènement de Weimar, une situation est créée où les contraintes externes fortement atténuées ne pourront plus peser sur des contraintes internes mal intériorisées, voire déficientes, et jouer ce rôle de garde-fou qui canalisait jusqu'alors de possibles débordements.

Le traumatisme de la défaite de 1918 et l'avènement de la démocratie devaient exacerber les antagonismes sociaux dans la mesure où l'évolution psychogénétique adaptée au profil sociogénétique du second *Reich* était contredite par la nouvelle donne politique de Weimar. La classe ouvrière autrefois minorisée et exclue des responsabilités prenait à travers ses dirigeants les rênes d'un pouvoir qu'il usurpait indûment aux yeux de la société des *Satisfaktionsfähige* dont la mise sur la touche accentuait le ressentiment. La culture de la violence, légitimée par l'habitus traditionnel d'une partie de la bourgeoisie wilhelminienne, était banalisée à travers la constitution des *Corps francs* qui avaient sévi dans les pays baltes et qu'étaient venus rejoindre, outre des officiers d'active, un certain nombre de jeunes bourgeois anciens membres des corporations étudiantes et maintenant déclassés. Effrayés par la perspective d'une bolchevisation de l'Allemagne, ils participèrent avec une rare sauvagerie à l'écrasement des conseils ouvriers qui avaient éclos un peu partout dans l'immédiat après-guerre et érigèrent l'assassinat en pratique courante de règlement des conflits politiques. Ce cercle vicieux de la violence allait être brisé pour un temps avec la pacification intérieure conduite par des majorités modérées et le retour d'une relative prospérité économique, mais au moindre signe d'affaiblissement du régime le processus resté en sommeil n'allait pas manquer de se remettre en branle. La conviction que l'abaissement de l'Allemagne découlait non seulement de l'application de traités internationaux scélérats, mais était aussi à mettre sur le compte de la trahison intérieure (la fameuse légende du coup de poignard dans le dos, la *Dolchstoßlegende*) était partagée également par une partie de la bourgeoisie modérée qui ne s'identifiait pas nécessairement aux actions criminelles des extrémistes de droite, mais qui n'avait jamais considéré la République comme un régime légitime. Le conflit parlementaire menaçait sans cesse de basculer dans un conflit de milices armées, et ce d'autant plus facilement que la violence d'État ne s'est jamais vraiment incarnée dans les organes des gouvernements successifs issus des compromis entre les représentants modérés de la classe ouvrière et de la bourgeoisie : la *Reichswehr*, toujours dominée par des officiers supérieurs d'origine noble et jouissant par rapport au pouvoir politique d'une très grande autonomie, inconnue sous le régime précédent, n'était pas un recours possible pour une démocratie aux abois. Pourtant, la configuration avait changé par rapport à la période antérieure. L'habitus national s'était légèrement transformé. L'idéologie des *Corps francs* qui avait marqué une partie de la jeune bourgeoisie déclassée restait malgré tout encore sous l'emprise de l'idéal élitiste caractéristique de la société des *Satisfaktionsfähige*. Ce qui fit la force et le succès du mouvement hitlérien, ce fut sa capacité à faire prospérer un tel idéal sur un terreau politique renouvelé. En profitant du fait que les barrières élitaires avaient tendance à céder plus facilement dans l'environnement plus mouvant de la société weimarienne, en offrant à tous ces électrons libres une structure d'accueil qui les arrachait à l'état d'anomie dans lequel les avait plongés la défaite, il popularisait un habitus qui se confondait jusque là avec celui de la «bonne société», l'appartenance à la race germanique (transposition à l'échelle nationale de la tradition noble de la *unbefleckte Ahnenkette*, la fierté de présenter une galerie des ancêtres sans souillure) permettant à un plus grand nombre l'identification au *Wir-Bild* national allemand.

Il s'opère ainsi un glissement : l'élitisme traditionnel autour duquel s'articulait déjà l'habitus national allemand s'est en quelque sorte vulgarisé sans s'être démocratisé. De ce point de vue, l'utilisation du concept de différentiel de formalité (Formalitäts- Informalitätsgefälle) par Elias peut porter à confusion. La baisse de ce différentiel pendant l'époque nazie est interprétée de façon trop mécanique par Elias comme le symptôme de l'effondrement du canon comportemental plus civilisé de la période antérieure. Elias parle à cet égard de *Rückschlag* pour parler de ce qui se passe sous le régime national-socialiste. Mais la baisse tendancielle du différentiel de formalité sur une période assez longue (incluant l'époque nazie) peut aussi faire signe vers un nivellement de l'habitus, vers un raccourcissement des chaînes d'interdépendances entre les classes sociales, encouragé par le régime. Des historiens comme Ralf Dahrendorf[19] ou David Schoenbaum[20] ont parlé à cet égard de la modernisation non voulue ou encore de la révolution sociale engagée par le national-socialisme et dont les conséquences se sont fait sentir dans la jeune République fédérale d'Allemagne. On voit donc que certains concepts éliassiens demandent à être davantage contextualisés. Il y a dans toute période de Révolution ou de démocratisation des sociétés des comportements dont on n'arrive pas toujours bien à déterminer s'ils participent davantage d'une vulgarisation des pratiques sociales que d'une évolution plus positive vers un rapprochement des conditions et une démocratisation de la société. C'est un dilemme toujours très difficile à trancher. Tocqueville avait déjà mis l'accent sur ce paradoxe inhérent à toute évolution vers la démocratie : Quelles sont les conduites qui sont un symptôme de recul civilisationnel et jusqu'à quel point la démocratie naissante doit-elle amalgamer à son corps de doctrine certains éléments de l'habitus aristocratique pour ne pas sombrer dans le populisme ? Elias qui était loin d'être un adepte des théories de la table rase et pour qui la civilité qui va devenir la civilisation s'élabore dans la société de cour avant de diffuser dans le reste du corps social s'inscrit aussi dans cette tradition tocquevillienne.

Le dilemme se répète à un niveau supérieur d'intégration : la dualité du canon normatif caractéristique de tous les nationalismes (un canon égalitaire issu de la tradition libérale de la bourgeoisie à usage interne et un canon inégalitaire et agressif d'origine macchiavellienne appliqué dans les relations avec les autres nations) a été mal intériorisée par l'habitus national allemand qui rejetait cette culture du compromis. La civilisation n'est pas pour Elias une donnée infrangible, immuable, mais il est dans la nature même du processus d'être soumis à des forces diverses et contradictoires, et les pulsions barbares et destructrices ne sont jamais éradiquées, mais au mieux contrebalancées, par les dispositifs de contrainte externe ou interne toujours liés aux configurations de pouvoir : à la moindre rupture de l'équilibre les mécanismes de régression peuvent s'enclencher. Elias revient sur l'histoire particulière de la formation de l'État allemand, sur cette idée de la nation tardive (selon la formule d'Helmuth Plessner) pour expliquer que les évolutions contraires et les écarts de variation de l'habitus au sein de la société étaient plus perceptibles et plus forts en Allemagne en raison de la discontinuité de son évolution historique qu'en Angleterre par exemple, où la plus grande continuité du processus historique avait atténué la virulence de ces différences et de ces contradictions bien réelles. Il y a dans le *Wir-Bild* allemand tel qu'il s'est constitué à travers une longue tradition une forte propension à dévaloriser le quotidien, l'habituel, la tendance au banal compromis qui est le lot des sociétés démocratiques, et à porter aux

---

19 Ralf Dahrendorf : *Gesellschaft und Demokratie in Deutschland*, München : Piper, 1965.

20 David Schoenbaum : *Hitler's Social Revolution : Class and Status in Nazi Germany, 1933-1939*, Garden City : Doubleday, 1965.

nues l'instant exceptionnel, la situation extraordinaire, l'idéal qui ne peut cependant jamais être atteint. Le quotidien est dans sa banalité le lieu même de l'individualisme égoïste et de l'ennui auquel on ne peut échapper que dans les situations extrêmes d'exaltation nationale et d'ivresse patriotique :

> Car moins l'autocontrainte individuelle peut s'appuyer dans la vie quotidienne sur des normes et des objectifs communs, moins les hommes pourront y trouver des motifs pour satisfaire dans la vie ordinaire à leurs propres idéaux et plus grande sera la tentation de combler ce manque par le recours aux situations exceptionnelles qui seules peuvent les soustraire à l'esclavage de la solitude égoïste et comportent la promesse du lien communautaire pour ceux qui se vouent à des idéaux communs.[21]

On peut bien entendu observer de pareilles tendances dans la plupart des nations, mais l'effet cumulatif des défaites successives le long d'un parcours historique chaotique et la rétrogradation au rang de puissance de deuxième ordre qui s'en est suivie ont enraciné dans le caractère allemand l'idée que la fierté nationale avait été bafouée et facilité l'éclosion d'une variante particulièrement virulente de nationalisme qui tendait à projeter dans l'avenir le rêve transfiguré d'un passé plus glorieux. On allait ainsi de promesses impossibles à tenir en défaites et en déceptions qui alimentaient la frustration qui elle-même nourrissait le désir de revanche : c'est le dilemme du cercle vicieux, de la double contrainte (*double-bind, Doppelbinderprozeß*) auquel il ne pourra être mis fin qu'avec la défaite de 1945. Rien ne permet de penser que la tradition allemande devait nécessairement engendrer un mouvement tel que le national-socialisme, mais cette voie était une de celles qui pouvaient découler de cette tradition. Le national-socialisme correspondait idéalement à une situation où solidarité et loyauté étaient garanties par une foi nationale fonctionnant sur la base de l'exclusion de ceux qui ne participaient pas du *Wir-Bild* commun. Quand une grande puissance a le sentiment de devoir combattre le dos au mur pour maintenir intact un *Wir-Bild* qui est à la plus haute place dans l'échelle des valeurs des individus du groupe, alors aucun moyen ne semble trop grossier ni trop barbare pour reconquérir le terrain perdu. Le caractère exclusif du *Wir-Bild*, de la religion nationale allemande, prédisposait les dirigeants nazis, avec la complicité muette de tout un peuple imprégné de ce même *Wir-Bild*, à retourner une haine, qui était à la mesure des menaces auxquelles ils se croyaient exposés, contre un groupe toujours stigmatisé, un tiers exclu qui incarnait le contraire

[21] "Denn je weniger der individuelle Selbstzwang im Alltagsleben durch gemeinsame Normen und Ziele unterstützt wird, desto weniger können Menschen im Alltag ihren eigenen Idealen genügen, desto bereitwilliger greifen sie, als ein Mittel der Befriedigung, auf außergewöhnliche Gelegenheiten zurück, die imstande sind, sie aus der isolierenden Sklaverei ihrer Selbstsucht zu befreien, und die ihnen eine Gefühlsgemeinschaft in der Hingabe an gemeinsame Ideale verheißen. " N.Elias, *SüdD*, p. 424.

même, l'envers du *Wir-Bild* national allemand. En exterminant les Juifs, les nazis se sont comportés comme quelqu'un qui est dans l'incapacité de s'en prendre à ses ennemis véritables et qui déverse son agressivité sur des ennemis imaginaires. Hitler ne s'est pas imposé par hasard en Allemagne. Il correspondait bien à une situation où tout un peuple déboussolé par les bouleversements politiques croyait, par la grâce d'une personnalité charismatique, pouvoir obtenir la satisfaction de ses besoins élémentaires en se laissant dominer par une machine à donner et à recevoir des ordres, qui était mieux adaptée à un psychisme à faible capacité d'autocontrainte qu'à une structure de caractère disposée à réorienter à la baisse son statut de nation hégémonique.

On remarquera qu'Elias n'a jamais traité qu'indirectement la question du rapport entre minorité juive et majorité allemande. Il n'a jamais rien écrit par exemple sur l'expérience douloureuse de l'exil, si l'on excepte les réflexions autobiographiques des *Notizen zum Lebenslauf*. Pourtant, sa situation d'exilé et de réprouvé l'a conduit à chercher des analogies avec d'autres situations historiques comparables. Ce n'est donc pas un hasard s'il a donné en 1935 à une revue de l'émigration un article sur l'expulsion des huguenots hors de France[22]. On peut voir dans cette discrétion d'Elias sur ses propres origines et sur la stigmatisation de la minorité juive en Allemagne la volonté du sociologue de garder la distance scientifique nécessaire pour pouvoir d'autant mieux modéliser les données observées et offrir un schéma conceptuel universalisable. L'analyse configurationnelle conçue comme processus en devenir centré autour des luttes pour le pouvoir, toujours en déséquilibre, peut nous apporter des enseignements précieux sur la place d'un groupe minoritaire stigmatisé dont l'habitus est finalement très proche de la classe sociale la plus dynamique de la société. Nous savons en effet que le groupe minoritaire juif s'était socialisé et structuré autour des valeurs de la *Bildung* partagées par la bourgeoisie allemande. La proximité avec le groupe de référence (la bourgeoisie allemande) ne peut que produire des effets d'imitation ou de mimétisme (on a pu parler pour certains éléments du groupe minoritaire d'hyperassimilation), mais la place de la minorité dans la configuration ne peut la mettre qu'en situation de concurrence avec la majorité, suivant le principe de double contrainte si souvent décrit par Elias : plus la minorité s'appliquera à ressembler à la majorité, plus cette dernière aura tendance à dresser des barrières réelles ou symboliques pour se démarquer du groupe stigmatisé. La recherche consciente de la ressemblance, qui a pour enjeu l'utilisation concurrentielle de biens, de pratiques et de symboles en apparence identiques, aura comme conséquence non voulue un renforcement réciproque et paradoxal de la différence. Elias, dans son ouvrage *Die Gesellschaft der Individuen*, utilise une belle formule pour décrire ce paradoxe :

[22] Norbert Elias : "Die Vertreibung der Hugenotten aus Frankreich", in : *Der Ausweg* I, 1935, p. 369-376.

« La société ne se caractérise pas seulement par le nivellement et la réduction au type, mais elle est également un vecteur de l'individualisation. »[23] Le rapport «normal» de concurrence entre les groupes sociaux peut atteindre un point d'équilibre si l'évolution psychogénétique et sociogénétique au sein de la configuration est conforme au processus de civilisation tel qu'Elias le décrit dans sa version idéal-typique, si la société dans son ensemble réussit à conjuguer en une harmonie stable les mécanismes d'autocontrainte et de contrainte externe. Le déséquilibre est programmé dès lors que la trop forte accumulation des conflits politiques et sociaux ne permet plus un contrôle strict de ces mécanismes, que le monopole de la violence échappe à l'État central chargé normalement de les réguler, que le groupe majoritaire peu sûr de lui-même va se laisser gagner par des croyances fantasmatiques toujours présentes dans la configuration et être enclin à retourner contre la minorité stigmatisée et dévalorisée une part de ses affects et les pulsions de haine que tient toujours en réserve tout groupe humain acculé à la défensive. L'analyse configurationnelle permet ainsi de tenir compte non seulement des luttes réelles pour le pouvoir politique et économique, mais également des représentations, des mythes, des affects, des schémas relationnels pré-industriels qui jouent encore un rôle souterrain parallèlement aux schémas modernes quand ils ne les court-circuitent pas ou ne les subvertissent pas, le cas échéant. L'État, dont la puissance d'intervention et la capacité de régulation est d'une certaine façon la résultante sur le long terme des tensions configurationnelles, peut répondre en retour de manière plus ou moins efficace aux forces disruptives qui travaillent sans cesse les configurations dans lesquelles sont pris les acteurs sociaux. Un État pourra d'autant mieux absorber ces chocs imprévisibles que sa fonction d'arbitre impartial sera respectée et qu'aucun groupe organisé ne contestera son monopole de la violence.

On voit donc que, pour l'analyse configurationnelle telle que nous la présente Elias, la notion d'équilibre est essentielle. Toute configuration a vocation à atteindre une forme d'équilibre, fût-il très instable. L'habitus national allemand tel qu'il s'était élaboré pendant l'époque wilhelminienne n'était certes pas conforme au canon comportemental idéal-typique humaniste tel qu'il s'était développé dans les démocraties libérales occidentales, la France et la Grande-Bretagne. Au passage, il convient de noter qu'Elias dans ses textes sur les Allemands atténue un peu trop le rôle d'une bourgeoisie allemande libérale qui était moins prompte qu'il veut bien l'admettre à se plier au canon comportemental de la *satisfaktionsfähige Gesellschaft.* Ces bourgeois nationaux-libéraux ou libéraux à la *Bassermann*[24] ont marqué de leur empreinte une authentique démocratie municipale en Allemagne et leur carrière a pu souvent

[23] « Die Gesellschaft ist nicht nur das Gleichmachende und Typisierende, sondern auch das Individualisierende. » Norbert Elias : *Die Gesellschaft der Individuen*, Frankfurt am Main : Suhrkamp, 1991, p. 90.

[24] Lothar Gall : *Bürgertum in Deutschland*, Berlin : Siedler, 1989.

se dérouler en dehors des sentiers battus du conformisme wilhelminien. L'Allemagne du second *Reich* ne correspondait pas complètement à la caricature qu'a pu en dresser Heinrich Mann dans *Der Untertan*. De nombreux travaux récents sur la bourgeoisie viennent un peu corriger cette vision apocalyptique[25]. Elias qui finalement n'adhérait pas lui-même vraiment à cette caricature suggère du reste que la configuration allemande avait atteint une forme d'équilibre avant le début de la Première guerre mondiale. Il considère même que la décision de l'Empereur d'abdiquer n'avait pas été une bonne chose pour l'Allemagne. La couronne aurait été, selon lui, bien mal inspirée de décliner la proposition du futur président, le social-démocrate Ebert, de confier le trône à un des fils de Guillaume II[26] ! Il fallait que la sociogenèse et la psychogenèse s'accordent à l'habitus national allemand de la période. Les épisodes révolutionnaires de l'immédiat après-guerre, le sentiment que pouvaient avoir certaines élites que les sociaux-démocrates n'avaient aucune légitimité à participer au gouvernement, les conflits intergénérationnels particulièrement exacerbés sous la République de Weimar, les crises politiques successives doublées de crises économiques (hyperinflation de 1922, crise de 1929) rendirent la configuration particulièrement instable et créèrent les conditions d'un affaissement de l'équilibre sociogénétique et psychogénétique. Ce qui signifie en clair pour Elias ceci : On ne peut pas impunément forcer l'avènement d'un régime démocratique quand l'accommodation psychogénétique et sociogénétique n'est pas optimale, quand il y a un trop grand décalage entre le psychisme individuel tel qu'il a été façonné pendant les longues décennies de formation de l'État et un nouvel ordre institutionnel qui n'est pas en phase avec ce psychisme. Il y a des ratés dans cette accommodation parce que l'homme a la tentation de la table rase, qu'il ne veut pas admettre que nous sommes aussi les débiteurs des siècles passés (« Die Schuldner vergangener Jahrhunderte »), pour reprendre une formule de Schiller. On ne peut pas forcer le destin des peuples, telle semble être la leçon qu'il veut faire passer. C'est une lecture plutôt conservatrice, en fait libérale-conservatrice, de la réalité sociale qu'entreprend Elias. Elias qui, comme nous l'avons vu, admet que la sociologie est aussi une modalité de l'action, qu'elle peut influer sur le réel, mais à la marge, serait plutôt un adepte des petits pas, des réformes lentes de la société plutôt que des grands bouleversements sociaux. Il n'aurait jamais dit, comme Bourdieu, que « la sociologie est un sport de combat ». Pour ce bourgeois juif allemand, c'était bien plutôt la vie qui était un sport de combat, la concurrence entre les idées et entre les hommes, la lutte souvent féroce pour le pouvoir et ses symboles étaient des réalités qu'il serait vain de vouloir gommer du champ

---

[25] Lothar Gall déjà cité (voir note 24) ; Jürgen Kocka (Hrsg.) : *Bürgertum im 19. Jahrhundert : Deutschland im europäischen Vergleich, eine Auswahl* (unter Mitarb. von Ute Frevert, München : DTV, 1988 (3 vol.) ; Peter Gay : *Schnitzler's Century. The Making of Middel-Class Culture 1815-1914*, New York : W.W. Norton & Company, 2002.

[26] Voir note 11 : « Biographisches Interview mit Norbert Elias », p.79.

configurationnel. On peut peut-être en atténuer parfois la brutalité, c'est le sens du processus de civilisation, et on doit s'atteler à guérir les maladies de la société par des remèdes dictés par la loi de la raison. Mais tout système étant toujours en équilibre instable, il serait naïf de penser que le passage d'une configuration à la suivante puisse jamais se réaliser sans à-coups.

Elias écrivait à propos des processus conflictuels :

> Il faut généralement attendre au moins trois générations pour que les processus conflictuels ne s'apaisent. Mais comme toute transition d'un processus à l'autre ne s'accompagne pas seulement de conflits individuels ou générationnels, mais que différents groupes qui luttent pour le pouvoir sont toujours également impliqués, cela peut prendre davantage que le temps de trois générations avant que les conflits transitionnels ne s'apaisent et que la position relative des différents groupes au sein de la nouvelle configuration étatique n'accède à une certaine stabilité.[27]

On serait tenté d'ajouter : jusqu'à la prochaine crise de décivilisation.

[27] « Aber es dauert gewöhnlich mindestens drei Generationen, bis die Prozeßkonflikte abebben. Da überdies bei diesem Übergang durchaus nicht nur persönliche Konflikte des Einzelnen oder auch Generationskonflikte, sondern immer auch Machtbalance-Konflikte zwischen verschiedenen Stämmen im Spiel sind, kann es sehr viel mehr als drei Generationen in Anspruch nehmen, bis die Übergangskonflikte zur Ruhe kommen und die relative Position verschiedener Stämme innerhalb des neuen Staatsgebildes eine gewisse Stabilität erreicht hat. » N. Elias : *Die Gesellschaft der Individuen*, p. 285.

Gérard Raulet*
Le processus de la civilisation et le *Sonderweg* allemand

La pensée de Norbert Elias ne fut redécouverte (il serait même plus juste de dire qu'elle n'accéda à une certaine reconnaissance scientifique) que tardivement – dans les années 1970-80 pour ce qui est de l'Allemagne et de la France. Karl-Siegbert Rehberg[1] a montré que cette redécouverte s'inscrit dans un contexte particulier, caractérisé d'un côté par le recul du paradigme marxiste[2], de l'autre par une percée de l'histoire culturelle, contre l'histoire sociale qui avait dominé les années 1960 et 1970. Par sa dimension anthropologique et son ouverture sur l'ethnologie de la vie quotidienne l'approche d'Elias apportait incontestablement une certaine fraîcheur qui contribue à son pouvoir de séduction. Elle nous apprend, entre autres choses, à quoi sert une fourchette et comment l'évolution des mœurs de table traduit le « processus de la civilisation ». En vertu d'une inversion de l'adage « grands hommes, petites histoires », les petites histoires tissent la trame d'un grand récit – et le fait que l'idée de civilisation soit censée être prise en un sens neutre ne change évidemment rien à l'existence d'une téléologie immanente. Pour le dire encore plus clairement : la pensée d'Elias n'a certes rien à voir avec cette autre école historiographique qui s'affirme dans les années 1980, en particulier en Italie et qui donne la priorité aux petits récits.

Cette ambition universelle est non seulement ce qui met Elias en porte-à-faux par rapport à la « post-modernité » dont sa redécouverte est contemporaine. C'est aussi la pierre d'achoppement de cette histoire culturelle qui se veut « histoire de la civilisation ». Le problème des théories générales réside en effet en ceci qu'étant générales, elles doivent toujours compter sur leur vérification à la marge par l'« exception qui confirme la règle ». Le recueil d'essais et d'ébauches *Études sur les Allemands*, qu'il n'a certes pas conçu seul mais qui lui doit quand même beaucoup, illustre très précisément ce problème.[3]

---

* Professeur d'histoire des idées allemandes à l'Université Paris-Sorbonne ; administrateur du Groupe de recherche sur la culture de Weimar à la Maison des sciences de l'homme.

[1] Karl-Siegbert Rehberg, "Form und Prozeß. Zu den katalysatorischen Wirkungschancen einer Soziologie aus dem Exil : Norbert Elias", in : Peter Gleichmann / Johan Goudsblom / Hermann Korte (dir.), *Materialien zu Norbert Elias' Zivilisationstheorie*, Frankfurt/M., Suhrkamp 1977, pp. 101-169.

[2] À cet égard le positionnement idéologique des premiers récepteurs français (Raymond Aron, Jean Baechler, François Furet…) est significatif.

[3] Les études réunies par Manfred Schröter et pour lesquelles Elias a rédigé une introduction ont été écrites à des fins et en des occasions diverses. Celles qui constituent les parties I, III et V sont issues de conférences, la partie IV ("Der Zusammenbruch der Zivilisation") est un essai

Elias y applique les catégories de son histoire du processus de civilisation au cas allemand.[4] Pour lui les normes des différentes sociétés relèvent d'évolutions qui caractérisent l'ensemble de la civilisation humaine – l'enjeu de son entreprise consiste à dégager ces structures générales –, mais chaque société constitue néanmoins un cas particulier[5], et dans une large mesure les *Studien über die Deutschen* constituent une contribution importante à l'élucidation du « Sonderweg » allemand. En dépit de – ou précisément par – sa spécificité, le *Sonderweg* allemand confirmerait *a contrario* la thèse générale du « processus de civilisation » : un processus qui dans ce cas particulier, aurait conduit à la « barbarie », pour des raisons spécifiques qu'il s'agit d'élucider mais qui sont censées valider la logique universelle du grand récit.

C'est très précisément à l'épreuve de cette pomme de discorde de l'histoire du 19e siècle – la reconstruction de la « logique » qui conduit au national-socialisme, ou au contraire l'acceptation d'une embardée de l'histoire – que la théorie éliasienne de la civilisation révèle ses faiblesses. Autant, à l'échelle du processus global, sa *captatio benevolentiae* fonctionne à plein – ce que raconte Elias n'est jamais faux, par bien des côtés cela tombe même sous le sens et se révèle de lecture agréable, même si on peut contester des détails –, autant on doit se demander si ce ne sont pas de vieux clichés qui sont ainsi recyclés. Et en l'occurrence, il ne s'agit pas d'un cliché innocent mais du schéma d'interprétation dont les historiens et les philosophes allemands se sont servis d'abord pour affirmer, puis pour « expliquer » l'histoire allemande, et sur lequel s'est concentrée la querelle des écoles historiques après 1945 : le cliché du *Sonderweg*.

Mon hypothèse, pour l'annoncer d'emblée sans détours, est que chez Elias le mythe du *Sonderweg* et le mythe de la civilisation vont de pair. Ce qui est évidemment scientifiquement très gênant pour la théorie du « processus de civilisation » si sa vérification *a contrario* (sa falsification au sens poppérien) se révèle confirmer un mythe historiographique et souscrire à une auto-image des Allemands. Si tel devait être le cas, disons le tout aussi nettement, la théorie d'Elias décevrait complètement les espoirs que les sciences de la culture pourraient placer en elle en révélant crûment son insuffisance critique[6].

---

autonome, la partie II et ses annexes sont issues d'un projet de transformation du chapitre I de l'ouvrage majeur *Über den Prozeß der Zivilisation* en un ouvrage autonome.

[4] Cf. *Studien über die Deutschen* [cité par la suite en abrégé : ÜD et numéro de page], Frankfurt/M., Suhrkamp 1989, ²1992, introduction, p. 7 : « Entwicklungen des nationalen Habitus der Deutschen herauszuarbeiten [...] und sie mit dem langfristigen deutschen Staatsbildungsprozeß in Zusammenhang zu bringen ».

[5] Cf. ÜD, introduction, p. 11.

[6] Et donc sa capacité à aider les sciences de la culture à accéder à une maturité critique.

I. Le Sonderweg dans l'historiographie allemande

La première édition de l'ouvrage iconoclaste des historiens David Blackbourn et Geoff Eley sur le *Sonderweg* fut significativement publiée en 1980 en allemand sous le titre *Mythen deutscher Geschichtsschreibung*.[7] Les auteurs entendaient non seulement mettre en question le bien-fondé historique de la thèse du *Sonderweg* mais dénoncer le schéma d'interprétation commode qu'elle offre aux historiens de la RFA pour expliquer le national-socialisme.[8] Eley s'en prend à Karl Dietrich Bracher, Ralf Dahrendorf, Fritz Stern, M. Rainer Lepsius, Ernst Fraenkel, Fritz Fischer, Gerhard A. Ritter – des historiens représentant certes des courants très divers mais unis à ses yeux par le dénominateur commun de la thèse du *Sonderweg*. Cette attaque fut applaudie avec une jubilation suspecte par la presse conservatrice. La raison tient peut-être au fait que dans les années 1950 et surtout 1960 le thème du *Sonderweg* n'est plus guère invoqué par les historiens conservateurs, alors qu'il est récupéré par les sociologues et historiens de gauche, sociaux-démocrates et libéraux, dans un sens en principe critique. A ce propos, Heinrich August Winkler remarque cependant avec lucidité que « l'enthousiasme suscité par Eley et Caleo[9] [...] ne traduit pas seulement la joie qu'inspire la prétendue réhabilitation nationale de l'Allemagne, il manifeste également un processus de refoulement d'ordre socio-psychologique ».[10]

L'intérêt de ce débat, qui se prolongera par la « querelle des historiens »[11], est moins la question de la vérité ou de la fausseté de la thèse du *Sonderweg* que ce sur quoi Kocka et les autres historiens allemands qui ont vertement répliqué à Blackbourn et Eley ne s'interrogent : sa fonction de mythe, vrai ou faux, tant dans la conscience collective pendant un siècle et demi que dans la production historiographique qui en écrit l'histoire. On ne peut s'empêcher de penser qu'en recourant à la thèse du *Sonderweg*, les historiens de l'après-guerre ont fait leur le *Sonderweg* comme conscience collective et, fût-ce de façon critique, se sont faits les continuateurs de l'historiographie du 19e, à laquelle on doit la thèse du *Sonderweg*. Tout donne à penser que les historiens de l'après-guerre se sont contentés d'affecter le *Sonderweg* d'un indice négatif : pendant tout le 19e le

---

[7] David Blackbourn / Geoff Eley, Mythen deutscher Geschichtsschreibung, Berlin, Ullstein 1980. Je cite d'après l'édition anglaise revue et augmentée : The Pecularities of German History. Bourgeois society and politics in nineteenth-century Germany, Oxford / New York, Oxford University Press 1984.

[8] Cf. Raulet, "Die Hypothek des Sonderwegs", in : Gérard Raulet (dir.), *Historismus, Sonderweg und dritte Wege*, Frankfurt/M. et al., Peter Lang 2001, pp. 7-31.

[9] Il s'agit d'un ouvrage d'un calibre moindre que la réception a volontiers associé à celui de Blackbourn/Eley : David P. Calleo, *Legende und Wirklichkeit der deutschen Gefahr. Neue Aspekte zur Rolle Deutschlands in der Weltgeschichte von Bismarck bis heute*, Bonn, Keil 1980.

[10] Heinrich August Winkler, "Der deutsche Sonderweg : Eine Nachlese", in : *Merkur*, 398/402, 1981, p. 801.

[11] Cf. Raulet, *La philosophie allemande depuis 1945*, Paris, Armand Colin 2006, pp. 318-327.

Sonderweg avait été l'expression d'un sentiment de supériorité, après 1945 il est devenu le bouc émissaire sur lequel on s'est déchargé d'un immense sentiment de culpabilité.[12] Hans-Ulrich Wehler reconnaît à cet égard le bien-fondé de l'offensive de Blackbourn et Eley.[13]

Il leur accorde également que l'opposition *Normalweg / Sonderweg* n'est autre que l'image qu'en avaient les contemporains et que son caractère inévitablement relatif en fait dans le meilleur des cas un idéal-type, dont la valeur est strictement heuristique.[14] Enfin – et c'est pour notre discussion des conceptions d'Elias le point décisif – il refuse, comme eux, les téléologies historiques :

> Blackbourn plaide pour que l'Empire ne soit pas victime d'un réductionnisme fallacieux et qu'on ne le conçoive ni comme la phase tardive d'un néo-absolutisme grand-prussien, ni comme le prélude du national-socialisme mais qu'on le comprenne comme un ensemble historique de plein droit à partir des conditions de son époque.[15]

Blackbourn et Eley se refusent en effet à « téléologiser » l'histoire du 19ème siècle pour en faire « l'antichambre du nazisme »[16] et s'en prennent notamment à l'idée simpliste selon laquelle le fascisme découlerait d'un blocage de la modernisation par une mentalité pré-industrielle.[17] Ils poussent ce refus jusqu'à la contestation de toute approche macro-historique, ils requièrent un sens plus grand pour la contingence[18] mais se défendent pour autant de dénier la continuité de l'histoire allemande, une démarche qui sortirait le nazisme de la « normalité » de l'histoire et en ferait un « accident ».[19] A cet égard ils donnent acte à l'Ecole de Bielefeld que la *Stunde Null* est un argument trop commode pour échapper à l'interrogation sur les origines du nazisme. Mais ils refusent les causalités simplistes – tout autant celles qui les attribuent à la caste antidémocratique de l'Empire, même si elle a incontestablement « mis le pied à l'étrier » à Hitler, que celles qui rapportent tout au sort du *Mittelstand.*

---

[12] Cf. Blackbourn / Eley : « Many post-war German historians have taken over the old view of a special German development and turned it on its head. [...] When the idea reappeared in the 1950s, and still more in the 1960s, it had negative connotations. How, it was asked, had the German catastrophe been possible ? The answer was found in the fatefully aberrant pattern of German history, by western standards. Thus the German Sonderweg was reinstated with all the moral s igns reversed » (*op. cit.*, Introduction, p. 4).

[13] Hans-Ulrich Wehler, "«Deutscher Sonderweg» oder allgemeine Probleme des westlichen Kapitalismus ?", in *Merkur*, 392/397, 1981, p. 478.

[14] *Ibid.*, p. 479.

[15] *Ibid.*, p. 480.

[16] « The ante-room of Nazism » (Blackbourn / Eley, *op. cit.*, p. 22).

[17] « It is meant to query the simple continuity thesis which locates Germany's vulnerability to fascism in a 'pre-industrial' blockage of 'modernization' » (*ibid.*, p. 155).

[18] « One of our intentions was to try to restore a sense of contingency » (Blackbourn / Eley, Introduction, *op. cit.*, p. 33).

[19] Blackbourn / Eley, Introduction, *op. cit*, p. 22sq.

> It remains to be asked whether we are really talking about the same pre-industrial elite doing the same things it had supposedly been doing before 1914. Was it, in fact, the same Old Gang ? [...] Nobody [...] could maintain that Hugenberg's German National People's Party (DNVP) was simply the linear successor of pre-war Conservatism, 'radicalized' and demagogic though the latter undoubtedly already was.[20]

Cette question, nous ne cesserons de nous la poser en lisant Elias.

II. La spécificité de la bourgeoisie allemande

En même temps que son application au domaine allemand, Elias semble avoir voulu répondre au reproche qui avait été fait à son histoire culturelle de sous-estimer le rôle historique de la bourgeoisie. Dans le premier tome de *Über den Prozeß der Zivilisation*, intitulé « Wandlungen des Verhaltens in den weltlichen Oberschichten des Abendlandes », la bourgeoisie ne joue qu'un rôle de second plan.[21] Elias conteste que le 19e siècle ait été « le siècle bourgeois par excellence ». Pour lui, l'histoire en général, et celle du 19e siècle en particulier, n'est pas portée par un groupe, ou une classe sociale ; elle est portée par les tensions entre des groupes et des couches sociales (une de ces déclarations auxquelles on ne peut évidemment que souscrire !). S'il a abordé le problème sous l'angle de la noblesse, ce serait même pour contrecarrer la tendance dominante.[22] Toutefois, dans *Über die Deutschen*, les classes moyennes sont au cœur de l'interprétation censée expliquer le développement du nationalisme puis le basculement dans le national-socialisme. En posant le problème ainsi Elias se situe à l'épicentre de tous les débats qui animent l'historiographie allemande – au premier chef l'histoire sociale elle-même. Non seulement la question de l'adhésion des classes moyennes au national-socialisme, et au

---

20 *Ibid.*, p. 24.

21 Ce reproche très répandu peut être résumé par la formulation extrême que lui donne Roland Axtmann : « The book on 'The Court Society' is an elite study that systematically writes the 'lower classes' out of the story. The 'people', including the bourgeoisie, the peasants and the plebs, are seen as playing the role of tools for the intentions of the elite groups right up to the Revolution » (R. Axtmann, "The Contribution of Elias to the Debate on State Formation in Historical Sociology", in : Treibel, Annette / Kuzmics, Helmut / Blomert, Reinhard (dir.), *Zivilisationstheorie in der Bilanz : Beiträge zum 100. Geburtstag von Norbert Elias*, Opladen, Leske + Budrich, 2000, p. 116.

22 « Man findet in den Köpfen der Mitlebenden oft die Vorstellung verfestigt, das Bürgertum sei der ‚Urheber' oder der ‚Erfinder' des rationaleren Denkens. Hier sind, um des Kontrastes willen, bestimmte Rationalisierungsvorgänge im Lager des Adels geschildert worden. Aber man darf daraus nicht etwa schließen, die höfische Aristokratie sei der soziale ‚Urheber' dieses Rationalisierungsschubes. [...] Wandlungen dieser Art haben nicht in der einen *oder* der anderen Schicht ihren ‚Ursprung', sondern sie entstehen im Zusammenhang mit den Spannungen *zwischen* verschiedenen Funktionsgruppen eines sozialen Feldes und *zwischen* den konkurrierenden Menschen innerhalb ihrer » (*Über den Prozeß der Zivilisation*, Frankfurt/M., Suhrkamp 1997 [suhrkamp taschenbuch wissenschaft], cité par la suite en abrégé : PZ, tome et page ; ici : PZ II, 404sq.).

fascisme en général, est extrêmement controversée[23], mais l'histoire sociale n'a cessé, dans ses travaux sur l'Empire, de se poser la question des contours de la bourgeoisie. De quelle bourgeoisie parle-t-on, et quelle était son idéologie ?

Dans *La Société de cour* Elias donne de la bourgeoisie une définition « classique », proche de Max Weber, qui ne saurait s'appliquer sans restriction à l'Allemagne wilhelminienne :

> La rationalité bourgeoise-industrielle a son origine dans les contraintes des interdépendances économiques. Elle sert en premier lieu à calculer les chances de puissance fondées sur le capital privé ou public. La rationalité de la cour a son origine dans les contraintes de l'interdépendance sociale et mondaine des élites. Elle sert en premier lieu à calculer les relations humaines et les chances de prestige considérées comme des instruments de puissance.[24]

Ce qui intéresse au premier chef Elias dans la bourgeoisie de l'Empire, c'est très précisément qu'elle n'entre pas dans cette opposition classique. Non seulement, au 19e, le système de valeurs de la noblesse était loin d'avoir été supplanté – ce qui justifie son angle d'attaque –, mais Elias montre au contraire comment les classes bourgeoises se le sont approprié pour devenir « satisfaktionsfähig ».[25] Il réaffirme par là, contre une explication politico-sociologique et en particulier contre la définition des classes en fonction de leur rapport au capital[26], ce qui constitue le cœur de ses travaux : les systèmes de valeurs et la façon dont ils façonnent l'identité individuelle et collective.

Il faut se garder de simplifier les structures sociales et leur impact sur les idéologies et les systèmes de valeurs. Non seulement, comme Elias le rappelle dès le début des *Études sur les Allemands*, les valeurs que la bourgeoisie allemande va adopter au 19e siècle ne s'enracinent pas dans une tradition urbaine comme en Angleterre ou en Hollande.[27] On rappellera aussi – juste pour suggérer la complexité de la question – quelques réalités au premier abord surprenantes, comme l'adhésion au libre-échange des propriétaires agraires – ceux qu'on présente habituellement plutôt comme la colonne vertébrale du conservatisme prussien. Bien représentées depuis 1858 au *Preussischer Handelstag* et depuis 1861 au sein du *Deutscher Handelstag*, les Chambres de commerce eurent à prendre position en 1862 sur le traité de commerce franco-prussien ; les fronts apparurent clairement : les grands propriétaires terriens prussiens se

[23] Cf. Horst Möller, Gérard Raulet, Andreas Wirsching (dir.), *Gefährdete Mitte. Zur Politik und Ideologie der Mittelschichten in der Zwischenkriegszeit*, Sigmaringen, Thorbecke 1993.

[24] *Die höfische Gesellschaft* [= HG], Frankfurt/M., Suhrkamp 2002, 192 ; trad. fr. Paris, Calmann-Lévy 1974, p. 108.

[25] "Éligibles au code d'honneur". Sur ce concept de « Satisfaktions-fähigkeit » cf. ÜD 119.

[26] Voir tout particulièrement ÜD 63.

[27] ÜD 17-19.

prononcèrent contre les droits de douane réclamés par les maîtres de forge. Au premier rang des partisans du libre-échange, on trouvait les junkers des territoires à l'Est de l'Elbe – Bismarck lui-même y était alors favorable – mais, si les nobles restaient politiquement influents, beaucoup de terres étaient passées aux mains de bourgeois. Et en 1873 ce furent les conservateurs qui imposèrent l'abolition complète des droits d'importation sur les produits sidérurgiques – juste avant que la crise de 1873-79 ne donne l'avantage au nationalisme économique des *Freikonservative*.[28] On a assurément affaire ici à un exemple éclatant du *Sonderweg*, et – peut-être – à l'un des creusets d'une fusion de valeurs nobles et de valeurs bourgeoises, en l'occurrence la bourgeoisie possédante des propriétaires, pas exactement celle qui est au cœur des analyses d'Elias.

Autre creuset : la concurrence entre la bourgeoisie et la noblesse dans la bureaucratie. On met là le doigt sur un phénomène structurel de la modernisation politique qui se révèle lui aussi d'une complexité quasiment dialectique. Dans son étude classique de 1932[29] Eckart Kehr le fait commencer aux 12-13e siècles, il s'accélère aux 15-16e siècles (c'est une des clefs de la Réforme) et culmine avec l'avènement de la monarchie absolue. En lisant Kehr on croirait lire la trame des passages de *La Société de cour* qui décrivent les tensions et les mécanismes de régulation des rapports entre le roi et la noblesse :

> L'antidote le plus efficace dont l'absolutisme disposait à son apogée pour contrer le danger d'un remplacement de la monarchie absolue par la bureaucratie absolue qu'il avait nourrie en son sein consistait à réintégrer la noblesse, contre laquelle avait été dirigée la constitution d'une bureaucratie recrutée parmi les éléments « bourgeois », c'est-à-dire non nobles, aux postes les plus importants de l'administration. [...] Dans la durée cependant, la réintégration de la noblesse ne déboucha pas sur un renforcement du pouvoir princier qui incarnait l'équilibre de l'affrontement stérile des deux classes, car cette noblesse usa de la position de pouvoir qui lui était échue par la création des provinces (*Landschaften*) en 1770 et le développement d'un capitalisme agraire spéculatif pour mettre en œuvre [...] une politique de relance de son émancipation par rapport à l'absolutisme qui trouvera une génération plus tard dans le romantisme son expression idéologique.[30]

---

28 Voir Wolfgang Zorn, "Wirtschafts- und sozialgeschichtliche Zusammenhänge der deutschen Reichsgründungszeit (1850-1879)", in : Hans-Ulrich Wehler, *Moderne deutsche Sozialgeschichte*, Köln, Kiepenheuer und Witsch, Köln 1976, pp. 254-270.

29 Eckart Kehr, "Zur Genesis der preußischen Bürokratie und des Rechtsstaats" (1932), rééd. in : H.-U. Wehler, *Moderne deutsche Sozialgeschichte*, op. cit., pp. 37-54.

30 E. Kehr, *ibid.*, 38sq.

Laissons la « réaction romantique » de côté.[31] En revanche, la concurrence entre la noblesse et la bourgeoisie nous rapproche du cœur du problème, le conflit entre des ordres de valeurs. Les *Studien über die Deutschen* citent en note des statistiques puisées chez Wehler dont il ressort certes une domination encore écrasante de la noblesse dans tous les corps de l'État[32], mais sans qu'on puisse toutefois ignorer l'ascension des « élites des classes moyennes » ainsi qu'Elias les appelle – phénomène auquel il consacre les sections 8 et suivantes de la « Digression sur le nationalisme ».[33] On ne peut que regretter que dans ces quelques pages la question soit traitée à un niveau de généralité qui ne permet pas de déterminer dans quelle mesure l'analyse porte spécifiquement sur l'Allemagne et, d'autre part, que par l'effet d'une focalisation excessive sur les dernières décennies du 19e siècle la profondeur historique de l'ascension bourgeoise dans les affaires de l'État soit occultée. Indissociable de la modernisation de l'administration des États princiers au 16e, et du même coup du recul du pouvoir effectif de l'Empereur, ce phénomène s'amplifie au 18e et au 19e. L'ouvrage de Georg Bollenbeck *Bildung und Kultur. Glanz und Elend eines deutschen Deutungsmusters* démontre un stupéfiant parallélisme entre la genèse de l'État moderne (passage au mercantilisme puis au caméralisme) et l'usage du mot *Kultur* en un sens qui ne se limite plus à la *cultura animi* mais porte sur l'amélioration des conditions de vie matérielles et morales.[34] Autant dire que ce bel exemple de « progrès de la civilisation », parfaitement conforme à la façon dont Elias présente la « sociogenèse de l'État » dans le deuxième tome de *Über den Prozeß der Zivilisation*, constitue le plus éclatant démenti des deux thèses qui veulent que l'histoire de l'Allemagne ne soit pas portée par la création d'institutions d'État et que sa bourgeoisie ait en quelque sorte compensé son impuissance politique en se réfugiant dans la culture.

Il est en revanche incontestablement juste qu'en Allemagne, après les nobles qui regardaient de très haut les entrepreneurs (Elias donne en exemple *Der Untertan* de Heinrich Mann[35]), viennent les fonctionnaires et les titulaires d'un diplôme universitaire et que ces derniers regardent aussi de haut les commerçants et les entrepreneurs[36] :

> Les entrepreneurs et les groupes assimilés, c'est-à-dire par exemple les grands commerçants ou les banquiers, n'occupaient pas les rangs les plus

---

31 On tente de faire le point dans Gérard Raulet (dir.), *Les romantismes politiques en Europe*, Paris : Éditions de la Maison des sciences de l'homme, 2009.

32 ÜD 78, note 21.

33 ÜD 180-187.

34 Georg Bollenbeck, Bildung und Kultur. Glanz und Elend eines deutschen Deutungsmusters, Frankfurt/M. : Insel, 1994, p. 61-68.

35 ÜD 64.

36 En sorte que très logiquement l'université, avec ses *Burschenschaften*, apparaît comme le moule dans lequel s'est opérée l'assimilation des valeurs aristocratiques par une certaine catégorie de bourgeois. Cf. ÜD 67sq et 74.

élevés de l'échelle sociale. Les hauts fonctionnaires et les militaires avaient tout à fait clairement une position sociale plus élevée que les riches commerçants. Et même un diplômé disposant d'une certaine aisance, par exemple un avocat ou un médecin, était socialement supérieur à un commerçant ou un entrepreneur éventuellement bien plus riche, mais non diplômé.[37]

Pour un témoin de l'époque, Friedrich Paulsen,

> l'ensemble de ceux qui possèdent une formation universitaire représente en Allemagne une sorte d'aristocratie de l'esprit. [...] Ils forment dans leur ensemble une sorte de noblesse de charge puisque aussi bien tous participent du gouvernement et à l'administration. [...] En tant que groupe, ceux qui exercent ces professions forment une couche sociale homogène ; ils se reconnaissent, sur la base justement de leur formation universitaire, comme des égaux. [...] A l'inverse, celui qui n'a pas de formation universitaire est privé en Allemagne de quelque chose que ne sauraient complètement remplacer ni la richesse, ni la naissance.[38]

On assiste à la formation d'un véritable « Stand der Gebildeten ». Au Parlement de Francfort, en 1848, 550 des 830 députés ont une formation universitaire, 27% appartiennent aux professions libérales et intellectuelles, 6% sont professeurs à l'université, 39% sont fonctionnaires de l'Etat ou des collectivités locales ; le commerce et l'artisanat ne représentent ensemble que 7%. Même après 1849 les chiffres témoignent du poids politique de la bourgeoisie intellectuelle.[39] Le terme d'état (*Stand*), utilisé dès 1808 par le théologien Friedrich Niethammer, un des promoteurs de la culture humaniste au début du 19e[40], n'est nullement exagéré : en 1910 un projet de loi concernant l'élection de la Chambre des députés prussienne envisagera même d'aménager la répartition des électeurs en trois collèges (*Dreiklassenwahlrecht*) de façon à permettre aux « *Kulturträger* », les représentants de la culture, d'accéder à une classe supérieure à leurs revenus réels. A la place de la métaphore « noblesse de charge » utilisée par Paulsen, Fritz K. Ringer propose la désignation très précise de « classe dirigeante fonctionnelle ».[41] La nature particulière de cette « classe » explique qu'au terme de « bourgeoisie », trop marqué sans doute par son

---

[37] ÜD 62.

[38] Friedrich Paulsen, Die deutschen Universitäten und das Universitätsstudium, Berlin 1902, p. 149sq.

[39] Fonctionnaires de l'État et de la justice : 23% ; avocats, ecclésiastiques, médecins, fonctionnaires locaux : environ 15% ; professeurs et intellectuels : 6%. Cf. Fritz K. Ringer, *Die Gelehrten. Der Niedergang der deutschen Mandarine 1890-1933*, Stuttgart : Klett-Cotta, 1983, p. 49.

[40] « Gelehrtenstand » : cf. "Der Streit des Philanthropinismus und Humanismus in der Theorie des Erziehungsunterrichts unserer Zeit" (1808), in : F.I. Niethammer, *Philanthropinismus – Humanismus. Texte zur Schulreform*, éd. par W. Hillebrecht, Weinheim / Berlin / Basel 1968, p. 443sqq. Voir Bollenbeck, op. cit., p. 345sq (note 164) & 351sq (note 6).

[41] « funktional herrschende Klasse » (Ringer [note 39], p. 44).

acception marxiste (ou même wébérienne), Elias préfère celui de *Mittelklasse*, qui recouvre lui-même des réalités diverses – « mehrfach differenzierte Mittelklasse ».[42] Et dans cette diversité c'est sur les « élites des classes moyennes » (*Mittelklasse-Eliten*) que se concentre son regard.

L'adoption du canon aristocratique est avant tout le fait de cette bourgeoisie cultivée, le *Bildungsbürgertum*, *contre* la bourgeoisie d'affaires. Hans J. Lietzmann donne en exemple les ouvrages de Werner Sombart *Der Bourgeois. Zur Geistesgeschichte des modernen Wirtschaftsmenschen* (1913) et *Händler und Helden. Patriotische Besinnungen* (1915) – titre plus explicite encore, dans le contexte des « Idées de 1914 » il est vrai.[43] La clef du *Sonderweg*, c'est du même coup une « couche supérieure structurée de façon très particulière » (ÜD 74). Car on n'assiste pas à une « capitulation de larges couches de la bourgeoisie devant la noblesse », contrairement à ce qu'affirme pourtant Elias à un endroit (ÜD 23). C'est plutôt une communauté d'intérêts politiques et sociaux, une alliance, qui se forge d'abord à l'épreuve de la nécessaire modernisation du système politique, puis dans la deuxième moitié du siècle face à la menace que représentent la montée du socialisme et la modernisation sociale et culturelle. De réformiste elle devient alors anti-révolutionnaire et conservatrice. Comme l'a montré Fritz Ringer, pendant les années 1840 on peut avoir l'impression que la bourgeoisie intellectuelle s'est fait piéger. Sa défense de la *Bildung*, et donc de la formation classique du *Gymnasium*, sert les intérêts du pouvoir, qui se méfie des *Realschulen*.[44] Après 1848, cette alliance objective d'intérêts avec une classe politique dirigeante conservatrice se transforme de la part de l'aristocratie de l'esprit en adhésion. Après la chute de l'Empire, enfin, la bourgeoisie se retrouve en première ligne, promue d'un coup du statut d'élite de second rang à celui de classe dominante[45], sinon régnante, mais complètement en porte-à-faux, prise entre la « tradition » à laquelle elle s'est identifiée et la nouvelle donne politique. La conversion des éléments les plus éclairés de cette bourgeoisie intellectuelle au républicanisme de raison (*Vernunftrepublikanismus*) ne parviendra pas à endiguer le « déclin des mandarins »[46] et à renouer avec le libéralisme réformiste de la première moitié du 19e. Dès avant la Première Guerre mondiale le déclin du *Bildungsbürgertum* est amorcé : les inscriptions à l'Université, dont les effectifs doublent de 1885 à 1911, montrent clairement un recul des étudiants issus des couches intellectuelles supérieures au profit des

---

[42] ÜD 180.

[43] Hans J. Lietzmann, "Kriegerethos und Verfassungslehre. Karl Mannheims und Carl Schmitts Platz in Norbert Elias' « satisfaktionsfähiger Gesellschaft »", in : Karl-Siegbert Rehberg, (dir.), *Norbert Elias und die Menschenwissenschaften : Studien zur Entstehung und Wirkungsgeschichte seines Werkes*, Frankfurt/M. : Suhrkamp 1996, p. 400. Cf. aussi Ringer [note 39], p. 171.

[44] Ringer [note 39], p. 34 sqq.

[45] Cf. ÜD 282.

[46] Ringer [note 39], p. 250 sqq.

enfants des professions de l'industrie et du commerce, et dans le même temps les effectifs des *Technische Hochschulen* quadruplent presque, passant de 3.000 à 11.000.[47]

Elias lui-même insiste ce faisant à de multiples reprises sur le fait que l'assimilation des codes « aristocratiques » par la bourgeoisie conduit à une transformation bourgeoise de ces codes :

> Lorsque les classes moyennes accédèrent à la position de classes régnantes et que les élites des classes moyennes occupèrent les postes de commandement dans la société, elles ne se contentèrent pas seulement de reprendre à leur compte l'héritage aristocratique et dynastique [...] mais le transformèrent en partie en l'adoptant.[48]

Elias va même jusqu'à dire, de façon quasiment wébérienne, que la reprise bourgeoise des valeurs aristocratiques s'est traduite par une *rationalisation* qui les a transformés, de comportements traditionnels peu réfléchis, en un véritable code de conduite extrêmement rigide.[49] Ailleurs il évoque aussi, parmi les valeurs fondamentales du nationalisme allemand, la glorification de l'honnêteté (*Aufrichtigkeit*), qui est « à l'origine un trait de caractère spécifique de l'homme issu des classes moyennes par comparaison au comportement de l'homme du monde ou du courtisan ».[50] On trouvera dans ce témoignage du nationalisme du *Bildungsbürgertum* que sont les *Considérations d'un apolitique* de Thomas Mann des couplets entiers sur cette vertu « du milieu » qui fait de l'Allemagne véritablement le « pays du milieu », non plus seulement géopolitiquement, mais socialement et culturellement – la nation bourgeoise par excellence. Mais Elias ne s'y attarde guère. Tout se passe plutôt comme si, au mépris de sa conception du mélange des valeurs, il lui importait de faire pencher la balance du côté de l'adoption par la bourgeoisie de codes qui lui étaient – et lui sont restés – foncièrement étrangers et qui ont pu entraîner chez les individus des conflits psychologiques dévastateurs.[51]

Là est à la fois la force et la faiblesse de sa thèse : dans cette question du mélange, à laquelle Elias consacre beaucoup de remarques fondamentales sans toutefois jamais la systématiser. « Dans des sociétés relativement différenciées

---

[47] *Ibid.*, p. 60.

[48] ÜD 185. Cf. aussi ÜD 182sq. : « Wenn Menschen in dieser Phase der Gesellschaftsentwicklung in die Führungsstellen des Staates aufrückten, bedeutete das nicht mehr, dass sie in eine andere Klasse übergingen, dass sie früher oder später die Tradition, den Habitus, den Verhaltenskanon ihrer eigenen Klasse ablegten und sich denen einer höheren Klasse anglichen. Es bedeutete, dass sie die Führungsstellen im Staat besetzten, ohne ihren Status, ihren Habitus, ihren Verhaltenskanon – kurzum die ‚Kultur' ihrer mittelständischen Herkunft aufzugeben. »

[49] ÜD 236.

[50] PZ 126.

[51] ÜD 183.

des canons normatifs contradictoires peuvent coexister selon des degrés divers de mélange et de séparation. »[52] Il s'agit même là d'une véritable loi générale de la modernisation sociale et politique, observable dans « tous les pays qui ont connu une mutation de structures aristocratiques et dynastiques vers des structures démocratiques et reposant sur l'État-nation ».[53] C'est seulement la façon dont le mélange s'est accompli qui les distingue : en Angleterre aurait dominé la tendance à la fusion, en Allemagne à l'opposition entre les canons noble et bourgeois.[54] La notion de « valeurs dominantes », souligne Elias dans *La Société de cour*, ne doit pas être simplifiée. L'histoire de France depuis l'accession d'Henri IV au trône se présente comme « un équilibre de tensions multipolaires » qui illustre le principe général de « la mutation des figurations que les hommes forment ensemble sous la forme d'un tissu d'interdépendances » ; ce qui compte est d'appréhender la mutation structurelle (*Strukturwandel*) que représente « le déplacement de l'axe principal de l'équilibre des tensions ».[55] Problématique parfaitement applicable à la « question allemande » : que faut-il entendre par « verbürgerlichte Adelsstrukturen » ?[56] Quel type de « figuration » sociale engendrent-elles ? Qu'est-ce qui l'emporte dans cette dernière – de quelle nature est le mélange ? Dans quelle mesure entraîne-t-il une mutation structurelle, un déplacement de l'axe principal ? Une chose est au moins sûre : cette façon de poser le problème est en principe de nature à rendre justice au rôle historique de la bourgeoisie. Il faut se demander pourquoi elle n'y parvient que négativement, en faisant pratiquement de la bourgeoisie le bouc émissaire de l'histoire allemande.

D'une part l'approche aurait gagné en solidité si Elias s'était donné la peine de confronter son approche avec la conception gramscienne de l'hégémonie. Il faut en effet distinguer entre couche dirigeante et couche dominante. D'autre part, la question se pose des moyens par lesquels la bourgeoisie comme classe dominante établit sa domination. Les références de la « formalité » ne se réduisent ni à des critères économiques, ni à l'exercice effectif du pouvoir politique. Dès lors qu'on ne confond pas le statut socio-économique et le statut en termes de prestige et de reconnaissance, l'idée d'une domination socio-

[52] ÜD 205.

[53] ÜD 209.

[54] ÜD 210.

[55] HG 398 et 394sq. Cf. aussi p. 451 : « Die vorangehenden Untersuchungen haben unter anderem auf spezifische Begriffstypen hingewiesen, deren man zur Analyse eines so komplizierten Spannungsgefüges bedarf. Was man vor sich sieht, ist eine Figuration mit einer multipolaren Spannungsbalance. Sie hat eine Hauptspannungsachse, um die sich viele andere, kleinere und größere Spannungen gruppieren. »

[56] ÜD 35. Voir aussi ÜD 74.

culturelle se révèle plus importante que la domination socio-économique.[57] Sur ce point Elias n'est guère conséquent en niant à toute force que ces valeurs sociales symboliques soient tout autant authentiquement « bourgeoises » par leur origine (conscience de former une aristocratie intellectuelle et une aristocratie fonctionnelle) qu'elles sont extérieurement empruntées. En d'autres termes : la bourgeoisie *ne pouvait pas* s'accomplir socialement sur le seul plan économique. Pour qu'elle le pût il aurait fallu que la société allemande accordât au commerce et à l'entreprise, à l'éthique de la réalisation pratique que Weber illustre à partir d'exemples anglo-saxons, prestige et reconnaissance.

Un point intéressant, qu'Elias n'évoque nulle part mais qu'on trouve en revanche abordé chez Bollenbeck, est l'effort fait par la bourgeoisie pour promouvoir une fusion de l'idéal de culture et de l'éthique du travail.[58] Il s'agit là d'un aspect bien connu : l'idéal d'une formation complète, ni purement abstraite, ni exclusivement pratique, de l'individu, que défendait déjà l'*Aufklärung* et que défendirent à leur tour Goethe, Schelling, Fichte, Schleiermacher et Humboldt – ce dernier en refusant que l'université fût une simple école de fonctionnaires et en revendiquant pour la faculté de philosophie une position dominante. Il faut se demander pourquoi cette synthèse a fait long feu et a laissé la place à l'adoption des valeurs aristocratiques par la bourgeoisie. La réponse réside à coup sûr dans l'implication fonctionnelle croissante de la bourgeoisie intellectuelle dans l'administration et la modernisation de l'État. Ringer et Bollenbeck s'accordent à penser que dans les dernières années du 18e et les deux premières décennies du 19e siècle se crée une couche dominante cultivée dont la conception résolument élitiste de la culture dévalorise la conception d'une culture complète qu'avait promue l'*Aufklärung*.[59] Il me semble que la formulation doit être encore affinée pour rendre compte du phénomène : tout s'est passé comme si, chez un Humboldt par exemple, la *Bildung* avait, non pas nié, mais *phagocyté* l'héritage des Lumières.

La question du mélange se répercute sur la finalité toujours massivement sous-jacente de la démonstration d'Elias : démontrer que le tour pris par la culture allemande *devait* conduire au nazisme. L'interprétation éliasienne du nazisme repose sur la thèse que l'assimilation des valeurs nobles par les couches bourgeoises se serait traduite par un abâtardissement qui expliquerait leur

57 Sur ce point, comme le souligne Geoff Eley, les travaux d'Eric Hobsbawm, qui couvrent en grande partie la chronologie et les problématiques de ceux d'Elias, mériteraient de leur être systématiquement confrontés. Cf. Eley, in : Blackbourn / Eley [note 7], p. 87.

58 Cf. Bollenbeck [note 34], p. 222 sq.

59 Ringer [note 39], chap. I ; Bollenbeck [note 34], p. 95 & 98.

dévoiement.[60] La bourgeoisie fait tout pour être à la hauteur de la noblesse mais elle n'y parvient qu'extérieurement. Une digression consacrée à Ernst Jünger, et plus particulièrement au roman *Dans les orages d'acier*, analyse tout ce qui distingue l'éthos guerrier noble et sa reprise par les officiers issus de la bourgeoisie, sans parler des cadres des corps francs – pour lesquels l'exemple qui s'impose serait *Die Geächteten* (Les réprouvés) d'Ernst von Salomon, l'histoire, en somme, des héritiers de la tradition des corps francs nés lors des combats du début du 19e contre Napoléon. Mais l'argument, et surtout les contours de « la bourgeoisie » qui n'a pas été à la hauteur de ses ambitions, restent vagues. Quelles sont les « classes moyennes » qui ont fait le lit du fascisme ? Quelles ont été celles qui en furent des participants actifs et celles qui n'ont ni su, ni pu résister ? La bourgeoisie intellectuelle, dont le statut était remis en cause par la modernisation, les nouvelles classes moyennes, qui développaient ce que Theodor Geiger appelle une « idéologie inadéquate au statut » (*standortinadäquate Ideologie*) ? Toutes ces questions, qu'on ne peut ici évidemment que poser, sont absentes de l'ouvrage d'Elias – et même si on lui concède qu'il ne s'agit pas d'un ouvrage achevé, force est de constater que le schéma d'interprétation du *Sonderweg* les *exclut* en prétendant tracer une ligne directe menant de l'Empire et des codes sociaux autoritaires adoptés par la bourgeoisie au déchaînement de violence national-socialiste. Dans cette téléologie la complexité de la République de Weimar est la grande absente. Comme l'écrivent Blackbourn et Eley :

> It remains to be asked whether we are really talking about the same pre-industrial elite doing the same things it had supposedly been doing before 1914.[61]

III. La question du nationalisme

Autre point vulnérable, mais en même temps aussi maillon impossible à sauter dans la « téléologie » censée mener de l'ascension sociale paradoxale de la bourgeoisie au national-socialisme : le nationalisme. Tout comme on se demandait précédemment : de quelle bourgeoisie parle-t-on ? il faut maintenant se demander : de quel nationalisme ? Elias en donne une définition apparemment assez ferme : le nationalisme au sens où il l'entend est un phénomène général, caractéristique du développement des États au 19e et au 20e siècle[62], il concerne des sociétés de classe et non des sociétés traditionnelles.[63] Le type de lien avec la collectivité – l'image du Nous (*Wir-Bild*)

---

[60] Elias parle de « Vergröberung von Adelsmodellen » (ÜD 23). A certains endroits il semble suggéré qu'il s'agit des couches inférieures ; ce n'est pas le cas p. 23 mais peut être inféré du passage de la p. 377 sur « Hitler et ses comparses » qui ignoraient les limites imposées par « le code d'honneur des classes supérieures ».

[61] Blackbourn / Eley [note 7], Introduction, p. 24.

[62] ÜD 196sq.

[63] ÜD 185.

– qu'induit ce nationalisme n'a plus rien à voir avec le sentiment d'appartenance à des communautés traditionnelles du type du village, de la ville, voire même de la principauté ou du royaume. Même s'il recrée une forme d'adhésion proche de la foi (Elias parle un peu plus loin de « nationalisation de l'éthos individuel »[64]), il est de nature foncièrement séculière et « les liens émotionnels [sont] à un degré beaucoup plus élevé de nature symbolique – ils se rapportent à des symboles de la collectivité ».[65] Passons sur l'interprétation assez délirante qu'Elias propose de l'idée de nation chez Sieyès – identifiée au droit naturel, la nation préexisterait à l'ordre politique et l'on assisterait « à une époque dont la pensée dans bien des domaines devenait plus réaliste ou plus 'rationnelle', moins émotionnelle, à l'éclosion d'une nouvelle mystique ».[66] Dans cette contribution à la réflexion sur communauté et société qui n'a pas cessé depuis Durkheim et Tönnies, l'idée importante est toutefois que les *collectifs souverains* (et cela serait, en revanche, parfaitement cohérent avec la pensée de Sieyès) sont un moment décisif. Les liens émotionnels qui liaient les nobles européens à leurs pays n'avaient en rien la puissance affective de ceux qui vont unir les citoyens des nations souveraines ; les nobles se sentaient avant tout membres d'une internationale aristocratique.[67]

Chronologiquement, pour ce qui est de l'Allemagne, on ne peut évidemment pas parler de collectif souverain avant le dernier tiers du 19e siècle. Le basculement est situé de façon relativement précise à de multiples reprises : avec l'avènement de l'Empire en 1871[68], sans doute dès la victoire de la Prusse sur l'Autriche en 1866 et, au plus tard, dans la période 1878-79, marquée, comme on l'a évoqué plus haut, par une restructuration des fronts idéologiques en économie et en politique. L'adhésion de la bourgeoisie aux modèles nobles atteindrait son apogée « vers la fin de l'Empire »[69] et régresserait après le tournant du siècle.[70]

J'oserai cette thèse : l'Empire allemand n'aurait pu s'établir, ni économiquement, ni idéologiquement (rôle de l'historisme, légende borussienne...), sans la bourgeoisie. A quel point les couches supérieures de la

---

64 ÜD 197.

65 ÜD 189.

66 ÜD 186sq, note 6.

67 ÜD 185. Chez Elias il n'est pas clair si la formation d'une nation solidaire résulte d'une logiquement purement sociale – la création d'une « society » ouverte et englobante – ou si elle requiert un moment politique (de type sieyèsien précisément). Il insiste beaucoup sur l'opposition entre la logique assimilatrice de la culture française, qu'il observe jusque dans la formation historique de l'Etat royal (cf. PZ II, 147), et une culture allemande qui lui paraît placée sous le signe de la différenciation et de la clôture sur soi des petites unités.

68 Cf. ÜD 82-84.

69 ÜD 116.

70 ÜD 115.

bourgeoisie, et plus particulièrement de la bourgeoisie cultivée, se sont mouillées, si l'on peut dire ainsi, pour l'Empire, on en prend la mesure en constatant le rôle joué par les professeurs d'université, à côté des fonctionnaires et des professions libérales, au sein du *Alldeutscher Verband*, notamment à l'occasion du débat sur l'accroissement de la flotte.[71]

L'« alliance » entre la noblesse et la bourgeoisie s'est faite sous l'égide du nationalisme, en substituant le national au social qui, pour les deux classes, constituait une menace. Phénomène crucial aux yeux d'Elias : il lui consacre, avant d'en faire la question centrale du recueil *Über die Deutschen*, déjà tout un développement à la fin de la première partie de l'ouvrage *Über den Prozeß der Zivilisation*.[72] Il s'agit, de fait, d'un vrai problème d'histoire à la fois politique et culturelle qui, de manière éclatante, place le *Bildungsbürgertum* au cœur de l'analyse. Ce moment correspond à celui où selon Elias la notion même de « culture » (*Kultur*) change complètement de sens au sein de la « bourgeoisie cultivée », transformant cette dernière, de représentante des valeurs éthiques humanistes qu'elle était au 18e siècle, en thuriféraire activiste d'un nationalisme nourri de valeurs aristocratiques plus ou moins bien assimilées.[73] Les idéaux tournés vers l'avenir se transforment en « une vision tournée vers le passé ».[74] Le rôle joué par l'élite des classes moyennes est corroboré par le fait qu'elles sont par prédilection le lieu d'un mélange idéologique, parce qu'elles sont contraintes de transformer leur discours lors du passage d'un monde dynastique traditionnel au monde du 19e siècle[75] dans lequel il leur est clair qu'elles ont un rôle à jouer, mais beaucoup moins clair (en Allemagne en tout cas) *comment* elles peuvent le jouer.

Georg Bollenbeck a consacré à cette transformation un ouvrage fondamental et bien informé. Il est d'autant plus regrettable qu'il n'ait pas jugé utile de discuter Elias – mais cela donne peut-être aussi la mesure de l'intérêt finalement limité des grands développements d'Elias pour une véritable histoire des représentations culturelles. On trouvera chez Bollenbeck toute la bibliographie de cette conversion de la bourgeoisie allemande au nationalisme – par exemple Gervinus qui se réclame de Goethe et de Schiller en 1842 ou les libéraux Rotteck et Welcker qui, dans l'article « Nation » de leur *Staats-Lexikon* en 1846, recommandent la lecture de *Deutsches Volkstum* de Jahn (1810). L'accumulation des preuves empiriques est incontournable ; il est seulement dommage que la question du libéralisme allemand comme clef du passage au

---

[71] Ringer [note 39], p. 130.

[72] « Das Zurücktreten des sozialen und das Hervortreten des nationalen Gegensatzes in der Gegenüberstellung von ‚Kultur' und ‚Zivilisation' », PZ I, 124 sq.

[73] Cf. ÜD 152.

[74] ÜD 175.

[75] Cf. ÜD 209.

nationalisme ne soit pas problématisée – sauf dans quelques remarques absolument décisives sur ce que nous appelons dans notre jargon « *Austauschdiskurse* » ou « chassés-croisés idéologiques », à savoir ces mixtes discursifs qui correspondent aux « mélanges » des valeurs chez Elias. « 'Bildung' et 'Kultur' », note ainsi Bollenbeck, « ne sont pas fixées politiquement. Peuvent s'y référer les groupes les plus divers, les conservateurs, les libéraux et les démocrates, les *Burschenschaftler* [sic] ou encore les fonctionnaires qui les persécutent. Le *Bildungsbürgertum* est présent en 1848 dans tous les groupes politiques. »[76] La thèse de Bollenbeck repose cependant sur une ambiguïté : la culture a-t-elle servi d'ersatz à la nation (thèse habituelle)[77] ou n'a-t-on pas plutôt affaire à un type très particulier de nationalisme, à un dispositif idéologique permettant de conférer une efficience politique à la *Bildung*[78] et qui constituerait la véritable « spécificité » allemande ?

IV. Réévaluer le rôle historique de la bourgeoisie allemande

C'est une bourgeoisie bien particulière qui semble avoir porté le destin allemand de l'avènement de l'Empire à 1933. On concédera à Elias ce constat qui confirme en apparence l'idée du *Sonderweg*. Attardons nous cependant un instant sur les passages dans lesquels Elias en décrit le parcours historique par contraste avec celui des bourgeoisies des « nations modernes », ainsi que les appelait Marx.

Le processus sur lequel porte la comparaison commence dans la deuxième moitié du 18e siècle. *Grosso modo*, la bourgeoisie allemande semble alors dans une situation assez comparable à celle des autres bourgeoisies européennes : en dépit de leur poids économique et social grandissant les bourgeois n'ont accès que de façon limitée à la sphère du pouvoir politique et, pour autant qu'ils y parviennent, c'est alors en faisant leur les codes aristocratiques.[79] A long terme le problème de l'Allemagne, pourrait-on dire, tient à ce qu'elle en est restée à ce modèle social. Pourtant, ce n'est là qu'une face de l'idéologie bourgeoise. Son autre face est, au 18e, résolument *anti-aristocratique*, comme Elias ne manque du reste pas de le rappeler.[80] Bien loin qu'on adhère aux valeurs nobles, la morale, en tant que telle, est revendiquée comme valeur bourgeoise, anti-aristocratique.

> Le type spécifique de régulation librement acceptée du comportement humain et des relations humaines que nous désignons par le terme de 'morale' avait pour l'essentiel son foyer social dans des groupes [...] dont les membres avaient coutume de travailler pour assurer leur subsistance :

[76] Bollenbeck [note 34], p. 217 sq.
[77] Reprise encore p. 220.
[78] Thèse vers laquelle penche plutôt la page 219.
[79] Cf. ÜD 151.
[80] ÜD 21.

à savoir dans des couches moyennes. Leur canon reposait sur la vertu et non sur l'honneur.[81]

Si, dans une note Elias reconnaît les limites de sa prise en compte du 19e siècle avant 1871[82], le raccourci qui oppose ainsi terme à terme la fin du 18e et celle du 19e se passe de commentaire. Les couches moyennes intellectuelles du 18e siècle, écrit Elias dans *Über den Prozeß der Zivilisation*, plaçaient leur honneur dans une sphère située en dehors et au-delà de la politique et de l'économie, dans l'ordre de la « pure spiritualité » (*das rein Geistige*) « en opposition complète avec les mots d'ordre de la bourgeoisie montante en France et en Angleterre ».[83]

Or, là réside aussi la raison profonde du positionnement politique très particulier que va adopter la bourgeoisie, en se situant résolument sur le terrain de la culture y compris lorsqu'elle identifiera cette culture au nationalisme et s'identifiera elle-même au prussianisme. Sans doute faut-il voir là un des ressorts du nationalisme libéral du *Vormärz*[84] et, après 1848, une des clefs de la conversion des historiens libéraux allemands à la « voie prussienne ». Bollenbeck attire l'attention sur l'essai publié en 1866, après la victoire de la Prusse sur l'Autriche par le libéral Hermann Baumgarten : *Der deutsche Liberalismus. Eine Selbstkritik*.[85] Un des épisodes importants de cette évolution fut au demeurant la transformation des *Burschenschaften* libérales. Car ces dernières ne furent nullement d'emblée les repaires du code d'honneur « noble » et du chauvinisme teuton dont les *Burschenschaftliche Blätter* qui paraîtront à partir de 1887 seront le fer de lance et dont le livre d'Elias donne l'image. Dès le milieu du 18e siècle, les associations d'étudiants, précurseurs des *Burschenschaften*, adhérèrent aux idéaux des Lumières et propagèrent les idées de liberté, d'égalité et de fraternité. Foyers d'agitation libérale pendant le *Vormärz*, elles comptèrent aussi parmi les forces motrices de la Révolution de 1848. « Au début du 19e siècle », note quand même Elias, « ce furent tout particulièrement les *Burschenschaften* qui luttèrent pour une plus grande égalité parmi les hommes et qui représentèrent en ce sens un mouvement de déformalisation. »[86] Le code d'honneur lui-même fit l'objet d'une réinterprétation, en particulier dans le courant très radical des « Inconditionnels » (*Unbedingte*) de Karl Follen, qui gagna à ses conceptions de nombreux et ardents défenseurs à Giessen – le lieu de naissance des *Gießener Schwarze* –, à Darmstadt, mais aussi à Heidelberg ou Freiburg. La privation de droits qui frappait les bizuts des premiers semestres fut abolie, le duel reconnu uniquement comme un recours ultime. La morale

81 ÜD 180.

82 ÜD 84, note 27.

83 PZ I, 120sq.

84 Dont Elias parle beaucoup trop peu – mais Bollenbeck aussi.

85 Bollenbeck [note 34], p. 236 ; c'est l'un des très rares endroits du livre où il fait très brièvement référence à Elias (*ibid.*, p. 235 ; cf. aussi p. 249, note 131).

86 ÜD 120.

était plus importante que l'honneur : l'engagement pour la patrie est un engagement moral décidé librement.

Les autorités prussiennes surent tirer parti de ces mouvements pour lutter contre Napoléon. Hardenberg encouragea le *Deutscher Bund* et permit aux adeptes d'Ernst Moritz Arndt de prendre pied dans le Sud-ouest de l'Allemagne. Cette quasi-institutionnalisation n'alla pas sans dommages idéologiques car dans ces associations d'étudiants n'étaient admis que les chrétiens de souche allemande ; Juifs et étrangers en étaient statutairement exclus. La « déformalisation » qui finira par l'emporter en ce domaine s'accomplira *nolens volens*, à l'image de la nouvelle « formalisation » à laquelle s'adonne la bourgeoisie en adhérant aux valeurs aristocratiques : l'antisémitisme *völkisch* qui règne dans les années 1880, notamment dans les *Vereine Deutscher Studenten*, n'est tenu en lisière que parce qu'on ne peut plus éviter les Juifs au sein de l'establishment bourgeois. Sur ce point encore on ne peut que donner acte à Elias : formalisation et déformalisation sont deux catégories relatives. Comprendre une société, ou une culture, consiste à rendre compte de leur rapport et de la tendance qui en résulte dans un sens ou dans l'autre (*Formalisierungs-Informalisierungsgefälle*). La thèse vaut à coup sûr globalement, même s'il faudrait la différencier à l'image de la diversité extrêmement complexe de ces mouvements à la fois formels et informels, justement, que sont les associations qu'on peut regrouper sous l'appellation de *Burschenschaft* – que certaines, d'ailleurs récusèrent, dans les années 1840. Ce furent généralement les mêmes qui se prononcèrent clairement contre l'obligation du duel[87] dont Elias fait si grand cas qu'elle caricature le mouvement corporatif estudiantin. Mais, à un niveau idéal-typique, il a globalement raison : le « *Gefälle* », la pente était du mauvais côté, du côté d'une « reformalisation » sous les auspices d'un éthos d'emprunt. Il est notamment particulièrement frappant que c'est après l'échec de la Révolution de 1848 que des courants de la *Burschenschaft* se réorganisèrent sur la base explicite de la réparation par les armes (*Satisfaktion mit der Waffe*). Ainsi le Kösener Senioren-Convents-Verband (KSCV) en 1855. À l'examen les dispositions restrictives prises en 1902 (contre les duels au pistolet), en 1905 (contre la diffamation) puis en 1914 (*Marburger Abkommen*) peuvent même être interprétées comme un *raffinement* du code d'honneur et nullement comme son assouplissement, sans parler de son abolition.

À la lecture d'Elias on est toutefois frappé par l'insistance sur la thèse de l'échec historique de la bourgeoisie. A longueur de pages il n'est question que de capitulation, de résignation, de renoncement.[88] Dans une déclaration comme

---

[87] Assemblée sur le Kyffhäuser en 1846.

[88] Cf. entre autres ÜD 22sq, ÜD 166sq, etc.

celle citée plus haut selon laquelle la bourgeoisie allemande serait « en opposition complète avec les mots d'ordre de la bourgeoisie montante en France et en Angleterre », ou encore dans l'insistance sur la pauvreté de la Prusse comparée au développement économique anglais et français[89], le mythe du *Sonderweg* fonctionne à plein régime. Il y aurait les bourgeoisies triomphantes d'un côté, en France et en Angleterre notamment, de l'autre, en Allemagne, la bourgeoisie perdante, qui aurait raté son rôle historique et dont l'histoire des *Burschenschaften* serait le miroir.

Il n'est évidemment pas question ici de contester des différences entre les évolutions nationales, qu'Elias, dans *La Société de cour*, intègre de la façon suivante dans son modèle général :

> Malgré la diversité qui marque, sur beaucoup de points de détail, l'évolution de la balance des tensions multipolaires entre formations aristocratiques, bourgeoises et princières dans les différents pays, il est facile de reconnaître les grandes lignes de ce processus très progressif, la restructuration de l'organisation sociale dans le sens d'une différenciation plus poussée et plus nuancée des fonctions et d'une coordination et intégration étatique plus raffinée et plus solide dans un domaine de domination déterminé. Or, on pourrait croire, à regarder seulement la ligne générale, qu'il s'agissait d'une évolution rectiligne et sans conflits. Pour se faire une idée réaliste de ce processus, il faut avoir une vue d'ensemble des discontinuités qui marquent la continuité des grands courants évolutifs, de la simultanéité de phénomènes aussi antinomiques qu'intégration et désintégration, ascension et décadence, victoires et défaites.[90]

Dans le passage de l'humanisme au nationalisme Elias voit un phénomène général qui peut être observé « dans la plupart des couches moyennes européennes ».[91] Dès lors, il s'agit plutôt de se demander si la reconnaissance même des différences nationales au sein d'un processus global est compatible avec l'idée même d'une « voie allemande spécifique » et si l'on peut reconstruire la « logique » qui conduit au national-socialisme par le fait que la bourgeoisie a été perdante ou gagnante.[92] Or, c'est ce que fait Elias. A la question : qui est finalement le véritable acteur de l'histoire allemande de la fin du 19e et du début

---

89 « In Preußen hingegen, arm wie es war… » (ÜD 86).

90 HG 372 ; trad. fr. [note 24], p. 247.

91 ÜD 175.

92 Précisons que par logique on n'entend pas nécessairement continuité ; bien au contraire : par opposition à la tendance générale centralisatrice qui sous-tend l'histoire de la plupart des États européens depuis le Moyen-Âge, l'histoire allemande serait essentiellement faite de discontinuités et de ruptures (cf. ÜD 11sq, 15, 25 : « Gebrochenheit der deutschen Entwicklung ») – façon d'introduire dans le modèle interprétatif du *Sonderweg* l'idée de discontinuité qui lui est si nécessaire puisqu'il entend être en quelque sorte une logique de la discontinuité.

du 20e siècles ? Elias répond en substance : la bourgeoisie, mais par défaut. Et du même coup sans véritable identité ou maturité socio- et psychogénétique – donc pas historique non plus ; et avec des codes qui n'étaient pas les siens et qui la mettaient encore plus en porte-à-faux par rapport à l'histoire. Je voudrais dans les développements qui suivent mettre en question cette « logique ».

Si la bourgeoisie allemande se compose comme ailleurs de bourgeois des villes, de commerçants, d'entrepreneurs, etc., les valeurs dont elle s'est faite le champion au 18e siècle ne se réduisent pas à la sagesse pratique et au principe d'utilité (*Prinzip des Nutzens*) que les premiers représentants de l'*Aufklärung* opposèrent à la philosophie érudite et que les *Popularphilosophen* continueront à défendre. Lessing, qui avait pris pour modèle de sa première « tragédie bourgeoisie », *Miß Sara Sampson*, le drame de George Lillo *The Merchant of London*, confère à ses « bourgeois » dans *Emilia Galotti* un ethos très « romain » – et plus au sens antique qu'au sens italien. Leur sens de la morale les distingue de l'univers corrompu de la ville. Si Elias n'évoque pas Lessing, qui eût apporté tout autant d'eau à son moulin que la sempiternelle référence à *Wilhelm Meister*[93], il mentionne dans *Über den Prozeß der Zivilisation* la distinction kantienne entre culture (*Kultur*) et civilisation (*Zivilisiertheit*). Elle est, toutes choses égales, de même nature : la culture ne se réduit pas aux valeurs matérielles, elle se dépasse dans la formation de l'esprit (*Bildung*) et dans la morale. Pour les mêmes raisons elle ne se limite pas aux formes superficielles de raffinement cultivées par les couches aristocratiques.[94] Il en résulte, cela est indéniable, un phénomène de double démarcation.[95] La bourgeoisie allemande cultivée, à la différence des bourgeoisies « montantes » anglaise et française, affirme son identité en se fermant vers le haut et vers le bas. Selon Elias, elle n'a pas d'« hinterland social ».[96]

Dès le 18e siècle la « bourgeoisie allemande » – en tout cas celle dont parle Elias – aurait finalement été dans une position d'outsider, socialement et politiquement, et elle aurait conservé cette position pendant toute l'époque libérale. Si l'on en croit Elias, dans les premières pages des *Études sur les Allemands* « la victoire des armées allemandes sur la France fut en même temps une victoire de la noblesse allemande sur la bourgeoisie allemande ».[97] Sa deuxième défaite, la bourgeoisie cultivée la connut sans doute avec les *Karlsbader*

---

93 Qu'on trouve aussi – entre autres – chez Habermas (*Strukturwandel der Öffentlichkeit*) ou chez Ringer.

94 PZ 119sq.

95 « Geste des Abschließens » (PZ 113).

96 PZ 121. « Nicht nur die kleine, höfische Schicht darüber, auch die breiteren Schichten darunter bringen den Bemühungen der eigenen Elite noch verhältnismäßig wenig Verständnis entgegen » (*ibid.*, 123).

97 ÜD 22.

Beschlüsse de septembre 1819 qui se débarrassèrent des encombrants patriotes de l'université et de la *Burschenschaft*. Sa troisième défaite, sa défaite décisive, fut l'échec du mouvement parlementaire de 1848, précisément parce que nombre des députés du Parlement de Francfort, à droite comme à gauche, étaient des *Burschenschafter*. Lorsqu'elle parviendra au pouvoir au lendemain de la Première Guerre, elle se retrouvera à nouveau dans une situation d'outsider – d'« outsider du dedans »[98], si l'on peut dire ainsi. Meinecke constatera :

> La bourgeoisie dotée d'une formation universitaire, jadis sur la défensive face aux anciennes couches dominantes puis alliée à elles dans une relative participation à l'exercice du pouvoir et fusionnant partiellement avec elles, se sent maintenant sur la défensive face à toutes ces couches qui sont nées du passage d'une nation agraire à une nation industrielle – les vastes couches des travailleurs et des employés.[99]

On peut accumuler les témoignages de représentants du *Bildungsbürgertum* allant dans ce même sens d'un épuisement et d'une marginalisation de la culture bourgeoise, souvent assimilée du reste à la tradition allemande.[100] On pense au « lamento », comme il dit lui-même, de Thomas Mann dans les *Considérations d'un apolitique*. Cette notion d'outsider joue manifestement un rôle théorique fondamental dans l'interprétation éliasienne du rôle historique de la bourgeoisie. On la retrouve dans une note consacrée aux *Burschenschaften* : ces dernières incarnent en quelque sorte le destin de la bourgeoisie allemande en ce qu'elles se transformèrent, « dans leur relation à l'establishment des couches supérieures de la société de leur époque, de regroupements d'outsiders en des groupes intégrés à la hiérarchie de cet establishment ».[101] Façon de dire que cette notion d'outsider ne va pas du tout de soi, à moins de la manier avec une extrême flexibilité dialectique.

En effet, alors même que la sphère de la culture nous est apparue comme celle dans laquelle la bourgeoisie a opéré sa conversion tout à fait offensive au nationalisme – et pas uniquement dans des habits empruntés à l'aristocratie, car c'est bien d'une conversion du nationalisme bourgeois libéral du début du 19e qu'il s'agit – Elias la présente avant tout sous l'aspect du topos éculé *Kulturnation* vs. *Staatsnation*. Là où il y eut fusion, il voit une alternative exclusive entre assimilation et culture.

---

[98] Selon la formule de Peter Gay dans *Weimar Culture. The Outsiders as Insiders* (New York, Harper & Row 1968 ; trad. allemande : *Die Republik der Außenseiter*, Frankfurt/M. : Fischer 1970).

[99] Friedrich Meinecke, "Die Kulturfragen und die Parteien" (1925), in : *Politische Schriften und Reden*, hrsg. von G. Kotowski, Darmstadt 1958, p. 388 ; cité par Bollenbeck [note 34], p. 250.

[100] Bollenbeck cite entre autres aussi les éditeurs Samuel Fischer et Eugen Diederichs. Pour ce dernier, en 1926, « le sentiment de communauté de la culture allemande s'est perdu dans la tempête des dernières années » ; « la couche spirituelle de la bourgeoisie » ne peut plus être « le porteur de la culture » (cité par Bollenbeck [note 34], p. 267).

[101] ÜD 123.

> De façon détournée s'exprime dans cette distinction [entre histoire culturelle (*Kulturgeschichte*) et histoire politique] la persistance d'une opposition de nature non-politique chez les élites issues des classes moyennes, face aux classes supérieures politiquement privilégiées et socialement mieux loties [...]. Pour bien des membres des classes moyennes cultivées allemandes la 'culture' continuait de représenter un espace de repli et de liberté par rapport aux contraintes pesantes d'un État qui les traitait, comparativement aux privilèges dont jouit la noblesse, en citoyens de second ordre et leur refusait l'accès à la plupart des postes de décision et aux responsabilités, au pouvoir, au prestige qui s'y associaient.[102]

Cette thèse de l'impuissance de la bourgeoisie est un topos d'une grande banalité. Alors qu'Elias proclame son intention de le réexaminer en termes de sociogenèse et de psychogenèse[103], il est décevant qu'il le reprenne intégralement à son compte. C'est très précisément la ligne d'interprétation que contestent les historiens critiques à l'égard du schéma du *Sonderweg*. Si la bourgeoisie s'est trouvée presque constamment en position d'outsider, ce ne fut, objectivement sinon subjectivement, certes pas toujours une position de faiblesse, et il est rien moins que sûr que le destin historique de la bourgeoisie allemande se soit « joué presque entièrement au-delà de la sphère politique ».[104] Il est même plus probable qu'en s'en tenant à ce lieu commun on passe complètement à côté de l'essentiel.

Je commencerai par rappeler rapidement qu'une entreprise comme celle de Lessing – entreprise diaboliquement retorse : créer une « tragédie bourgeoise » allemande en costume italien, ou plutôt romain, pour acclimater en Allemagne, contre les Français, une éthique bourgeoise empruntée à l'Angleterre – n'avait certes rien d'apolitique. Elle visait à affirmer que les bourgeois allemands pouvaient chausser le cothurne ou, pour parler comme Elias, être « *satisfaktionsfähig* ». C'était *une offensive idéologique et politico-sociale d'une radicalité considérable*, qui donne sans doute beaucoup plus la clef de la lutte de la bourgeoisie pour s'approprier les codes nobles que le topos de l'assimilation

---

[102] ÜD 166.

[103] PZ 127. En dépit de quelques références littéraires qui l'ébauchent à peine aux pages 114sq, l'essentiel du travail reste à faire, à partir justement des témoignages portant sur les phénomènes de mutation des valeurs – chez un Lessing, comme on l'a suggéré, mais déjà aussi chez Gottsched – pour montrer les combinaisons complexes des « *Seins-Werte* » avec les valeurs bourgeoises de l'efficience (*bürgerliche Leistungswerte*). Comment une « tragédie bourgeoise » allemande en costume italien, ou plutôt romain, sert à acclimater en Allemagne une éthique bourgeoise empruntée à l'Angleterre contre les Français : voilà un vrai problème d'histoire des valeurs. Contrairement aux attentes qu'elle suscite l'histoire culturelle d'Elias reste très générale et très schématique.

[104] PZ 124.

résignée aux codes dominants.[105] En outre, cette culture bourgeoise de la fin du 18e siècle n'est pas née de rien. Mais une chose est sûre : elle ne doit rien à la noblesse de cour (et peut-être Elias s'est-il laissé obnubiler par sa fréquentation assidue de l'histoire française). On rappellera au passage qu'on lui doit la promotion de l'allemand, la langue dont Frédéric se servait pour parler à ses chevaux, au rang de langue cultivée nationale et même de médium de communication intellectuelle au-delà des frontières. Ce qui s'est produit là au 18e, c'est une fusion entre la culture « vulgaire » et la culture lettrée, avant que les besoins d'une clarification critique de l'*Aufklärung* ne contraignent cette dernière à se démarquer de la *Popularphilosophie.* Quant à l'idée d'un engagement dans le médium esthétique et littéraire, si elle est incontestablement juste, il ne faut certes pas en faire pour autant uniquement un engagement pour « l'esprit ». Bollenbeck rappelle, en se référant à juste titre à Lukács, que l'éducation esthétique a été conçue par Schiller comme une réponse immédiate à l'échec de la Révolution française sur le terrain de la *culture politique.* On peut mener la même démonstration à propos de l'idéal de *Bildung* de Humboldt, qui est indissociable de son plaidoyer libéral de 1792, ce dernier étant lui-même inséparable de sa volonté de dépasser l'échec de la Révolution.[106]

On peut mener la même démonstration encore à propos du fleuron de l'idéologie de la bourgeoisie allemande – de son idéologie *conquérante* –, l'historisme, c'est-à-dire cette idéologie même qui a inventé, enjolivé et politisé au fil du 19e siècle le mythe héroïque du *Sonderweg.* Se réclamant des Lumières, mais d'une « autre *Aufklärung* » (Herder), d'un rationalisme non dogmatique, non exclusif, ouvert à la reconnaissance des individualités et des rythmes d'évolution, l'historisme est la plus éclatante contribution à la fois intellectuelle et politique de la bourgeoisie à la réalisation de l'Empire. Loin d'être laissée sur le bord de la route, confinée dans un rôle « culturel » de second plan, la bourgeoisie a ici pleinement reconquis un rôle historique de nature quasiment *organique* : tandis que la noblesse exerçait le pouvoir effectif, les clercs assumaient pleinement le rôle de pourvoyeurs de légitimité qui est le leur dans la conception traditionnelle du pouvoir. L'historisme, philosophie du respect des particularités, se transforma en ciment de l'unité du Reich.

Elias passe complètement à côté de ce rôle historique de la bourgeoisie allemande, il en méconnaît complètement la dimension idéologique. Contrairement à ce que promettait son angle d'attaque – les systèmes de

---

105 On ne peut que donner raison à Bollenbeck : « Die Vorstellung einer gänzlich unpolitischen Intelligenz, die mit ihrer ‚Untertanenmoral' aus der Machtlosigkeit in eine übersteigerte Geistigkeit flüchtet, ist ebenso falsch wie das alte Konstrukt einer vermeintlich ‚tieferen' ‚deutschen Bewegung' gegen den westlichen Rationalismus und Empirismus » (Bollenbeck [note 34], p. 107).

106 Cf. Bollenbeck, *ibid.*, p. 137 & 143. Sur Humboldt cf. encore p. 169 sqq.

valeurs –, il ne voit finalement la question du particularisme et de l'unification que d'un point de vue politique – en termes de rapports de force –, alors même qu'il insiste sur l'opposition entre l'histoire culturelle et l'histoire politique. Il applique les schémas de sa *Société de cour*. La noblesse est particulariste ; entre elle et la royauté se joue un jeu de pouvoir qui se résume à l'affrontement entre la dynamique centralisatrice de la monarchie moderne et les forces centripètes. Il reconnaît à la bourgeoisie le mérite d'avoir en quelque sorte introduit dans ce schéma une troisième option – une autre version de l'unité. Mais pour lui le destin historique de cette option échoue ; il s'arrête en 1848 :

> Le combat des pionniers bourgeois de l'unité allemande échoua. [...] Et l'unité leur tomba des nues sans qu'ils puissent en profiter pour réaliser leur objectif politique en tant qu'état social : priver la noblesse de ses pouvoirs et démocratiser la société allemande.[107]

Le topos de l'échec de la bourgeoisie oblitère complètement le rôle qu'elle va jouer dans la période qui est pourtant – on l'a souligné plus haut – la période de référence des analyses d'Elias, *après* 1848 et surtout après 1866. Elias ne l'évoque à la page suivante que sous l'aspect de « la bourgeoisie industrielle et commerçante » qui va tenter de relever le défi de la modernisation et de rattraper les « nations modernes ».[108] Pas un mot sur le rôle historique de la bourgeoisie cultivée – alors qu'elle est apparue au fil des pages comme le coeur de la problématique. Or, on imagine mal qu'en dépit de l'échec libéral de 1848 l'unification de l'Empire ait pu se faire sans l'appui idéologique – culturel – de la bourgeoisie. Ce fut, comme on sait, très précisément le rôle des historiens qui se mirent au service de la « mission de la Prusse ».

La faille majeure du schéma d'interprétation du *Sonderweg* réside dans l'hypostase d'une prétendue « norme » à l'aune de laquelle on juge les « voies particulières ». Cette norme est idéologiquement commode, et *on nous l'assène massivement à longueur de temps pour entretenir la confusion entre libéralisme économique et libéralisme politique* : l'établissement d'un Etat libéral et démocratique présupposerait l'affirmation de la bourgeoisie et le triomphe du libéralisme économique. Pour cette théorie de la modernisation « la modernisation économique doit aller de pair avec un développement social et politique déterminé, c'est-à-dire avec l'instauration d'une démocratie pluraliste et du régime parlementaire. [...] Tout se passe comme si l'établissement du capitalisme industriel [était] en quelque sorte lié, dans une logique historique, à l'instauration d'une démocratie pluraliste, comme si la classe économiquement dominante, la bourgeoisie, devait aussi détenir les rênes politique ».[109] L'évolution « réussie » serait celle de la bourgeoisie qui parvient à la fois à

---

[107] ÜD 72.

[108] ÜD 73.

[109] Dieter Groh, "Le 'Sonderweg' de l'histoire allemande : mythe ou réalité ?", in : *Annales*, 38/1983-85, p. 1172.

imposer sa domination économique et sa domination politique. Argument dont la réfutation est la thèse majeure de Blackbourn et Eley qui, eux, ont lu Gramsci : « The bourgeoisie may come to social predominance by other than liberal routes. »[110] Eley va même jusqu'à dire que l'image d'une classe bourgeoise consciente de soi, monolithique et réalisant son programme par ses seules forces, est un mythe.[111] Sans que je veuille le moins du monde chanter ici les louanges de l'Empire allemand, l'histoire allemande offre l'exemple d'une « prise du pouvoir » par la bourgeoisie qui s'est faite de manière différente et apporte la preuve que la bourgeoisie peut devenir la classe dominante sans être nécessairement devenue la classe dirigeante (*ruling class*). La prétendue norme illustrée par la séquence bourgeoisie / parlementarisme / libéralisme / démocratie doit être remise en question. *A fortiori* si l'on introduit dans la séquence une révolution comme étape nécessaire.

La bourgeoisie allemande n'a donc nullement failli à sa « mission historique » en abandonnant le pouvoir politique à l'élite dirigeante prussienne, avec laquelle elle passe un compromis. « Elle confirmait ainsi les thèses fondamentales de la théorie marxiste moderne de l'État : il n'est pas indispensable que la classe dirigeant structurellement, la bourgeoisie, dirige fonctionnellement, c'est-à-dire détienne l'autorité du pouvoir. »[112] C'est pourquoi Eley estime que le concept marxiste de bonapartisme utilisé notamment par Wehler, et compris comme « the creative independance of the state executive, inside the limits imposed by the political dynamic of capitalist social development, in the context of a general social and political crisis »[113], reste le plus approprié pour saisir la réalité politique de l'Empire. Ce n'est pas par faiblesse que la bourgeoisie a dû passer un compromis avec les grands propriétaires terriens :

> The bourgeoisie entered the agrarian alliance not from a lack of 'political self-confidence', but as the best means of securing certain political goals. The indifference to further 'parliamentarization' came less from any 'pre-industrial tradition' of authoritarianism, than from a rational calculation of political interest in a situation where greater parliamentary reform necessarily worked to the advantage of the left.[114]

Il n'est évidemment pas question de nier pour autant que la bourgeoisie allemande fût divisée – notamment du fait de son double programme, à la fois national et libéral – et que cette division ait été une des raisons primordiales de sa faiblesse structurelle, qui se révélera crûment sous Weimar.[115] Mais, à

---

[110] Blackbourn / Eley [note 7], p. 155.
[111] *Ibid.*, p. 144.
[112] D. Groh [note 109], p. 1181.
[113] Blackbourn / Eley [note 7], p. 150.
[114] *Ibid.*, p. 153 sq.
[115] *Ibid.*, p. 18.

l'inverse, il faut cesser de croire au grand récit de la bourgeoisie qui, partout ailleurs qu'en Allemagne, a héroïquement promu les idéaux de la démocratie libérale. Partout, et pas seulement en Allemagne, la bourgeoisie a mis en oeuvre des stratégies opportunistes pour assurer la réalisation de ses intérêts.[116] A la lumière de cette *Realpolitik* de la bourgeoisie[117] il faut réévaluer complètement l'interprétation politique et sociale de l'Empire wilhelminien. Il est douteux qu'Elias y ait contribué.

Certes, Elias insiste lui-même, comme on l'a souligné plus haut, sur le fait que l'assimilation des valeurs aristocratiques par la bourgeoisie transforme ces valeurs en valeurs « bourgeoises ». C'est là plus qu'une nuance : la bourgeoisie ne « capitule » pas face aux valeurs aristocratiques, elle se les approprie (quand bien même ce serait plus ou moins bien). Dans le cas du Second Empire la question ne se poserait pas : assurément il s'est agi d'une société d'affairistes ; ses traditions aristocratiques valaient ce qu'elles cotaient en bourse et sa légitimité l'aura dont les opérettes mythologiques d'Offenbach l'entouraient. Aucun historien soucieux de sa réputation n'oserait en revanche qualifier l'Empire allemand d'Empire bourgeois. Pourtant le nœud du problème est bien là. La ligne générale d'argumentation d'Elias – la bourgeoisie incapable d'un rôle politique adopte les codes de la noblesse – est en contradiction avec son autre thèse, celle sur laquelle se fonde la célébrité de son approche « culturelle » et selon laquelle cette assimilation produit des structures psychogénétiques et sociogénétiques complexes. Elias y insiste dans *La Société de cour* : on s'intéresse trop peu à cette complexité.[118] Mais que fait-il lui-même quand il parle « des Allemands » ? Il me semble qu'il faut revenir une fois de plus en ce point sur la question fondamentale de l'assimilation et du mode de l'assimilation. Elias oppose l'Allemagne à l'Angleterre et à la France comme, d'un côté, un pays dans lequel domine une logique d'exclusion – laquelle expliquerait que la bourgeoisie ait dû « capituler » devant les codes nobles – et, de l'autre, des pays où, politiquement et socialement, s'est imposée une logique englobante permettant notamment à la bourgeoisie et à la noblesse de s'interpénétrer à des degrés divers.[119] On ne peut évidemment nier le geste de fermeture (*Abschließen*) qui a incontestablement marqué l'attitude de l'*Aufklärung* (dans sa phase de maturité) à l'égard de la pression populaire ; il s'agissait d'une forclusion tout autant, sinon plus, épistémologique que sociale et politique : éviter la contamination par l'empirique et le « pathologique » (l'affectivité). On aurait cependant tort d'en tirer argument, sans s'en expliquer et ouvrir réellement le débat, pour conclure à une opposition entre société ouverte et société close. *Il s'agit là d'un argument idéologique, renvoyant en effet à la conviction anglo-saxonne d'Elias*

116 *Ibid.*, p. 20, 80, 125 sq.
117 « Realpolitik of the Bourgeoisie », *ibid.*, p. 118.
118 HG 369.
119 PZ 111-114.

que la société ouverte est le fondement de l'unité nationale.[120] Mais sauf à regarder l'histoire allemande de très haut, on aura du mal à nier qu'elle n'ait pas connu de telles synthèse d'intérêts, y compris objectifs et idéologiques (j'ai rappelé plus haut que les propriétés foncières que l'imagerie attribue aux junkers étaient souvent passés dans des mains bourgeoises). La question, on y revient toujours car elle est bien posée par Elias mais il y répond de façon stéréotypée, consiste à savoir de quelle nature a été le « mélange » qui en est résulté. Il nous semble que ce qui s'est passé en Allemagne consiste en la formation de couches spécifiques qui furent porteuses de l'évolution idéologico-politique au 19e avant d'être victimes de la modernisation économique et politique sous la République de Weimar – au premier chef le *Bildungsbürgertum* et, plus largement, toutes les couches supérieures de la bourgeoisie qui avaient fini par accéder au « haut du pavé » dont j'ai tenté de réhabiliter ici le rôle, contre une représentation de l'histoire allemande qui ne voit en elles que des marionnettes affublées d'habits qui ne leur siéent pas.

Les historiens de « l'École de Bielefeld » admettent eux aussi que l'Allemagne a connu, mais à sa façon, une révolution bourgeoise – une révolution qui n'a pas été l'oeuvre de la bourgeoisie, mais une « révolution d'en haut »[121], une conception que Blackbourn cependant récuse, tentant plutôt de montrer, sous l'angle d'une *Alltagsgeschichte*[122], que cette révolution est partie d'en bas, qu'elle a été « silencieuse et anonyme » et a consisté dans une propagation irrésistible des valeurs bourgeoises[123], « an embourgeoisement of German society »[124] – tout le contraire donc de la supposée « féodalisation de la bourgeoisie ».[125]

V. Conclusion

Tentons de conclure. Est-ce vraiment l'aristocratie allemande, avec les valeurs qui étaient les siennes, qui a fait l'histoire allemande du 19e siècle ? N'est-ce pas plutôt – ce qu'Elias dit du reste d'une certaine façon – la bourgeoisie ? Mais quelle bourgeoisie précisément ? Ses contours restent flous chez Elias. A supposer qu'on les précise, l'a-t-elle fait alors avec les valeurs de l'aristocratie ou avec des valeurs qu'elle s'est appropriées et qui sont bel et bien devenues les siennes, selon un « mélange » dont le précipité (en termes chimiques) doit être bien analysé si l'on veut se prononcer sur la pente (*Gefälle*) de l'évolution allemande ?

---

120 *Ibid.*, p. 114.

121 Cf. Winkler [note 10], p. 802 sq.

122 Cf. Blackbourn / Eley [note 7], Introduction, p. 15.

123 C'est très exactement ainsi que Thomas Mann la perçoit et qu'il en fait la substance du *Sonderweg*. Ce dernier est pour lui le triomphe des vertus typiquement bourgeoises. Thomas Mann en arrive à l'équation *deutsch = bürgerlich*.

124 Blackbourn / Eley [note 7], Introduction, p. 13.

125 *Ibid.*, p. 7.

Nonobstant toutes ces questions laissées malheureusement dans le vague par Elias, l'examen critique de sa caricaturale histoire « des Allemands » permet au moins de contribuer à un règlement de comptes avec le mythe du *Sonderweg*. Blackbourn et Elley considèrent comme simpliste la définition usuelle, dont ils constatent la persistance par exemple chez Hans-Ulrich Wehler, selon laquelle la modernité du capital industriel aurait achoppé sur des structures sociales et économiques tournées vers le passé. Les choses – je l'ai suggéré d'entrée en rappelant à titre d'exemple que l'hostilité au libre-échangisme était du côté des soi disants modernes et non du côté des prétendus conservateurs – sont à coup sûr beaucoup plus compliquées.

Non sans raison Blackbourn et Eley constatent chez les historiens comme une volonté de « charger la barque » de l'aristocratie et de sauvegarder l'image convenue des junkers conservateurs et/ou réactionnaires. A sa façon Elias fait de même en minimisant le rôle de la bourgeoisie, d'une façon qui tourne à l'avantage de l'aristocratie. S'il n'y avait pas eu ces bourgeois prétentieux qui voulaient qu'à leurs diplômes corresponde un statut social, les valeurs aristocratiques n'auraient pas été galvaudées et perverties. La grande responsable de l'issue catastrophique du *Sonderweg*, ce serait « la bourgeoisie » allemande. Sans revenir sur le flou qui entoure les contours de cette bourgeoisie, la thèse d'Elias souffre d'une grave insuffisance. Quant à expliquer en effet comment cette perversion s'est produite, c'est-à-dire comment un code de formalité poussé à l'extrême, bascule dans une « déformalisation » (*Informalisierung*) qui transforme le « processus de la civilisation » en barbarie, cette articulation promise entre sociogenèse et psychogenèse reste dans les limbes. Le schéma interprétatif du *Sonderweg* comble abondamment et commodément, sinon efficacement, cette lacune, en lieu et place de toutes les tentatives d'élucidation psychanalytique du fascisme qu'il n'est évidemment pas question de passer en revue ici.

Bref, il y a de sérieuses fissures dans la reprise éliasienne du *Sonderweg*, et donc de sérieux doutes à émettre à l'égard de ce énième recyclage de la thèse éculée selon laquelle la bourgeoisie a accédé « très tard et de façon limitée » au statut de classe dominante[126], trop tard pour être en mesure de mettre en harmonie l'évolution économique avec l'évolution sociale et politique.[127] L'histoire culturelle d'Elias avait beaucoup d'atouts pour initier une révision de la très problématique idéologie du *Sonderweg* – une révision que les historiens allemands, y compris les représentants de l'histoire sociale, ont failli à mener à bien après 1945. Armée de sa théorie du mélange et de l'assimilation des codes elle a raté l'occasion de sortir du double téléologisme du « procès de la civilisation » et du *Sonderweg* allemand.

---

[126] PZ 126.

[127] Selon la définition que Hans-Ulrich Wehler donne du *Sonderweg*, in : *Das deutsche Kaiserreich 1871-1918*, Göttingen, Vandenhoeck & Ruprecht 1975, p. 17.

Manfred Gangl*

Zivilisation und nationaler Habitus
Zu Norbert Elias' Studien über die Deutschen

I.

Die Studßßien über die Deutschen[1] sind 1989, kurz vor dem Tode von Norbert Elias, noch mit seiner Zusammenarbeit von Michael Schröter herausgegeben worden. Sie stellen kein eigentliches zusammenhängendes Buch dar, sondern bestehen aus mehreren, durchaus uneinheitlichen Textensorten, nämlich Vorträgen, Skizzen und Artikeln, die aus den 60er bis 80er Jahren stammen und unter dem Gesichtspunkt ihres Bezugs zu Deutschland ausgewählt worden sind.[2] So disparate Themen wie die der schlagenden Studentenverbindungen im Kaiserreich, die Geschichte der Begriffe 'Kultur' und 'Zivilisation', die Freikorps während der Weimarer Republik, der Eichmann-Prozeß und der Nationalsozialismus, die Schwierigkeiten der deutschen Vergangenheitsbewältigung und der Terrorismus der RAF haben dennoch mehr gemeinsam, als daß sie lediglich mit Deutschland zu tun haben. Es geht darum, ob sie sich auf einen spezifischen deutschen Habitus beziehen lassen, der den Nationalsozialismus erklären könnte, also darum, wie Elias in der eigens hierfür geschriebenen Einleitung hervorhebt, « wie es zum Aufstieg des Nationalsozialismus und so auch zum Krieg, zu Konzentrationslagern und zum Auseinanderbrechen des früheren Deutschlands in zwei Staaten kam. Im Zentrum handelt es sich um den Versuch, Entwicklungen des nationalen Habitus der Deutschen herauszuarbeiten, die den Entzivilisierungsschub der Hitler-Epoche ermöglicht haben. »[3]

Kennt man nun Elias als denjenigen, der sich mit seiner Zivilisationstheorie international einen Namen gemacht hat, dann mag man die Herausforderung ahnen. Denn die Zivilisationstheorie hatte bei aller Zurückweisung von mechanischer Notwendigkeit und teleologischer Zielstrebigkeit doch die resultierende Richtung des Prozesses aufgezeigt : die freie und willkürliche Gewaltausübung wird zunehmend staatlich zentralisiert und monopolisiert und die Gesellschaft dadurch pazifiziert ; die Affekt- und Kontrollstrukturen der

---

* Université d'Angers, 49045 Angers Cedex 01, 11 boulevard Lavoisier, Manfred.Gangl@univ-angers.fr. Groupe de recherche sur la culture de Weimar, Maison des sciences de l'Homme, 75270 PARIS Cedex 06, 54 boulevard Raspail, Manfred.Gangl@msh-paris.fr

1 Norbert Elias, *Studien über die Deutschen. Machtkämpfe und Habitusentwicklung im 19. und 20. Jahrhundert*, hrsg. v. Michael Schröter, 2. Aufl. Frankfurt/M., Suhrkamp 1989. Es wird nach dieser Erstausgabe zitiert. Die Neuausgabe im Rahmen der Gesammelten Schriften, hrsg. im Auftrag der Norbert Elias Stichting Amsterdam, Bd. 11, bearbeitet von Nico Wilterdink, Frankfurt/M., Suhrkamp 2005 enthält darüber hinaus lediglich noch ein Literaturverzeichnis, einen weiteren editorischen Bericht (*ibid.*, S. 637-639) und ein Personen- und Sachregister.

2 Cf. die editorische Nachbemerkung des Herausgebers, *ibid.*, S. 553-555.

3 *Ibid.*, S. 7.

einzelnen wandeln sich damit gleichzeitig in Richtung einer zunehmenden Straffung und Differenzierung der Kontrollen – die Menschen und die Staaten werden zivilisierter. Und das betraf explizit die gesamte « abendländische Gesellschaft », den Verhaltensstandard und den « Habitus der abendländischen Menschen ».[4] Nun galt es zu klären, warum Deutschland aus diesem Kanon der abendländischen Zivilisation ausgebrochen war.

Sein Buch, in der Zeit des triumphierenden Nationalsozialismus, noch vor dem Krieg und der Judenvernichtung im englischen Exil geschrieben, in das Elias als Jude flüchten mußte, handelte nicht vom Nationalsozialismus und hatte gleichwohl viel mit ihm zu tun. Elias bemerkte dazu später :

> In der Tat stellte sich mir das Zivilisationsproblem anfangs als ein ganz persönliches Problem in Verbindung mit dem großen Zusammenbruch zivilisierten Verhaltens, mit dem Barbarisierungsschub, der sich als etwas völlig Unerwartetes, schlechthin Unvorstellbares unter meinen eigenen Augen in Deutschland vollzog. [...] Schon als mir das Problem des deutschen Barbarisierungsschubs derart auf den Nägeln brannte, schon als ich begann, mein Zivilisationsbuch zu schreiben, erschien es mir als ganz ungenügend, diesen akuten Zusammenbruch zivilisatorischer Kontrollen einfach als ein politologisches Problem im Sinne der Parteidoktrinen, also [...] als ein Faschismusproblem zu diskutieren.[5]

Es schien ihm, daß man von der aktuellen Situation und der naheliegenden Frage, wie es in einem hochzivilisierten Volk zu diesem Zivilisationsbruch kommen konnte, zunächst Abstand nehmen und sich viel weiter ausholend überhaupt erst die Frage stellen mußte, wie es zu dieser Zivilisation gekommen war und was man darunter zu verstehen habe.

> Man kann, mit einem Wort, den Zusammenbruch des zivilisierten Verhaltens und Empfindens nicht verstehen, solange man nicht zu verstehen und erklären vermag, wie es überhaupt zum Aufbau, zur Entwicklung eines zivilisierten Verhaltens und Empfindens in den europäischen Gesellschaften kam.[6]

Das führte ihn dann auch dazu, diesen Zivilisationsprozeß als langfristigen Prozeß psycho- und soziogenetisch am Beispiel Frankreichs von Heinrich IV. bis zum Höhepunkt des Absolutismus unter Ludwig XIV. zu rekonstruieren[7],

---

4 Elias, *Über den Prozeß der Zivilisation. Soziogenetische und psychogenetische Untersuchungen*, Bd. 1 : *Wandlungen des Verhaltens in den weltlichen Oberschichten des Abendlandes*, Gesammelte Schriften, hrsg. im Auftrag der Norbert Elias Stichting Amsterdam, Bd. 3.1, bearbeitet von Heike Hammer, Frankfurt/M., Suhrkamp 1976, S. 79.

5 Elias, *Studien über die Deutschen*, [Anm.1], S. 45, Fußn. 8.

6 *Ibid.*, S. 45 f., Fußn. 8.

7 Aufbauend auf seiner Habilitationsschrift, die Elias noch 1933 an der Universität Frankfurt eingereicht hatte (wegen der Machtergreifung der Nationalsozialisten konnte das Habilitationsverfahren jedoch nicht abgeschlossen werden) und dann erst 1969 unter dem Titel *Die höfische Gesellschaft* veröffentlicht wurde. Cf. Elias, *Die höfische Gesellschaft. Untersuchungen zur Soziologie des Königtums und der höfischen Aristokratie. Mit einer Einleitung :*

wobei die deutsche Entwicklung nur am Rande und kontrastierend vorkam, die neuere Zeit zunächst noch gar nicht behandelt wurde und der Nationalsozialismus völlig fehlte. 50 Jahre später versucht Elias nun, an seine ursprüngliche Motivation (sofern diese nicht nachträglich untergeschoben wurde) wieder anzuknüpfen und mittels seiner Zivilisationstheorie erneut den Zivilisationsbruch, den der Nationalsozialismus darstellt, zu befragen. Dazu werden nun die deutschen Stränge einer eher gebrochenen Zivilisationentwicklung, die vorher, in seiner Zivilisationsstudie kontrastierend in der Diskussion von 'Kultur' / 'Zivilisation' bereits angedeutet waren, eingehender erarbeitet und auf den Nationalsozialismus als Zivilisationsbruch hin zusammengeführt. Parallel ist das durchgehende Bemühen festzustellen, theoretische und methodologische Reflexionen im Zusammenhang mit der Zivilisationstheorie[8] weiter voranzutreiben.[9]

Das große Thema des historischen Zivilisationsprozesses führt Elias im Hinblick auf den nationalsozialistischen "Zivilisationsbruch" notgedrungen zur These des deutschen Sonderweges. Gemäß seiner Zivilisationstheorie, die am Habitus der adeligen Oberschichten entwickelt worden war, dem sich die bürgerlichen Schichten in Frankreich und auch England unter dem Druck der nationalen Staatenbildung anpaßten[10], konzentriert sich sein Blick auf das Verhältnis von Adel und Bürgertum, um für Deutschland mit seiner späten

---

Soziologie und Geschichtswissenschaft, Gesammelte Schriften, hrsg. im Auftrag der Norbert Elias Stichting Amsterdam, Bd. 2, bearbeitet von Claudia Opitz, Frankfurt/M., Suhrkamp 2002.

8 Auch in seinem Zivilisationsbuch war seiner ganzen Anlage nach (Psychogenese im 1. Band, Soziogenese im 2. Band mit dem abschließenden Teil eines Entwurfes zu einer Theorie der Zivilisation) inhaltliche Darstellung und methodologische Reflexion verknüpft. Elias hat sogar weiterführende theoretische Ausführungen über das Verhältnis von Individuum und Gesellschaft aus diesem Schlußteil wieder herausgenommen und erst später veröffentlicht, zusammen mit überarbeiteten und weiterführenden Ausführungen zum gleichen Thema, siehe Elias, *Die Gesellschaft der Individuen*, hrsg. v. Michael Schröter, Gesammelte Schriften, hrsg. im Auftrag der Norbert Elias Stichting Amsterdam, Bd. 10, bearbeitet von Annette Treibel, Frankfurt/M., Suhrkamp 2001, mit den Erklärungen von Elias im Vorwort und den editorischen Kommentaren der Herausgeber.

9 So in der neugeschriebenen Einleitung die Auseinandersetzung mit Talcott Parsons' Strukturfunktionalismus, im I. Teil die Theorie des Formalisierungs-Informalisierungs Gefälles, im II. Teil die Theorie der Personalpronomina und methodologische Erörterung zum Verhältnis von Kulturgeschichte und politischer Geschichte als Problem der Geschichtsschreibung, im III. Teil das Theorem des staatlichen Gewaltmonopols, das über die Erklärung des Staatsbildungsprozesses hinaus nun auch in seiner Durchbrechung den theoretischen Bezugspunkt für den Terrorismus in der Weimarer Republik, aber auch in der Bundesrepublik abgeben soll.

10 Cf. Elias, *Über den Prozeß der Zivilisation*, Bd. 1, [Anm. 4], S. 132 : « In Frankreich wurden die bürgerliche Intelligenz und die Spitzengruppen des Mittelstandes verhältnismäßig frühzeitig in den Kreis der höfischen Gesellschaft hineingezogen. [...] Es gab hier bereits im 18. Jahrhundert zum mindesten zwischen den bürgerlichen Spitzengruppen und der höfischen Aristokratie keine beträchtliche Gesittungsdifferenz mehr. »

Ausbildung zum Nationalstaat die entsprechenden Besonderheiten wahrzunehmen.

II.

In seiner Einleitung zu den *Studien über die Deutschen* skizziert er die besondere Form, die dieses Verhältnis von Adel und Bürgertum in Deutschland bereits seit dem 18. Jahrhundert annahm :

> Die klassische Periode der deutschen Literatur und Philosophie repräsentiert eine Stufe in der Sozialentwicklung Deutschlands, wo der Antagonismus zwischen Bürgertum und höfischem Adel groß war ; und entsprechend scharf war die Ablehnung militärischer Haltungen und Wertungen durch dieses Bürgertum.[11]

Im ersten Kapitel seines Zivilisationsbuches hatte er bereits ausführlich die Auseinandersetzungen zwischen bürgerlich-mittelständischen und höfisch-aristokratischen Schichten geschildert und den Beginn dieses sozialen Gegensatzes in Deutschland anhand von Kant folgendermaßen illustriert[12] :

> Wir sind im hohen Grade durch Kunst und Wissenschaft *kultiviert*. Wir sind *zivilisiert*, bis zum Überlästigen, zu allerlei gesellschaftlicher Artigkeit und Anständigkeit. Aber, uns für schon *moralisiert* zu halten, daran fehlt noch viel. Denn die Idee der Moralität gehört noch zur Kultur ; der Gebrauch dieser Idee aber, welcher nur auf das Sittenähnliche in der Ehrliebe und der äußeren Anständigkeit hinausläuft, macht bloß die Zivilisierung aus.[13]

Elias nimmt hier mit explizitem Bezug auf die Ausführungen Karl Mannheims, dessen Assistent er in Frankfurt gewesen war, zur Bestimmung der Intellektuellen[14] Kant als Vertreter und Sprecher des sich formierenden deutschen Bürgertums, der mittelständischen, deutschen Intelligenz, der sich gegen die Sitten und den Verhaltenskodex der adeligen Schichten richtet :

---

11 Elias, *Studien über die Deutschen*, [Anm. 1], S. 21.

12 Elias, *Über den Prozeß der Zivilisation*, Bd. 1, [Anm. 4], Kap. 1, Erster Teil : "Zur Soziogenese des Gegensatzes von 'Kultur' und 'Zivilisation' in Deutschland", S. 89-131, das Kant-Zitat *ibid.*, S. 96.

13 Immanuel Kant, "Idee zu einer allgemeinen Geschichte in weltbürgerlicher Absicht", in : id., *Schriften zur Anthropologie, Geschichtsphiliosophie, Politik und Pädagogik*, Werke in 10 Bänden, Bd. 9, hrsg. v. Wilhelm Weischedel, Darmstadt, Wissenschaftliche Buchgesellschaft 1975, S. 31-50 ; S. 44.

14 Cf. Elias, *Über den Prozeß der Zivilisation*, Bd. 1, [Anm. 1], S. 96/ S. 401, Fußn. 3. Das ist der einzige Verweis auf Mannheim im 1. Band. Im zweiten findet sich lediglich ein weiterer mit Bezug auf Mannheims Vortrag zur Bedeutung der Konkurrenz im Gebiete des Geistigen, um die übliche Beschränkung der Konkurrenz auf das Wirtschaftliche zu durchbrechen und als umfassendere soziale Erscheinung zu begründen, cf. Elias, *Über den Prozeß der Zivilisation. Soziogenetische und psychogenetische Untersuchungen*, Bd. 2 : *Wandlungen der Gesellschaft. Entwurf zu einer Theorie der Zivilisation*, Gesammelte Schriften, hrsg. im Auftrag der Norbert Elias Stichting Amsterdam, Bd. 3.2, bearbeitet von Heike Hammer, Frankfurt/M., Suhrkamp 1976, S. 214 / S. 482, Fußn. 94.

> Es ist die Polemik der deutschen, mittelständischen Intelligenzschicht gegen die Gesittung der herrschenden, höfischen Oberschicht, die bei der Bildung des begrifflichen Gegensatzes von Kultur und Zivilisation in Deutschland Pate steht.[15]

Im Unterschied zum aufsteigenden Bürgertum in Frankreich und England wurde damit die Bildung, die Kultur, das Geistige gegenüber dem Gesellschaftlichen, Wirtschaftlichen, Politischen aufgewertet. Diese bürgerliche Intelligenz lebt ohne bürgerliches Publikum, lebt vom Hofe ohne ihm anzugehören. « Die schreibende, deutsche Intelligenz schwebt also etwas in der Luft. Der Geist und das Buch sind ihre Zuflucht und ihre Domäne, Leistungen in Wissenschaft und Kunst ihr Stolz. »[16] Hier wird das bekannte Bild von Deutschland als dem Land der Dichter und Denker evoziert, wobei die darin vorgezeichnete Entwicklung zur vielbemühten deutschen Innerlichkeit und ihrem Pendant, der politischen Ohnmacht des Bildungsbürgertums nicht fehlt.

> Das eigentümliche Schicksal des deutschen Bürgertums, seine lange politische Ohnmacht, die späte Einigung zur Nation, alles das hat dann immer von neuem Impulse in der gleichen Richtung gegeben und die Begriffe, die Ideale in dieser Richtung festgelegt.[17]

Dieser soziale Gegensatz entwickelt sich nun zum nationalen Gegensatz, die ihm entsprechenden Sozialcharaktere werden nun auf die nationale Ebene projiziert und als Nationalcharaktere präsentiert.[18] Dort, wo die Analyse der deutschen sozialen Entwicklung im *Prozeß der Zivilisation* abbricht, versucht Elias in den *Studien über die Deutschen* wieder anzuknüpfen, oder genauer erst ab 1871, im spät geeinten Deutschland. Die Entwicklung dahin und die Folgen werden nur sehr gerafft in der Einleitung skizziert. Zwar bestimmte die humanistisch-idealistische Strömung während der Klassik die politischen Bestrebungen des oppositionellen Bürgertums, spaltete sich dann aber zunehmend in eine idealistisch-liberale und eine konservativ-nationalistische Strömung. Nach dem Scheitern der bürgerlichen Revolution 1848 wurden der Weg in die deutsche Einheit und der Konflikt zwischen Bürgertum und Adel militärisch

---

15 Elias, *Über den Prozeß der Zivilisation*, Bd. 1, [Anm. 1], S. 97.

16 *Ibid.*, S. 120.

17 *Ibid.*, S. 121.

18 Das hebt auch Raymond Aron in seiner damaligen Rezension des 1. Bandes des Zivilisationsbuches hervor. Das Interessante an der Darstellung des Kultur-Zivilisations-Gegensatzes sei, daß sich das deutsche Nationalbewußtsein nach Elias bezüglich der Kultur im bürgerlichen Mittelstand in Reaktion auf die äußerliche und oberflächliche Zivilisation der vom französischen Modell beinflußten Adelsschichten gebildet habe, wohingegen die Ausbildung des französischen Nationalbewußtseins der Zivilisation sich in der allmählichen Ausweitung der Werte und Verhaltensweisen des Adels zunächst auf die Bürger und dann auf das gesamte Volk vollzogen habe. Cf. Raymond Aron, "Elias (Norbert), Über den Prozess der Zivilisation. Soziogenetische und psychogenetische Untersuchungen – T.1 : Wandlungen des Verhaltens in den weltlichen Oberschichten des Abendlandes, Bâle, Haus zum Falken, 1939", in : *Annales Sociologiques*, Série A (Sociologie générale), Fasicule 4, 1941, S. 54-56 ; bes. S. 56.

entschieden. « Der Sieg der deutschen Heere über Frankreich war zugleich ein Sieg des deutschen Adels über das deutsche Bürgertum. »[19] Der größte Teil des deutschen Bürgertums ließ sich nun als zweitrangige Gesellschaftsklasse ins System des Kaiserreichs integrieren.

> Aber weite Kreise des deutschen Bürgertums fügten sich nun in den Militärstaat ein und adoptierten dessen Modelle und Normen. – Eine eigentümliche Spielart des Bürgertums trat so auf die Szene : bürgerliche Menschen, die die Lebenshaltung und die Normen des Militäradels zu den ihren machten.[20]

III.

Dieses Bürgertum während der Kaiserzeit und dann auch noch während der Weimarer Republik ist nun weitgehend das Thema der *Studien über die Deutschen*, der « Gebrochenheit der deutschen Entwicklung ». Das Motiv wird von Elias nochmals in der neugeschriebenen Einleitung klar herausgestellt :

> Ich habe die Ausbreitung von militärischen Modellen in Teilen des deutschen Bürgertums etwas genauer besprochen, weil ich glaube, daß der Nationalsozialismus und der Entzivilisierungsschub, den er verkörperte, ohne diesen Zusammenhang nicht ganz verständlich werden kann.[21]

Chronologisch und inhaltlich müßte der Exkurs über Nationalismus[22], der ja im Zuge einer Neubearbeitung des 1. Teils "Zur Soziogenese der Begriffe 'Kultur und 'Zivilisation'" seines Zivilisationsbuches entstand, mit dem Ziel, ihn zu einer eigenständigen begriffsoziologischen Untersuchung auszuweiten, eigentlich am Anfang stehen. Denn es wird hier wie im entsprechenden Kapitel des Zivilisationsbuches das gleiche Thema behandelt, was schon in bezeichnenden Zwischentitel wie "Von humanistischen zu nationalistischen Mittelklasse-Eliten"[23] zum Ausdruck kommt. Und wieder wird die « Verschiebung der Priorität von humanistischen, moralischen Idealen und Werten, die für Menschen überhaupt galten, zu nationalistischen Wertungen, die ein Idealbild des eigenen Landes und der eigenen Nation über allgemein-menschliche und moralische Ideale erhoben »[24] als generelle Tendenz für die Mittelklassen im Europa zwischen dem 18. und 20. Jahrhundert behauptet. Die Frage spitzt sich nun nur darauf zu, « warum die Ablehnung der

19 Elias, *Studien über die Deutschen*, [Anm. 1], S. 22.

20 *Ibid.*, S. 23.

21 *Ibid.*

22 *Ibid.*, Teil II : "Ein Exkurs über Nationalismus", S. 161-222. Man hätte auch eine Darstellung der nationalistischen Funktionalisierung des Kultur-Zivilisations-Gegensatzes im Gefolge des Ersten Weltkrieges zum "Kulturkrieg" erwartet, was aber ebensowenig geschieht wie etwa eine Auseinandersetzung mit der Reinterpretation des Zivilisationsbegriffes durch Oswald Spengler.

23 *Ibid.*, S. 174.

24 *Ibid.*

humanistischen und moralischen Ideale einer frühen Epoche durch die aufrückende nationalistische Mittelklassen-Intelligenz in Deutschland nach 1871 besonders radikal und verachtungsvoll ausfiel ».[25]

Es finden sich wieder analoge Beschreibungen des humanistischen Ideals als absoluter und egalitärer Moralkanon, dessen Geltungsbereich alle Menschen umfassen sollte « und von Angehörigen der mittelständischen Intelligenz, wie Kant, auf die Ebene philosophischer Aussagen gehoben »[26] worden seien, während « der aristokratische Kanon der Tapferkeit und Ehre », der « bis ins 18. Jahrhundert hinein gemeinsamer Kanon der Herrscherklassen in den meisten europäischen Staaten gewesen war »[27], nun nationalistisch wird. Die souveränen Nationalstaaten bringen so einen dualen nationalstaatlichen Normenkanon hervor : « einen Moralkanon egalitären Charakters, abstammend vom Kanon aufsteigender Sektionen des *tiers état*, dessen höchster Wert der Mensch ist, das menschliche Individuum als solches, und einen nationalistischen Kanon nicht-egalitären Charakters, abstammend vom machiavellistischen Kanon der Fürsten und herrschenden Adelsgruppen, dessen höchster Wert ein Kollektiv ist, der Staat, das Land, die Nation, zu der ein Individuum gehört ».[28] Was nun die deutsche Lösung dieses Problems betrifft, wird diesmal am Beispiel Englands verdeutlicht : « In England überwog die Tendenz, die beiden Kanons miteinander zu verschmelzen. Man versuchte, Kompromißlösungen für ihre gegensätzlichen Anforderungen zu finden [...]. In Deutschland dagegen war man geneigt, die Unvereinbarkeit der beiden Kanons herauszustreichen. Es gab in bezug auf sie nur ein Entweder-Oder. »[29] In ähnlichen Worten hatte Elias das Thema bereits eingeführt :

> Die konservativ-nationalistischen Gruppen der Mittelklassen in anderen Ländern versuchten immer wieder, menschheitliche und moralische Ideale mit nationalistischen zu verschmelzen. Die vergleichbaren Gruppen der deutschen Mittelklassen verwarfen den Kompromiß.[30]

Auch der Rekurs auf Schillers akademische Antrittsrede als Historiker und entsprechende Zeugnisse liberaler und nationalistischer Historiker 100 Jahre danach verweisen auf den aufgezeigten Wandel und die soziale Lage der Mittelschichten-Eliten im Kaiserreich, in der sich dieser Dualismus noch gebrochen widerspiegelt. Sprach aus Schillers Idee einer Universalgeschichte noch ungebrochen die humanistische und liberale Idee eines Fortschritts der Menschheitsgeschichte, so gewann danach bereits die nationalistische Aufwertung der eigenen Nation gegenüber allgemeinmenschlichen und moralischen Wertungen die Oberhand. Dem entsprach eine zunehmende

25 *Ibid.*, S. 173.
26 *Ibid.*, S. 181.
27 *Ibid.*, S. 185.
28 *Ibid.*, S. 201.
29 *Ibid.*, S. 210.
30 *Ibid.*, S. 173.

soziale Integration der bürgerlichen Mittelschichten in die bisher ausschließlich dem Adel vorbehaltenen Führungspositionen :

> Während sich Teile dieser Eliten weiterhin vom Staat fernhielten und in direkter Nachfolge der klassischen deutschen Denker und Dichter menschheitliche Ideale wie das der 'Kultur' pflegten, mit starken, aber inaktiven Unterströmungen der Kritik an Deutschlands herrschenden Klassen, versöhnten sich andere, von allmählich wachsender Macht, mit der zweitrangigen Rolle, die den oberen Kadern der Mittelklassen in dem neugeeinten Reich zugewiesen wurde, als Juniorpartner der immer noch sehr exklusiven und klassenbewußten Herrenschicht des Adels.[31]

IV.

Die eigentliche Antwort nach der Genese des besonderen deutschen Habitus bleibt eigentümlich vage, redundant und weniger zielstrebig als der apodiktische Duktus vorgibt. Denn die starke Zurückweisung des militärisch-adeligen Wertekanons durch die bürgerliche Klassik erklärt vielleicht die Verspätung, mit der er dann doch übernommen wurde und bestenfalls, daß er in einer Art Überkompensation zudem radialisiert wurde. Nur in der Fallstudie zur satisfaktionsfähigen Gesellschaft während des Kaiserreichs werden neue und empirisch gesättigtere Argumente vorgebracht, die näher an die Beantwortung der Frage heranführen. Das ist vielleicht auch der Grund, weshalb "Die satisfaktionsfähige Gesellschaft" den Band als ersten Teil eröffnet. Die einleitende methodologischen Reflexionen zur Informalisierung sind viel breiter angelegt und ergeben für das Fallbeispiel lediglich, daß in den satisfaktionsfähigen Kreisen « ein recht festgefügter, stark formalisierter Kanon des Verhaltens »[32] herrschte, dem ein informalisierter Bereich gegenüberstand, wohingegen heutzutage ein allgemeiner Informalisierungsschub zu beobachten ist.[33] Die wirkliche Beweislast für die Frage nach der Genese des deutschen Habitus fällt somit auf die Analyse der statisfaktionsfähigen Gesellschaft.

In der Einleitung betont Elias, er habe « im folgenden als Musterfall für den habitusprägenden Einfluß von Institutionen die in Deutschland besonders markante Entwicklung des Duells untersucht. Das Duell ist eine gemeineuropäische Einrichtung, die auf die grenzüberschreitende Kultur des Adels zurückgeht. Aber in anderen Ländern verlor es mit dem Aufstieg des Bürgertums zusehends an Bedeutung. In Deutschland läßt sich eine Entwicklung des Duells in beinahe entgegengesetzter Richtung beobachten. Im

31 *Ibid.*, S. 172.

32 *Ibid.*, S. 51.

33 Elias sieht darin keine Freiheitsdimension, sondern lediglich eine Verlagerung des Fremdzwangs auf den Selbstzwang : « Dieser Prozeß der Informalisierung, also die Emanzipation vom Fremdzwang eines vorgeschriebenen gesellschaftlichen Rituals, stellt höhere Ansprüche an die Selbstzwangsapparatur der einzelnen Beteiligten. » (*Ibid.*, S. 53) Der konservativ gewendete Topos vom notwendigen Halt der Institutionen für die Individuen findet sich bezeichnenderweise bei Arnold Gehlen wieder.

Zusammenhang mit der Übernahme von Adelsmodellen durch Kreise des Bürgertums nach 1871, und möglicherweise schon davor, breitete sich das Duellieren als zwingende Institution auch unter bürgerlichen Studenten aus. [34] Diese von Offizieren und Studenten gepflegte Duellkultur habe eine Eingewöhnung an streng hierarchische Strukturen und eine Akzeptanz sozialer Ungleichheit zur Folge gehabt, die letztlich auch das Aufkommen des Nationalsozialismus erklären.

> Wenn man die Frage stellt, wie Hitler möglich war, dann drängt sich in der Tat die Einsicht auf, daß diese Ausbreitung von gesellschaftlich sanktionierten Modellen der Gewalttätigkeit und der sozialen Ungleichheit zu den Voraussetzungen seines Kommens gehörte.[35]

Die Praxis des adeligen Duells hatte, wie Elias betont, auch in Deutschland eine lange Tradition. Wie stark sie auch noch die bürgerlichen Kreise prägte, die aus politischen und moralischen Gründen gegen dieses adelige Relikt Front machten, mag eine Episode aus der Geschichte der Arbeiterbewegung illustrieren. Als Ferdinand Lassalle sich in einer Duellangelegenheit den freundschaftlichen Rat von Karl Marx einholte, antwortete ihm dieser nach Rücksprache mit Friedrich Engels in quasi offizieller Form. Lassalle präsentiert sein Dilemma, in das ihn eine Duellforderung gebracht hatte, als Widerspruch seiner öffentlichen Stellungsnahme, daß er « das Duell nicht nur nach meinen eigenen Principien für ein unsinniges Petrefact einer überwundenen Culturstufe halte », sondern auch, « daß es grade durch die Principien der demokratischen Partei ausgeschloßen sei » und der Vermutung, daß das Duell in den eigenen Reihen so weit akzeptiert sei, daß ihm in seinem persönlichen Fall Feigheit vorgeworfen werden könnte, wenn er sich dem Duell entziehe, und das gerade ihm, der sich « mit demselben Gleichmuth schießen würde, mit dem Jemand 'bon jour' sagt ».[36] In seiner Antwort ist Marx prinzipiell mit Lassalle darin einig, daß das Duell « Reliquie einer vergangenen Culturstufe » sei, schränkt dies andererseits aber auch ein, insofern « es die Einseitigkeit der *bürgerlichen* Gesellschaft mit sich [bringt], daß im Gegensatz zu derselben gewisse feudale Formen der Individualität ihr Recht behaupten ». Wies Lassalle auf die französische Demokratie hin, in der weiterhin duelliert wird, so Marx auf das Bürgerrecht des Duells in den Vereinigten Staaten. Weiter gesteht Marx zu, daß ausnahmsweise unter gewissen Umständen, die er aber im konkreten Fall für nicht gegeben ansieht, zum Duell gegriffen werden könnte :

> Das Duell im vorliegenden Fall hätte durchaus keinen anderen Sinn als Erfüllung einer unter gewissen privilegirten Ständen anerkannten *conventionellen* Form. Unsere Parthei hat diesen Standesceremonien

34 *Ibid.*, S. 27.

35 *Ibid.*

36 Brief von Ferdinand Lassalle an Karl Marx vom 4. Juni 1858, in : Karl Marx / Friedrich Engels, Gesamtausgabe [MEGA], 3. Abt. *Briefwechsel*, Bd. 9 (Jan. 1858 - Aug. 1859), Akademie Verlag 2003, S. 158-161 ; S. 160 f.

gegenüber resolut Front zu machen u. die anmaßliche Forderung sich ihnen zu unterwerfen, mit dem cynischsten Hohn zurückzuweisen.[37]

Die Ironie wollte es, daß sich Lassalle in diesem Fall, wo es um seine jüdische Herkunft und sozialistischen Überzeugungen ging, dem Rat seiner politischen Freude beugte, jedoch 1864 wegen einer privaten Liebesgeschichte selbst das Duell forderte und darin den Tod fand.

Daß Lassalle während seines Studiums in Breslau auch einer der ältesten Burschenschaften angehörte[38] und auch der weitere Gründungsvater der deutschen Sozialdemokratie, Wilhelm Liebknecht, aktives Mitglied eines studentischen Corps war, wie übrigens auch Marx und Engels, zeigt nicht nur die weite Verbreitung der studentischen schlagenden Verbindungen, sondern verweist einerseits auf die demokratischen, ja republikanischen Ursprünge der Burschenschaften im Gefolge der Befreiungskriege, von denen heute noch die Bundesfarben zeugen und andererseits darauf, wie stark die damaligen Corps noch im deutschen Idealismus wurzelten. In diesem Fall zeigt das Beispiel darüber hinaus auch die Rolle, die die studentischen Korporationen für die Integration und Assimilation der Juden in Deutschland spielten, bis sie dann gegen Ende des 19. Jahrhunderts explizit und systematisch aus ihnen ausgeschlossen wurden.[39]

Wie intensiv die internen Veränderungen der studentischen Verbindungen mit der sozialen und politischen Geschichte verflochten waren, wird in der völlig veränderten Konstellation 1871 deutlich, als sich die demokratisch-republikanischen Burschenschaften den mittlerweile feudal-konservativen Corps mit ihren Symbolfiguren Wilhelm II. und Bismarck anpaßten. Dies, und daher war dieser kurze Rückblick wichtig, ist der Ausgangspunkt von Elias' Darstellung der 'Duellkultur' im Wilhelminischen Reich.[40] Denn entgegen seiner allgemeinen Forderung, langfristige Prozesse zu untersuchen, haben wir es hier mit einer fast statischen sozialen Bestandsaufnahme der studentischen Korporationen im Kaiserreich zu tun. Die Burschenschaften hatten nun die Mensur übernommen, die als Bestimmungsmensur schon Mitte des 19. Jahrhunderts eingeführt worden war. Sie galt als Mittel der Charakter- und Persönlichkeitsbildung und nicht mehr der Austragung von Ehrenhändeln. Die

37 Brief von Karl Marx an Ferdinand Lassalle vom 10. Juni 1858, *ibid.*, S. 168-169 ; S. 168 f.

38 Das wurde erst neuerdings politisch instrumentalisiert : Bezeichnenderweise nennt sich der Arbeitskreis korporierter Studenten der SPD, der sich in Reaktion auf einen Unvereinbarkeitsantrag auf dem Mainzer Parteitag 2005 gebildet hatte, seit Mai 2008 'Lassalle-Kreis'.

39 Das wird bei Elias nur knapp erwähnt, cf. Elias, *Studien über die Deutschen*, [Anm. 1], S. 76.

40 Elias selbst vermerkt in einer Fußnote, daß die Periode vom Beginn des 19. Jahrhunderts bis zum Jahre 1871 in seiner Studie unberücksichtigt bleibt und es ihm nur um den offensichtlichen Kontrast gehe : « Im 18. Jahrhundert war das Duell sicherlich kein integraler Bestandteil der deutschen bürgerlichen, nach 1871 erhielt es in der satisfaktionsfähigen Gesellschaft eine Bedeutung als integraler Bestandteil der nationalen deutschen Kulturtradition » (Elias, *Studien über die Deutschen*, [Anm. 1], S. 84, Fußn. 27).

Gefahr tödlicher Verletzungen war praktisch ausgeschaltet[41] und die Mensuren waren damit zum Initiationsritus für die Aufnahme in die gehobene Gesellschaft des Kaiserreichs geworden. Das eigentliche Duell hatte parallel dazu fast völlig an Bedeutung verloren.

> Umfunktionalisiert wurden so der Ehrenkanon und das Duell zu einem Zuchtmittel und zugleich zu einem, durch Schmisse sichtbar gemachten, Zugehörigkeitssymbol der Studenten, das ihre Anwartschaft auf Aufnahme in das Establishment, auf eine gehobene Position in der kaiserlich-deutschen Gesellschaft proklamierte.[42]

Die bürgerlichen Schichten hatten damit nur über die Studentenverbindungen und dem von ihnen abverlangten Ehrenkodex Zugang zur satisfaktionsfähigen Gesellschaft, die sich elitär von der übrigen Gesellschaft abgrenzte.

> Alle diese Menschen, von den hohen Adeligen bis zu Reserveoffizieren und Provinzakademikern, galten als satisfaktionsfähig. Kaufleute, wie reich sie auch immer sein mochten, waren es nicht [...]. Zu den nicht satisfaktionsfähigen Gruppen zählten weiterhin Ladenbesitzer, Handwerker, Arbeiter, Bauern und Juden.[43]

Die Persönlichkeitsstruktur, die sich in ihrem Rahmen entwickelte, war alles andere als die einer autonomen und moralischen Persönlichkeit gemäße, sondern « eine Persönlichkeitsstruktur, bei der die Selbstzwänge, also auch das eigene Gewissen, der Unterstützung durch den Fremdzwang einer starken Herrschaft bedurften, um funktionieren zu können ».[44] Das Bild der Gesellschaftsstruktur, das den schlagenden Verbindungen zugrundelag und das sie vermittelten, « dieses Bild vom menschlichen Zusammenleben als Kampf aller gegen alle trägt beinahe Hobbes'sche Züge »[45] und verlangt – so müßte man hinzufügen – nach autoritärem Eingriff von oben.[46] Der « mittelständische Moralkanon, dessen grandioseste philosophische Ausprägung Kants Kritik der praktischen Vernunft ist »[47] und der in der Frühzeit der Burschenschaften noch

---

41 Die Mensuren wurden, bemerkt Elias, « zu einem Erziehungsmittel eigentümlicher Art. Man verlangte von den Mitgliedern der Verbindung, daß sie lernten, sich gegenseitig mit der Waffe in der Hand blutige Verletzungen beizubringen, und zwar ausschließlich im Gesicht, am Schädel oder auch an den Ohren, die keinen größeren Schaden hinterließen als ein paar schwere Narben am Kopf » (Elias, *Studien über die Deutschen*, [Anm. 1], S. 133).

42 Elias, *Studien über die Deutschen*, [Anm. 1], S. 68.

43 *Ibid.*, S. 76. Zu den Juden heißt es weiterhin : « Einige [...] gewannen während des 19. Jahrhunderts Zutritt zu den Burschenschaften. Gegen Ende des Jahrhunderts wurden sie dann formell ausgeschlossen. » (*ibid.*)

44 *Ibid.*, S. 128.

45 *Ibid.*, S. 149.

46 Für die Begründung einer autoritären Staatsordnung greift Carl Schmitt bezeichnenderweise immer wieder auf Hobbes zurück. Cf. meinen Beitrag "Gesellschaftliche Pluralität und politische Einheit. Zu Carl Schmitts politischer Theorie", in : Wolfgang Bialas / Manfred Gangl (Hg.), *Intellektuelle im Nationalsozialismus*, Frankfurt/M., Lang 2000, p. 88-119.

47 Elias, *Studien über die Deutschen*, [Anm. 1], S. 130.

durchaus virulent war, hatte sich nun endgültig aufgelöst und einem « reinen Ehrenkanon ohne moralische Beimischungen »[48] Platz gemacht, der in Nietzsche seine philosophische Paraphrase fand. Daher kann Elias seine Fallstudie in dieser Differenz zusammenfassen und beschließen :

> Im Unterschied zwischen Kants kategorischem Imperativ und Nietzsches 'moralinfreier Tüchtigkeit' spiegelt sich, mit einem Wort, der Übergang des deutschen Bürgertums von einer Außenseiter- zu einer Etabliertenposition zweiten Ranges.[49]

Die Quellen, aus denen Elias in seiner Darstellung der studentischen Verbindungen schöpft, sind freilich nicht diese philosophischen Elaborate, sondern literarische Selbstdarstellungen des Verbindungslebens oder Studien zur Geschichte der deutschen Burschenschaften, die er soziologisch deutet. Nimmt man jedoch beispielsweise Max Weber als Beteiligten, Zeitgenossen und Soziologen hinzu, ergibt sich ein schärferes Bild dessen, was auch Elias intendiert.

Max Weber, der trotz oder wegen seines « mensurzerhackten Schädels »[50] Eindruck auf seine spätere Frau machte, war nach eigenen Worten « ein Mann, der sich öffentlich wiederholt als Duellanhänger erklärt hat, der ferner die Beziehungen zu einer hiesigen Couleur-verbindung, der er angehörte, aufrechterhält, und der alljährlich als Offizier seine Kriegsbeorderung erhält »[51], somit ein Ehrenmann, der zur Verteidigung der Ehre auch vor Duellherausforderungen nicht zurückschreckte[52], der sich dennoch kurz darauf kritisch zur 'Satisfaktionsfähigkeit' folgendermaßen äußern konnte :

« Der spezifisch deutsche Begriff 'Satisfaktionsfähigkeit' »[53], die von den farbentragenden Studentenverbindungen anerzogenen Konventionen und Gewohnheiten seien im Gegensatz zum romanischen und angelsächsischem

---

48 *Ibid.*, S. 131.

49 *Ibid.*, S. 158.

50 Marianne Weber, *Max Weber. Ein Lebensbild*, Tübingen, J. C. B. Mohr (Paul Siebeck) 1926, S. 185.

51 Max Weber, zitiert in Marianne Weber, *ibid.*, S. 441.

52 Marianne Weber erwähnt zwei signifikante Fälle. Als sie selbst als Aktivistin der bürgerlichen Frauenbewegung in einem Zeitungsartikel 1910 beleidigt wurde, forderte Max Weber den Artikelschreiber zum Duell, das jener jedoch als Duellgegner ablehnte. Die Affäre fand ein langes gerichtliches Nachspiel (cf. *ibid.*, S. 434-445). Der andere Fall betraf eine Auseinandersetzung um Publikationsrechte, in die Weber und sein Verleger Paul Siebeck verwickelt waren und in der Weber zu seiner und Siebecks Verteidigung seinem Kontrahenten « eine Säbelforderung 'zu den schwersten nach akademischen Brauch zulässigen Bedingungen' übermitteln » (*ibid.*, S. 449) ließ. Als dieser um Zeitaufschub bat, verzichtete Weber auf das Duell (cf. *ibid.*, S. 446-453). Zur Duellaufforderung an Berhard Harms vom Dezember 1912 cf. jetzt auch Max Weber, *Gesamtausgabe* [MWG], Abt. II, Bd. 8, *Briefe*, Tübingen, Mohr (Paul Siebeck) 2003, S. 19 ff.

53 Max Weber, "Wahlrecht und Demokratie in Deutschland" (1917), in : id., Gesamtausgabe [MWG], Bd. 1/15, *Politische Schriften im Weltkrieg*, Tübingen 1984, S. 347-396, bes. S. 382 ff. ; Zitat : S. 387.

Ehrenkodex « ihrem inneren Wesen nach keineswegs weltmännisch oder sonstwie 'aristokratisch', sondern durchweg plebejisch »,[54] d.h. « daß sie, im Gegensatz zu den romanischen und angelsächsischen Konventionen, auch schlechterdings nicht geeignet sind, der ganzen Nation, bis in die untersten Schichten hinein, als *Vorbild* zu dienen und sie in ihrer Geste derart einheitlich zu einem in seinem äußeren Habitus selbstsicheren 'Herrenvolk' *durchzuformen*, wie es jene romanischen und angelsächsischen Konventionen getan haben ».[55] Es sind « *Kastenkonventionen* »[56], die von den anderen Schichten gerade nicht nachahmbar und damit demokratisierbar seien. Es sind berufsständische Abschottungen, mittels derer sich auch die Parvenüs gegen die niedrigeren Sozialschichten abgrenzen. Auch die Ausbildung an den neuen Fachschulen diene diesem Zweck.

> Es ist kein Zufall, daß wir überall die Handelshochschulen, die Gewerbeschulen, die technischen Fachschulen wie Pilze aus dem Boden sprießen sehen. Dabei spielt, zumindest in Deutschland, der Wunsch mit, auf diesen Schulen in eine Couleur einzutreten, sich Schmisse ins Gesicht hauen zu lassen, satisfaktionsfähig und damit reserveoffiziersfähig zu werden und nachher im Kontor eine Vorzugschance auf die Hand der Tochter des Chefs zu haben : also sich zu assimilieren mit den Schichten der sogenannten 'Gesellschaft'. Nichts liegt dieser Schicht ferner als die Solidarität mit dem Proletariat, von dem sie sich ja vielmehr gerade zunehmend zu unterscheiden trachtet.[57]

Die schlagenden, farbentragenden Studentenverbindungen und ihr Korpsgeist sind nach wie vor und sogar zunehmend, so beklagt sich Max Weber, die Rekrutierungsanstalten für alle gehobenen zivilen Berufe : « Das *studentische Couleurwesen* ist bekanntlich die typische soziale Erziehungsform des Nachwuchses für die nichtmilitärischen Ämter, Pfründen und 'freien' sozial gehobenen Berufsstellungen » und dehnt sich schon deshalb weiter aus, « weil das *Konnektionswesen* der Couleuren heute eine spezifische Form der *Auslese der Beamten* ist und weil die Reserveoffiziersqualität die dazu erforderliche, durch

54 *Ibid.*, S. 387.

55 *Ibid.*, S. 386 f.

56 *Ibid.*, S. 388.

57 Weber, "Der Sozialismus" (1918), in : Gesamtausgabe Bd. 1/15, *Politische Schriften im Weltkrieg*, [Anm. 52], S. 599-633 ; S. 623 (s.a. schon "Wahlrecht und Demokratie in Deutschland" (1917), *ibid.*, S. 383). Analoges gilt nach Max Weber auch für die politischen Beamten. « *Der Begriff der Satisfaktionsfähigkeit ist grundlegend für die Laufbahn des politischen Beamten.* Das aus dem Couleurstudententum hervorgegangene Beamtentum betrachtet das Deutsche Reich als nichts anderes als *Versicherungsanstalt für Avancement und Herrschaft.* » (Bericht des *Berliner Tagblatts* über einen Vortrag Webers über "Aristokratie und Demokratisierung in Deutschland" vom 15. Januar 1918 in Berlin, abgedruckt in : id., Gesamtausgabe Bd. 1/15, *Politische Schriften im Weltkrieg*, [Anm. 52], S. 735-738 ; S. 735 f.)

Couleurband sichtbar verbriefte 'Satisfaktionsfähigkeit' den Zutritt zur 'Gesellschaft' öffnet ».[58]

« Mittel aristokratischer, für die Führung im Staat qualifizierende 'Erziehung' » sind die Korporationen in den Augen Max Webers jedenfalls nicht, echte und vornehme Formwerte, die Distanz und Reserve voraussetzen, vermögen sie nicht zu vermitteln, so wie auch insgesamt « *keine vornehme deutsche gesellschaftliche Form* »[59] existiert. Weltmännische, nachahmenswerte und demokratisierbare Formen wie in Frankreich und England vermögen sie nicht zu schaffen.

> Starrere und zwingendere Konventionen als die des 'Couleurmenschen' gibt es nirgends, und sie beherrschen, direkt und indirekt, einen ebenso großen Bruchteil des Nachwuchses der Führerschichten als irgendeine Konvention in anderen Ländern. Sie sind, soweit nicht die Offizierkonventionen reichen, *die deutsche Form* ![60]

V.

Der dritte Teil des Bandes, "Zivilisation und Gewalt. Über das Staatsmonopol der körperlichen Gewalt und seine Durchbrechungen"[61] geht auf einen Vortrag auf dem Deutschen Soziologentag 1980 zurück, der zunächst in einer Zeitschrift und dann überarbeitet im entsprechenden Tagungsband erschien[62], wobei der Herausgeber der *Studien über die Deutschen* nochmals aus den verschiedenen Versionen neu gruppiert eine dritte Version zusammenstellte. Einleitend macht Elias bereits die Stoßrichtung klar, die dann auch der ergänzte Untertitel verdeutlicht : Statt sich die Frage zu stellen, wie in einer Gesellschaft Gewalt entsteht, solle man sich eher fragen, woher es kommt, daß wir so friedlich zusammenleben und von da aus negativ, « wieso sich Menschen dem Kanon der Pazifizierung nicht fügen, sich dem zivilisatorischen Kanon nicht fügen ». Der Gedanke, daß eine bestimmte Organisationsform das friedliche Zusammenleben garantiert, « ist zuerst von Max Weber ausgesprochen worden, der Gedanke nämlich, daß die Staaten dadurch charakterisiert sind, daß sie ein Monopol der physischen Gewalt für sich in Anspruch nehmen ».[63] Wo das staatliche Gewaltmonopol im Vortrag

---

58 Weber, "Wahlrecht und Demokratie in Deutschland" (1917), [Anm. 52], S. 382/ S. 383.

59 *Ibid.*, S. 386.

60 *Ibid.* Cf. dazu Christian Jansen, " 'Deutsches Wesen', 'deutsche Seele', 'deutscher Geist'. Der Volkscharakter als nationales Identifikationsmuster im Gelehrtenmilieu", in : Reinhard Blomert / Helmuth Kuzmics / Annette Treibel (Hg.), *Transformationen des Wir-Gefühls. Studien zum nationalen Habitus*, Frankfurt/M., Suhrkamp 1993, S. 199-278 ; zu Weber : S. 239.

61 Elias, "Zivilisation und Gewalt. Über das Staatsmonopol der körperlichen Gewalt und seine Durchbrechungen", in : id., *Studien über die Deutschen*, [Anm. 1], S. 223-389.

62 Beide Versionen sind nun aufgenommen in : Elias, *Aufsätze und andere Schriften II*, Gesammelte Schriften, hrsg. im Auftrag der Norbert Elias Stichting Amsterdam, Bd. 15, bearbeitet von Heike Hammer, Frankfurt/M., Suhrkamp 2006, S. 53-71 bzw. S. 72-117.

63 Elias, "Zivilisation und Gewalt", in : id., *Aufsätze und andere Schriften II*, [Anm. 61], S. 54.

noch mit direktem Verweis auf Max Webers definitorische Bestimmungen in den soziologischen Grundbegriffen angeführt war, fiel in der Überarbeitung der Nachweis bereits weg und wird Weber nur noch zugestanden, einen « Aspekt des Problems »[64] gesehen zu haben.

Max Weber hatte im § 17 seiner soziologischen Grundbegriffe das Gewaltmonopol des Staates folgendermaßen definiert :

> *Staat* soll ein politischer *Anstaltsbetrieb* heißen, wenn und insoweit sein Verwaltungsstab erfolgreich das *Monopol legitimen* physischen Zwanges für die Durchführung der Ordnungen in Anspruch nimmt.[65]

« Dieser Monopolcharakter der staatlichen Gewaltherrschaft » bedeutet nicht, so erläutert er ferner, daß der Staat in dieser einzigen Bedingung aufgehe, noch, daß es in anderen gesellschaftlichen oder wirtschaftlichen Bereichen keine legitime Gewaltanwendung gebe, sondern, « daß es 'legitime' Gewaltsamkeit heute nur noch insoweit gibt, als die staatliche Ordnung sie zuläßt oder vorschreibt ».[66]

Die Einschränkung, daß Weber nur einen Aspekt des Problems gesehen habe, scheint sich, das zeigen die Bearbeitungen der zweiten und dritten Version, darauf zu beziehen, daß Weber zu wenig berücksichtigt habe, daß staatliche Gewaltmonopole « zweischneidige Errungenschaften » sind, « ein Janushaupt », « ein Doppelgesicht » haben, weil sie « von den Pharaonen bis zu den Diktaturen der Gegenwart [...] als eine entscheidende Machtquelle zum Nutzen kleiner Establishments verwendet »[67] werden können. Ein längerer neuer Einschub macht deutlich, daß historisch die Machtgewichte sich verschoben haben : nicht nur die Inhaber der Staatsgewalt kontrollieren das Gewaltmonopol, sondern sie stehen nun « ihrerseits unter der Kontrolle von anderen Repräsentanten der betreffenden Gesellschaft, die darüber wachen, daß jene die Gewaltmittel, die ihnen zu Gebote stehen, nicht allein im eigenen Interesse gebrauchen oder allein im Interesse einzelner Schichten der Bevölkerung ».[68] Was hier als neuzeitliches Phänomen der demokratischen

---

64 Elias, "Zivilisation und Gewalt. Über das Staatsmonopol der körperlichen Gewalt und seine Durchbrechungen", in : id., *Aufsätze und andere Schriften II*, [Anm. 61], S. 75 und Elias, "Zivilisation und Gewalt. Über das Staatsmonopol der körperlichen Gewalt und seine Durchbrechungen", in : id., *Studien über die Deutschen*, [Anm. 1], S. 227.

65 Max Weber, *Wirtschaft und Gesellschaft. Grundriß der verstehenden Soziologie*, Studienausgabe, hrsg. v. Johannes Winckelmann, Köln / Berlin, Kiepenheuer & Witsch 1964, 2 Hbde., S. 39.

66 *Ibid.*, S. 40. Cf. die näheren Ausführungen in der Staatsoziologie im 2. Halbband, 8. Abschnitt § 2 : "Der rationale Staat als anstaltsmäßiger Herrschaftsverband mit dem Monopol legitimer Gewaltsamkeit", *ibid.*, S. 1042 ff. In seiner Herrschaftstypologie, darauf hat Elias später zurecht aufmerksam gemacht, spielt das Gewaltmonopol eigentümlicherweise keine Rolle mehr, cf. Elias, "Zur Diagnose der gegenwärtigen Soziologie" (1983), in : id., *Aufsätze und andere Schriften II*, [Anm. 61], S. 375-388 ; S. 381.

67 Elias, "Zivilisation und Gewalt. Über das Staatsmonopol der körperlichen Gewalt und seine Durchbrechungen", in : id., *Studien über die Deutschen*, [Anm. 1], S. 228 f.

68 *Ibid.*, S. 229.

Kontrolle des staatlichen Gewaltmonopols angesprochen und möglicherweise gegenüber Weber eingeklagt wird, war jedoch weder im 2. Band von Elias' *Prozeß der Zivilisation* Thema, in dem ja die Monopolisierung der Gewalt historisch nur bis zu dem Zeitpunkt verfolgt wird, bis sie in der absoluten Herrschergewalt gipfelt[69], noch in den *Studien über die Deutschen*, wo für die Weimarer Republik demgegenüber ja gerade die Durchbrechung oder mangelhafte Ausbildung des staatlichen Gewaltmonopols beklagt wird. In der ersten Version von "Zivilisation und Gewalt" skizziert Elias das Schicksal der Weimarer Republik, die durch « den Bruch des Gewaltmonopols » besiegelt worden sei, « wo die Regierung kein Gewaltmonopol – oder nur das ganz beschränkte polizeiliche Gewaltmonopol – besaß, wo illegale Verbände auf der einen Seite und die tätige und selbständige Reichswehr auf der anderen Seite das Gewaltmonopol sich teilten. Hier war also eine Regierung, die gar nicht das Gewaltmonopol kontrollieren konnte, und im Grunde ist durch diese Zersetzung von innen durch das Wachsen von Privatarmeen von rechts und links eben die Weimarer Republik zerbrochen. »[70] In der dritten Version von "Zivilisation und Gewalt" wird dies in einem Zusatzabschnitt "Die Zersetzung des staatlichen Gewaltmonopols in der Weimarer Republik" noch etwas weiter ausgeführt.[71] Es wird viel eher die Notwendigkeit der totalen Kontrolle über das Gewaltmonopol zur Rettung der gefährdeten Republik thematisiert, als etwa die notwendigen Kontrollen gegenüber den Gefahren autoritärer oder totalitärer Machtausübung.

Da, wo wie in der Bundesrepublik zur Zeiten der Großen Koalition und der Notstandsgesetze die mangelnde demokratische Kontrolle der staatlichen Gewalt mit einer der Auslöser der Außerparlamentarischen Opposition und der Studentenbewegung wurde, wird dieser Aspekt der Kontrolle des

---

69 Cf. *ibid.*, S. 228 (ebenfalls id., "Zivilisation und Gewalt", in : id., *Aufsätze und andere Schriften II*, [Anm. 61], S. 54 und "Zivilisation und Gewalt. Über das Staatsmonopol der körperlichen Gewalt und seine Durchbrechungen", in : id., *Aufsätze und andere Schriften II*, [Anm. 61], S. 75/76), der hierin selbst auf sein Zivilisationsbuch hinweist. Dort, in Elias, *Über den Prozeß der Zivilisation*, Bd. 2, [Anm. 14], 3. Kap., 2. Teil (S. 132-319) findet sich in einer einzigen knappen Anmerkung lediglich ein allgemeiner Verweis auf Max Weber, der in *Wirtschaft und Gesellschaft* die Bedeutung des Monopols der physischen Gewaltausübung für die Staatenbildung aufgezeigt habe (cf. *ibid*, S. 151 / S. 481, Fußn. 80).

70 Elias, "Zivilisation und Gewalt", in : id., *Aufsätze und andere Schriften II*, [Anm. 61], S. 67.

71 Elias, "Zivilisation und Gewalt. Über das Staatsmonopol der körperlichen Gewalt und seine Durchbrechungen", in : id., *Studien über die Deutschen*, [Anm. 1], S. 282-292. In den Anhängen dazu wird auch knapp auf die literarischen Beispiele von Ernst Jünger und Ernst von Salomon verwiesen, *ibid.*, S. 274-281 (Jünger) u. S. 295-299 (Salomon). Siehe dazu meine Beiträge "La guerre comme travail, le travail comme guerre ! L'impact politique de la littérature préfasciste de guerre en Allemagne", in : Catherine Heymann (dir.), *Le roman et la guerre*, Angers, CRILA, Maison des Sciences Humaines 2000, p. 85-102 u. "Quelques questions concernant *Le Questionnaire* d'Ernst von Salomon", in : Christophe Dumas / Manfred Gangl (dir.), *Théâtre du monde. Mélanges offerts à Manfred Eggert*, Angers, Université d'Angers 2006, p. 131-149.

Gewaltmonopols ebensowenig verfolgt, sondern in fragwürdiger Parallele zur Weimarer Republik nur « die gewalttätige Strategie terroristischer Gruppen » als « zielbewußte Attacke gegen den Bestand des staatlichen Gewaltmonopols » thematisiert, eine entschiedene und harte staatliche Abwehr dagegen suggeriert und die terroristische Bewegungen selbst als « im Sinne des Zivilisationsprozesses regressive Bewegungen » mit « antizivilisatorischem Charakter » interpretiert.[72]

Es werden, auf die Weimarer Republik bezogen, damit doch eindeutige Zuschreibungen vorgenommen, die vielfach der Gemengelage ihrer theoretischen Diskurse[73] nicht gerecht werden oder aber unter dem einzigen Kriterium der Infragestellung des staatlichen Gewaltmonopols rechte und linke Bewegungen identifiziert, und, auf die Bundesrepublik bezogen, Kontinuitätslinien terroristischer Bewegungen gezogen, die nicht nur politisch, sondern auch soziologisch äußerst fragwürdig erscheinen. Ist das der Preis einer Zivilisationstheorie, die in der Hobbes'schen Befriedigung des Bürgerkriegs und der absolutistischen Herrschaftsform ihre historische empirische Basis hatte und den Anschluß an die der modernen demokratischen Gesellschaft noch nicht gefunden hat ?

72 *Ibid.*, S. 365, cf. ebenfalls Teil V : "Gedanken über die Bundesrepublik" (*ibid.*, S. 517-552).

73 Vergleiche dazu Manfred Gangl / Gérard Raulet (Hg.), *Intellektuellendiskurse in der Weimarer Republik. Zur politischen Kultur einer Gemengelage*, 2. neubearb. u. erweiterte Aufl., Frankfurt/M., Lang-Verlag 2007.

Reinhard Blomert[1]

Die Weimarer Republik
Oder : Wie kreiert man einen gescheiterten Staat ?

Zwischen den beiden Weltkriegen waren Sie
ein entschiedener Gegner der Weimarer Republik ?
Jünger : „Sprechen wir lieber vom Versailler Vertrag. Wenn die Leute von Weimar
unsere Interessen würdig vertreten hätten,
wären wir mit ihnen gegangen"
(„Der Vertrag von Versailles" S.411)

„Dieses Land,
das durch den Versailler Vertrag gebunden ist,
lebt unter Bedingungen, die es ihm nicht erlauben,
zu existieren"
(Lenin, Dez 1920, Allrussischer Kongress)

I : Einleitung

Ein Torso

Elias hat uns einen Torso hinterlassen, ein Buch „Über die Deutschen", zusammengestellt von seinem Assistenten Michael Schröter. Es sind Ansätze zur Beschreibung der deutschen Eliten im neunzehnten und zwanzigsten Jahrhundert. Elias knüpft damit an das Thema seines opus magnum an, in dem er die Wandlungen in den Verhaltensweisen der Oberschichten des Abendlandes als einen Prozeß der Zivilisation dargestellt hatte.

War das opus magnum aus einem theoretischen Erkenntnisinteresse heraus mit größter wissenschaftlicher Selbstdisziplin geschrieben worden, so erhielt es unter dem Eindruck des Nationalsozialismus und des erneut heraufziehenden Krieges eine von ihm selbst gar nicht so angelegte Dimension des Vorbildes für eine gelungene zivilisatorische Staatsbildung in Frankreich, die der Leser mit der deutschen Staatsbildung vergleichen konnte. Auf diese neue Funktion wies das Motto hin : „Die Zivilisierung ist noch nicht beendet". Diese Vorarbeiten über die deutschen Oberschichten sind nun aus dem Rückblick verfasst (sie entstanden zwischen 1940 und 1980). Wiederum hat Elias hier die Formung der staatstragenden Schichten herausgearbeitet, indem er ihre Merkmale und ihre Prägeanstalten beschreibt : Prägeanstalten für die Verhaltensweisen und Ehrbegriffe waren die Kadettenanstalten und die preußische Armee, aber auch

[1] Wissenschaftszentrum für Sozialforschung Berlin, Reichpietschufer 50, 10785 Berlin, blomert at wzb.eu.

die studentischen Korps und die Burschenschaften, die sich im Laufe der Zeit immer stärker von ihrem kleinbürgerlich-demokratischen Ursprung weg den militärischen Gesten und dem Ton der Kadettenanstalten anverwandelten. Die Satisfaktionsfähigkeit wurde nach der Reichsgründung zum Kriterium für die Dazugehörigkeit zur deutschen Elite.

Warum hat er nicht das höfische Leben und die höfische Gesellschaft Berlins untersucht ? Hätte er nicht, um des Vergleiches willen, den Hof Kaiser Wilhelms II. untersuchen müssen ? Diese Studien beleuchten somit auch seine besondere Arbeitsweise, die sie von üblichen vergleichenden Untersuchungen unterscheidet : Er arbeitet nicht ein Schema ab, wie ein Buchhalter, das er über alle zu vergleichenden Untersuchungsobjekte stülpt, um Plus und Minus herauszubekommen, sondern beläßt den Objekten seiner Betrachtung ihr eigenes Gewicht, um sie in ihrer Umgebung angemessen analysieren zu können.

Die Wandlung und Militarisierung der deutschen Burschenschaften von ihren demokratischen Wurzeln in den Befreiungskriegen und in der 48er Revolution zu einer Prägeanstalt des deutschen Bürgertums im Geiste des Militarismus hat er mikrosoziologisch und psychologisch dargestellt, nachgezeichnet an Beschreibungen aus entsprechender Verhaltensliteratur und Romanen und damit das Bild jener satisfaktionsfähigen Gesellschaft gemalt, die er mit eigenen Erfahrungen verknüpfen und authentisieren konnte. War er doch selbst Mitglied der zionistischen Burschenschaft, in der die Fragen, in wieweit sie sich den deutsch-christlichen Vorbildern anpassen sollten, eine ständige Quelle der Auseinandersetzungen wurde.

Der Torso blieb unvollendet, aber man ahnt hinter dem, was uns vorliegt, schon die Umrisse eines Werkes, in dem die Zusammenhänge zwischen den einzelnen Binnenprozessen der nationalstaatlichen Zivilisation und den zwischenstaatlichen Prozessen beschrieben würden. Aus dem Torso gewinnen wir aber nun wenigstens die Umrisse seines Bildes von den bestimmenden Traditionen, die entsprechende politische Tendenzen beförderten und ausschlaggebend wurden für das Scheitern der Weimarer Republik. Diese Umrisse möchte ich im Folgenden etwas präzisieren unter der Fragestellung, warum Weimar zum gescheiterten Staat wurde.

Die Weimarer Republik als gescheiterter Staat

Wir haben uns heute angewöhnt, „failed states“ als Staaten mit korrupten Regierungen, schlechten Regierungsprogrammen und falschen Wirtschaftskonzepten zu beschreiben. Dass die Weimarer Republik eine korrupte Regierung hatte, hat man ihm noch nicht nachgesagt, dass er ein „falsches Wirtschaftsprogramm“ hatte, war nicht sein spezifisches Kennzeichen – das hatten andere Staaten auch, und dass er ein schlechtes Regierungsprogramm gehabt haben sollte, auch das gehört nicht zu den Dingen, die man der Regierung der Weimarer Koalition vorwirft. Im Gegenteil galt seine Verfassung durchaus als vorbildlich, etwa gemessen an der Verfassung der englischen oder amerikanischen Siegermächte. Doch eine Bewertung von Staaten aufgrund solcher Art von Analysen bleibt fast immer auf der Oberfläche. Staaten scheitern nicht einfach an Korruption, an angeblich falschen Verfassungen oder an angeblich falschen Wirtschaftsprogrammen, sie scheitern sehr viel häufiger am Mangel an innerer und äußerer Anerkennung. Diese Anerkennung fand er nicht, weil es ihm an fast allem fehlte, was einen Staat ausmacht :

1. Dem Weimarer Staat fehlte es an einem fest umrissenen Staatsgebiet – Danzig war dem Völkerbund unterstellt, drei Zonen linksrheinischen Gebietes sollten auf 5, 10 oder 15 Jahre besetzt bleiben und nur bei Vertragserfüllung zurückgegeben werden – ein Gebiet von 22.000 km mit 4,5 Mio Einwohnern[2], alliierte Truppen hielten die rechtsrheinischen Brückenköpfe bei Köln, Koblenz, Mainz und Kehl besetzt, das Saargebiet war für fünfzehn Jahre an Frankreich gebunden, und Volksabstimmungen über die Zugehörigkeit zum Reich waren für Eupen-Malmedy, Oberschlesien, Teile Ostpreußens, Westpreußens und Nordschleswigs vorgesehen.

2. Es fehlte ihm an einer ordentlichen Haushaltsplanung – die Reparationsforderungen waren und blieben unklar und tendenziell schrankenlos, sodass ein solider Staatshaushalt zu keinem Zeitpunkt aufgestellt werden konnte, sondern jeder der Haushalte ein Nothaushalt mit Vorbehalten bleiben musste, kontrolliert vom Reparationsagenten der interalliierten Kommission.

3. Es fehlte ihm die Gewalthoheit. Der Name, den man dem neuen Staat nachträglich gegeben hat, macht das Problem sichtbar, mit dem er während seines gesamten Bestehens zu tun hatte : Die Repräsentanten der Nationalversammlung wurden zur konstituierenden Sitzung am 20. Januar 1919 nicht nach Berlin, sondern nach Weimar geladen, weil „selbst die Truppen, die man jetzt zum Schutze um sich gesammelt hatte, den dauernden Einwirkungen der revolutionären Agitatoren der Hauptstadt nicht unbedingt widerstehen möchten“[3].

Der Versailler Vertrag hatte eine Armee von 100.000 Mann, und die Marine durfte 15.000 Berufssoldaten nicht überschreiten. Verboten waren die Unterhaltung von Luftstreitkräften, Panzern, schwerer Artillerie, U-Booten und Großkampfschiffen ebenso wie die Produktion und der Besitz von Giftgas. Der Generalstab, Kriegsakademien und Militärschulen mußten aufgelöst werden. Diese verkleinerte Armee und Marine wurden weitergeführt, aber sie standen nicht unter der Kontrolle der gewählten Regierung. Der Pakt zwischen Friedrich Ebert und Wilhelm Groener, der am 10. (9.) November 1918 geschlossen wurde, beruhte auf der gegenseitigen Versicherung der Zusammenarbeit bei der Demobilisierung. Aber Groener, der im Auftrag

---

[2] Die Kosten sollte Deutschland tragen, für die Besatzungssoldaten wurden Privatwohnungen requiriert, vgl. Kolb, Eberhard *Der Frieden von Versailles*, Beck Vlg., München 2005 : 96,f.

[3] Meinecke, Friedrich, *Die deutsche Novemberrevolution. Ursachen und Tatsachen*, in *Staat und Persönlichkeit*, Mittler & Sohn Verlag, Berlin 1933 : 238.

Hindenburgs handelte, erhielt zugleich von Ebert die Zusage der Anerkennung der Unabhängigkeit der Heeresleitung (Clark : 708). Die Generäle sahen sich nur Deutschland verpflichtet, nicht aber der deutschen Regierung[4].

4. Die Regierung hatte aber auch nicht die innere Anerkennung aller ihrer Beamten. Die Sozialdemokraten hatten beschlossen, angesichts der separatistischen Bestrebungen in einigen Regionen Deutschlands die Verwaltung nicht aufzulösen und neu zu besetzen. Zwar hatten sich die Beamten nach dem 9. November hinter die neue Regierung gestellt, aber sie handelten vielfach nicht nach den Vorschriften, viele Richter und Justizbeamte sabotierten die republikanischen Gesetze. „Ein Senator des Staatsgerichtshofes in Berlin schätzte 1932, dass gerade mal 5 Prozent der preußischen Richter als Republikaner gelten konnten“[5]. In den oberen Rängen der Verwaltung und der Polizei zeigte sich ein etwas besseres Bild. Die Ersetzung der konservativen Polizeioffiziere durch SPD-Mitglieder gelang allerdings nur in langfristigen Schüben. Nach dem nach dem preußischen Innenminister benannten „System Severing“ wurden kompromittierte Amtsträger entlassen und alle Kandidaten für höhere Ämter auch politisch überprüft. Dadurch ergab es sich, dass von 540 politischen Beamten immerhin 291 bis zum Jahr 1929 zu den Republikanern gerechnet werden konnten und bei der Polizei, dank des republikanisch gesinnten Polizeichefs Wilhelm Abegg, alle 30 oberen Posten republikanisch besetzt werden konnten. In den unteren Rängen jedoch sahen die Verhältnisse anders aus, da die Mehrheit der Beamten konservativ und antikommunistisch eingestellt war und ein großer Teil an ehemaligen Soldaten und Reserveoffizieren darunter waren, die enge Beziehungen zu rechtsgerichteten Organisationen hatten[6].

5. Die Bildung der öffentlichen Meinung war gestört : “Die ersten Jahre nach dem Krieg“, schrieb der Soziologe und Ökonom Emil Lederer, „waren durch ein großes Maß an freier Diskussion gekennzeichnet. Wer während dieser Jahre in Deutschland gelebt hat, weiß, daß die breite Öffentlichkeit damals die Redefreiheit über alles geliebt hat und sich nicht im geringsten nach Befehlen sehnte. Die später SA genannten Sturmabteilungen waren im deutschen Parteileben eine vollkommen neue Erscheinung....ihre Aufgabe bestand darin, durch Einschüchterungen und offene Kampfhandlungen die Macht an sich zu reißen. Zunächst begannen sie damit, ihre Gegner bei den eigenen politischen Veranstaltungen zum Schweigen zu bringen. Dann

---

4 Auch für „Männer wie General von Seeckt und Major von Schleicher, die sich der Unterstützung der Industrie erfreuten, (war)... die Weimarer Republik eine nützliche Regierungsfassade, hinter der die deutsche Militärmacht auf jeden Fall weder aufgebaut werden konnte, legal oder illegal“, schreibt Carr. Siehe Carr, Edward Hall, *Berlin-Moskau Deutschland und Russland zwischen den beiden Weltkriegen*, DVA Verlag Stgt. 1954 : 44).

5 Clark, Christopher *Preußen. Aufstieg und Niedergang 1600 – 1947*, übers. v. Barth/Juraschitz/Pfeifer, DVA, Mü, 2007 : 718.

6 Vgl. Clark, ebda. : 719,f.

terrorisierten sie die Versammlungen anderer Parteien, die ihre Erhebung gefährden konnten. So veränderten sie vollständig die politische Landschaft. Erst durch die Formierung dieser Braunhemden wurde jede politische Versammlung in Deutschland zu einer Demonstration"[7]. Redner und politische Protagonisten wurden nicht nur terrorisiert, sondern häufig auch umgebracht, ohne dass die Mörder entsprechend zur Rechenschaft gezogen wurden, wie Ernst Gumbel in seinem Büchlein dargelegt hat[8]. Ein Rechtsstaat konnte die Weimarer Republik daher nur in einem höchst eingeschränkten Sinne sein, da ihr Legitimation in weiten Teilen der Bevölkerung bis hinein in die Beamtenschaft versagt wurde.

In diesem Sinne war der Staat von Weimar ein „gescheiterter Staat".

II : Integrationsmechanismen des Kaiserreichs Vom Agrarstaat zum Industriestaat

Bei der Wandlung vom Agrarstaat zum Industriestaat entstand in England durch Einfriedungen des Gemeindebesitzes ein landloses Proletariat, das durch die Angst vor dem Verhungern gezwungen wurde, in die neu entstehenden infrastrukturlosen Industriestädte zu ziehen, und unter elenden und erniedrigenden Bedingungen in den Fabriken zu arbeiten. Die damit verbundene moralische Entsolidarisierung der englischen Oberschicht hatte die Teilung in "zwei Nationen" (Disraeli) zur Folge, bei denen die besitzende Oberschicht das liberale Marktsystem vertrat, während sich die Arbeiter auf der Seite der konservativen Verteidiger der "gesellschaftlichen Substanz"[9] wiederfanden.

Auf dem Kontinent dagegen konstituierte sich die Arbeiterschaft nicht durch gewaltsame Aneignungen der oberen Klassen, sondern durch Gesetzesakte, durch die sukzessive Aufhebung der städtischen Zunftordnungen zum einen, die eine große Zahl von Handwerkern zu Bettlern machte, und zum anderen durch die Bauernbefreiung, die aus Leibeigenen Schuldner machte. Dagegen standen die Verlockungen der höheren Löhne und der städtischen Lebensweise. Die kontinentale Arbeiterschaft befand sich daher stets auf der Seite des "Fortschritts", denn durch die Fabrikarbeit und die städtische Lebensweise fühlte sie sich nicht erniedrigt, sondern erhöht. Der Industriearbeiter hatte an finanzieller Selbständigkeit gewonnen gegenüber dem vagabundierenden Handwerker und dem halbfreien Landarbeiter. Es begann sich hier eine neue gesellschaftliche Unterschicht zu formieren, die sich im Laufe ihrer Emanzipationskämpfe Gewerkschaften und eine starke politische

[7] Emil Lederer, *Der Massenstaat. Gefahren der klassenlosen Gesellschaft*, übers. v. Angela Kornberger, hg. und eingel. v. Claus-Dieter Krohn, Bibliothek sozialwissenschaftlicher Emigranten, Bd. 2, Graz/Wien, Nausner & Nausner Verlag 1995, S.93.

[8] Emil Julius Gumbel, *Vier Jahre politischer Mord und Denkschrift*, 1922, Nachdruck mit einem Vorwort von Hans Thill, Heidelberg, Wunderhorn Verlag 1980.

[9] Karl Polanyi, *The Great Transformation*, Europäische Verlagsanstalt Köln 1977 : 199.

Partei schuf, deren politische Forderungen der 48er Revolution entstammten. Die Versuche der Unterdrückung und Bekämpfung durch Verbote mißlangen, und nur durch die Einführung der Sozialversicherung gelang es Bismarck schließlich, sich nicht nur die Loyalität der Arbeiterschaft zu sichern, sondern zugleich das Wirtschaftsbürgertum zu zähmen.

Der Verstädterungsprozeß in den fünfzig Jahren von 1875 bis 1925 brachte bedeutende Verschiebungen mit sich. Während noch 1875 zwei Drittel der deutschen Bevölkerung auf dem Lande wohnte, waren es 1925 nur noch ein Drittel. Dabei strömten die Landflüchtlinge hauptsächlich in die Großstädte, deren Bevölkerung um zwanzig Prozent zunahm. Die Mehrzahl der Menschen dieser Zeit hatten also einen ländlichen Hintergrund, und gleichzeitig eine städtische Umwelt.

War das 19. ein bürgerliches Jahrhundert ?

Hatte man lange das 19. Jahrhundert unter dem Gesichtspunkt der Sozialen Frage und dem Aufkommen der Arbeiterbewegung betrachtet, so wurde durch die großen Gesellschaftsgeschichten (Wehler, Nipperdey) und zahlreiche Einzelstudien der historischen Bürgertumsforschung das 19. Jahrhundert in ein etwas anderes Licht getaucht. Dabei verschob sich jedoch die Perspektive so stark, daß nun teilweise der Eindruck entstand, das 19. Jahrhundert sei ein "bürgerliches Jahrhundert" gewesen[10]. Man vergaß über der Vertiefung in das bürgerliche Milieu gelegentlich, daß die behandelten Bereiche nur einen Ausschnitt der sozialen Gesamtformation des 19. Jahrhunderts darstellen. Auffällig blieb nämlich, daß der ausgedehnten Forschung über das Bürgertum keine vergleichbare Forschung zu Adel und Aristokratie in diesem Zeitraum gegenübersteht. Die Historiker schienen mit Karl Marx zu glauben, das Jahrhundert auf den einen Hauptgegensatz reduzieren zu können - den Widerspruch zwischen Proletariat und Bourgeoisie.

Die "Studien über die Deutschen" von Norbert Elias, die 1990 als eine Art Kompilation seiner Arbeiten über Fragen der deutschen Mentalitätsgeschichte erschienen, hatten einen anderen Ton angeschlagen. Für Elias stand das deutsche Kaiserreich ganz unter der Herrschaft der "satisfaktionsfähigen Gesellschaft", zu der das Bürgertum des Kaiserreichs nur bedingt gehörte.

Zweifellos wurde das neunzehnte Jahrhundert auch in Deutschland nach der Reichseinigung (1871) und der Einführung der deutschen Einheitswährung (1876) vom Aufschwung der Industrie und der Banken ökonomisch tiefgreifend geprägt. Mit Staunen wurden die Exporterfolge registriert, die den Deutschen einen beachtlichen Rang auf dem Weltmarkt einbrachten und einen Stand neureicher Bürger entstehen ließen. Die Politik jedoch blieb in den Händen der Aristokratie, das wird auch von der Bürgertumsforschung nicht angezweifelt. "Das System des Beamtenstaates, die Ausschaltung des

---

[10] "...das 19 Jahrhundert, das zu Recht oft als das 'bürgerliche' bezeichnet wird", so Kocka in der Einleitung, Kocka 1995 : 7, III. Bd., wie Anm. 12.

Parlaments bedeutete geradezu die Aussichtslosigkeit, als Nichtbeamter verantwortlich in politische Ämter zu gelangen ; die `Struktur des deutschen Parlaments ist zugeschnitten auf lediglich negative Politik' (Max Weber), weil keine Aussicht bestand, aus dem Parlament heraus zu politischer Verantwortung zu gelangen"[11].

In Frankreich hatte die Revolution den Adel dezimiert und um seine Güter gebracht. In der nachrevolutionären Periode strebte der alte Adel daher eine Verbindung mit den aufstrebenden bürgerlichen Landbesitzern an und verschmolz teilweise mit ihm zu einer "gesellschaftlich gemischten Formation reicher Grundbesitzer"[12]. Die alten Adelsgeschlechter hatten "um die Mitte des Jahrhunderts aufgehört, eine bedeutende soziale und politische Kraft zu sein"[13]. In England galt die Primogenitur, die sich auf Titel und Stand erstreckte ; so hinderte der "Abstieg aller Söhne mit Ausnahme des Ältesten in die 'Bürgerlichkeit' den englischen Adel daran, zu einer geschlossenen Kaste zu werden"[14]. Der englische Adel trug seit dem 15. Jahrhundert keine Waffen mehr und hatte sich nach der gewaltsamen Inbesitznahme von Gemeindeland und der Kommerzialisierung der Landwirtschaft gesellschaftlich mit dem Finanz-, Handels- und Industriebürgertum verbunden. In beiden westlichen Ländern ist also eine Verbürgerlichung des Adels zu erkennen, aber zugleich auch eine Anpassung des reichen Bürgertums an die zivilisierten Verhaltensformen der Aristokratie. Elias hat den Prozeß der Adaption aristokratischer Formen durch das französische Bürgertum beschrieben. Auch in England war der Begriff des "Gentleman" nicht an die Zugehörigkeit zu einer bestimmten Besitzklasse geknüpft, sondern an eine bestimmte Lebensform zivilisierten Verhaltens.

Die Aristokratie in Preußen jedoch stellte im europäischen Vergleich der Vorkriegszeit eine besondere Formation dar : Im Gegensatz zu England und Frankreich verfügte Preußen-Deutschland noch über einen Schwertadel, der in einem Treueverhältnis zum Monarchen stand, das von keiner der beiden Seiten jemals infrage gestellt worden war. Dieser Schwertadel vererbte den Titel auf alle Söhne und schuf damit einen Überschuß landloser Adeliger (ein "Adelsproletariat"[15], "die weitgehend von der Armee, zum Teil auch von der Verwaltung aufgesogen wurden. Sie beanspruchten (und erlangten häufig auch) Bevorzugung in den Staatsämtern"[16]. Der preußische Adel war daher von der Monarchie abhängig, weil nur die Monarchie ihn politisch und wirtschaftlich in

---

[11] Lütkens, Charlotte, *Die deutsche Jugendbewegung. Ein soziologischer Versuch*, Frankfurter Societätsdruckerei, Frankfurt/Main 1925 :32, dort zit. Max Weber, Pol. Schr. 1921 : 169.

[12] Mosse,Werner, *Adel und Bürgertum im Europa des 19.Jahrhunderts. Eine vergleichende Betrachtung*, in Kocka 1995, Bd. III, S.22, wie Anm. 12.

[13] Ebda : 23.

[14] Ebda : 20.

[15] Ebda : 21.

[16] Ebda : 22.

seinem Bestand erhalten konnte. Der Verbund mit dem Monarchen garantierte die erfolgreiche Abwehr von Bedrohungen seitens anderer sozialer Gruppen. Heirat mit bürgerlichen oder erst vor kurzem geadelten Familien wurde mit Mißfallen betrachtet und konnte zum Ende der Karriere eines Offiziers führen. Der Adel in Preußen verband sich also in aller Regel nicht mit dem Bürgertum. Gerade die Abwehr gegen das bürgerliche Element scheint sogar das Kennzeichen dieser Klasse gewesen zu sein, die eine erstaunliche Kontinuität bewahren konnte : Seine militärischen Positionen konnte sich der Adel über die republikanische Zeit hinweg erhalten und seine Dominanz in den Offizierspositionen, wenn auch in leicht abgeschwächter Form, bis Juli 1944 absichern[17]. Außer den mittleren und unteren Offiziersrängen und in Ingenieurspositionen aber fanden sich in den führenden Kommandostäben des deutschen Heeres keine Bürgerlichen[18].

Von besonderer Bedeutung für die deutsche Entwicklung ist schließlich die Tatsache, daß die beiden traditionellen Kräfte Monarchie und Schwertadel durch eine dritte Säule ergänzt wurden, die Beamtenschaft. In ihr dominierte zwar auch der Adel, aber sie nahm ebenso bürgerliche Elemente auf und wies "Tendenzen zur Selbstrekrutierung"[19] auf. Das Rekrutierungsfeld für diese bürgerlichen Elemente war nun nicht das Wirtschaftsbürgertum, sondern eine landlose Schicht von Gebildeten, Geistlichen und anderen Akademikern sowie Beamten. Während also in Frankreich der Adel sich mit Besitz und Geld verband, ließ sich der preußisch-deutsche Adel, bis zur Jahrhundertwende in der Regel selbst arm (Ausnahme war der schlesische Adel), noch am ehesten mit "ebenfalls mittellosen - potentiell antikapitalistischen – Gesellschaftsschichten"[20] ein. Weder Frankreich, noch England hatten eine so ausgeprägt antibürgerliche Klasse als führende Schicht. Erst gegen Ende des Jahrhunderts kam es zu Maßnahmen, durch die neureiche Bürger assimiliert wurden, ohne daß sie jedoch Zugang zu den höchsten höfischen Kreisen bekamen. Es gab auch eine gewisse, jedoch beschränkte ökonomische Aktivität des Adels. Während die preußischen Junker sich als Branntweinbrenner betätigten[21], verdiente insbesondere der oberschlesische Adel am Besitz oder an der Verpachtung von Bergwerken. Durch die Möglichkeit des Eisenbahntransports seit den 1850er Jahren wurde etwa der Abbau der Kohle-, Eisenerz- und Zinkvorkommen in den oberschlesischen Bergwerksrevieren lukrativ und begründete den Reichtum mehrerer oberschlesischer Adelsfamilien : "Von den elf reichsten Preußen waren 1913 sechs oberschlesische Aristokraten und

---

17 Ebda : 33, 14.

18 Frevert, Ute *Ehrenmänner. Das Duell in der bürgerlichen Gesellschaft*, Beck Vlg, Mü 1991 : 121.

19 Mosse : 14.

20 Ebda : 34.

21 Lieven, Dominic, *Abschied von Macht und Würden. Der europäische Adel 1815 – 1914*, übers. v. Walter Brumm, S. Fischer Verlag, Ffm 1995 : 174.

Industrielle"[22]. Tatsächlich erreichte der Wohlstand des deutschen Adels um die Jahrhundertwende erstmals die Ausmaße des Reichtums des englischen Adels[23]. Zu den 100 reichsten Familien Preußens zählten lediglich 10 Bürgerliche, die übrigen 90 waren entweder alter Adel oder nobilitiertes Bürgertum[24]. Trotz des Ausschlusses des Bürgertums aus der Politik, fiel es den politischen Strategen der Monarchie nicht schwer, die Bildung bürgerlicher politisch-emanzipatorischer Kräfte zu verhindern :

> Im Vergleich zu England gab es in Deutschland weniger geselligen Umgang zwischen den Angehörigen der alten Aristokratie und namhaften Bürgerlichen, und der kaiserliche Hof war letzteren praktisch ganz verschlossen. Dieses elitäre Unter-Sich-Bleiben der Blaublütigen förderte nun aber nicht etwa die Bildung einer Gegenelite, sondern veranlaßte wohlhabende Unternehmer und namhafte Gelehrte zur Verdopplung ihrer Bemühungen um gesellschaftliche Anerkennung durch jene, zu denen sie aufblickten[25].

Elias hatte in der Analyse der Gefühlskultur des Duells das entscheidende Symbol für das Verstehen dieser Epoche erkannt : Aus der Sicht des Zivilisationsprozesses heraus handelt es sich dabei um eine doppelt unvollständige Zähmung : Das Duell bedeutet den Entzug bestimmter Ehrenhändel aus dem Bereich der Gewalthoheit des Monarchen und bildete das Privileg derjenigen, die, zumindest ursprünglich selbst Gewalthoheit beanspruchen konnten (die etymologische Herleitung „duellum“ von „bellum“, Krieg, zeigt dies noch). Weder gelang dem Monarchen die absolute Pazifizierung des Adels, noch des Bürgertums. Eine gewisse Gewaltbereitschaft, auch wenn sie sich nur auf den "Ehrenpunkt" bezog, blieb bestehen.

War man bisher von einer Übernahme des Wertekanons des Schwertadels durch das deutsche Bürgertum des Kaiserreichs ausgegangen, weil das Duell bis dahin als Privileg militärisch-adeliger Kreise gegolten hatte, so stellten Wehler und Frevert dem Wertekanon des Kriegerstandes "bürgerliche Konventionen" und einen eigenen Ehrbegriff gegenüber[26]. Die Rede vom „bürgerlichen 19. Jahrhundert“ beruht nicht zuletzt auf dieser Differenzierung zweier Formen des Duells. Ich gehe hier nicht näher auf die Frage ein, ob es ein eigenes „bürgerliches“ neben dem „adeligen“ Duell gab. Doch es scheint mir fraglich, ob sich mit der Entdeckung eines eigenständigen "bürgerlichen" Duells das

[22] Ebda. ; vgl. a. Wehler 1995 : 807, ff).

[23] Vgl. Lieven : 92.

[24] Mayer, Arno J. *Adelsmacht und Bürgertum. Die Krise der europäischen Gesellschaft 1848 – 1914*, übers. v. K. H. Siber, Beck Verlag Mü 1984 : 99.

[25] Mayer : 101.

[26] Vgl. Frevert, Ute, *Bürgerlichkeit und Ehre. Zur Geschichte des Duells in England und Deutschland*, in Kocka 1995, Bd.II, S. 128 – 167, hier S.164. Frevert bestätigte mir in einem Gespräch, dass Elias sie auf dieses Thema hingewiesen habe.

typische Kennzeichen des Wertekanons der oberen Klassen des 19. Jahrhunderts aufteilen und zu einem Bestandteil der "bürgerlichen Konvention" machen läßt.

Das Duell gehört jedoch, das scheint mir unzweideutig, der Formation einer vorbürgerlichen Ständegesellschaft an, das Duell und der Krieg sind Konstanten einer solchen Formation. Angesichts des Fehlens einer partizipatorischen politischen Kultur[27] stellte sich in dieser Gesellschaft die Armee als wichtiger nationaler Integrationsfaktor dar - der Reserveoffizier ersetzte das "positive Ideal des politischen Bürgers" (ebda).

Das Wirtschaftsbürgertum, das sich mit dem Scheitern der Reformprogramme der Paulskirche abfinden mußte, setzte seine Interessen nun nicht gegen, sondern mit der Monarchie durch : Bürgerliche Ökonomie ist nicht unbedingt an bürgerliche Demokratie gebunden.

Der preußische Königsmechanismus. Im von Preußen geeinigten Deutschen Kaiserreich gab es einen "Königsmechanismus"[28], der vom französischen abwich. Der preußische Schwertadel scheint niemals Putschpläne gehegt zu haben und der deutsche Kaiser brauchte sich nicht mit Hilfe des aufstrebenden Bürgertums eine möglicherweise gefährliche Aristokratie vom Leibe zu halten, stattdessen musste er von einem liberalen Bürgertum um seine politische Macht fürchten. Die Monarchie konnte also nur überleben, wenn sie das Bürgertum ökonomisch förderte, aber politisch in Schach hielt. Der Norddeutsche Bund war eine Zollvereinigung zum Schutz der sich entwickelnden eigenen Industrie gegen englische Importwaren. Diese Listsche Zollpolitik bildete auch den Kern der Wirtschaftspolitik bei der Gründung des deutschen Reiches. Als die Marktfreiheit nach der Gründerkrise 1873 zur fühlbaren Konkurrenz auf den Märkten führte, gelang es Bismarck, die liberalen Kräfte aus der Administration fernzuhalten und mithilfe einer Fortsetzung der Schutzzollpolitik das Wohlwollen der Industrie und der Agrarproduzenten zu erhalten. Damit aber sicherte Bismarck sich nicht nur das Wohlwollen der Industriellen, sondern bewahrte auch "die ökonomische Basis der nichtkapitalistischen Kräfte in Adel und Bauerntum"[29]. Der Abstand zwischen den beiden Ständen blieb erhalten, und das Wirtschaftsbürgertum konnte von der politischen Macht und aus den einflußreichen Kreisen ferngehalten werden.

Nicht der Freihandel, sondern der Zollschutz, Außenhandelserleichterungen und die inneren Sicherheiten eines nationalen Marktes, Kartelle und

---

[27] Geoff Eley, *Liberalism, Europe, and the bourgeoisie 1960 – 1914*, in Blackburn/Evans (ed.), *The German bourgeoisie*, Routledge Vlg, London, 1991, S. 293 – 317, hier : 293.

[28] Elias GS 1997 : 230, ff.

[29] Borchardt, Knut, *Die industrielle Revolution in Deutschland 1750 – 1914*, in Cipolla, Carlo, *Europäische Wirtschaftsgeschichte*, Bd. 3, Gustav Fischer Verlag, Stgt/NY, 1977, Bd 4 S. 135 – 202, hier S. 196.

Staatsaufträge haben in dieser Epoche die Industrie gefördert und den Export beflügelt, der zum Reichtum des deutschen Wirtschaftsbürgertums seit der deutschen Einigung beitrug[30]. Mit Hilfe des neomerkantilistischen Staates ([31]) war es reich geworden, nicht gegen ihn. Die Einpassung in das nationale Machtgefüge barg den Erfolg des deutschen Modells - es gab wenig Grund für das Bürgertum, von dieser Linie abzuweichen[32].

Die deutsche Einigung fiel zusammen mit einem Sieg über Frankreich. Elias sah damit weitreichende Folgen für die politische Einstellung des deutschen Bürgertums verbunden :

> Die Einigung Deutschlands war aufgrund von militärischen Siegen über rivalisierende Staaten zustande gekommen. Die Führung in diesen Kämpfen lag in den Händen des Adels. Ihm gegenüber hatte das städtische deutsche Bürgertum politisch eine Rolle zweiten Ranges gespielt. (...) Viele Angehörige, wenn auch sicher nicht alle, des städtischen deutschen Bürgertums gaben nun den innerstaatlichen Kampf gegen die Vormachtstellung des Adels auf. Sie fügten sich in ihre Position als eine soziale Schicht zweiten Ranges. Die Selbstwerterhöhung, die sie als Deutsche, als Angehörige des neuen deutschen Kaiserreichs erfuhren, kompensierte die relative Erniedrigung, daß sie sich selbst als eine dem Adel an Macht und Status nachstehende, als eine zweitrangige Schicht akzeptieren mußten[33].

Daß parallel mit diesem Verzicht der Aufstieg des deutschen Militarismus stattfand, wird auch von Wehler betont. Wehler beschrieb, wie sich das Ansehen des preußischen Militärs im Laufe des 19. Jahrhunderts steigerte, um nach den drei Einigungskriegen "in strahlendem Glanz"[34] zu erscheinen :

> Seine Leistungen hatten, das wurde seither Generation auf Generation eingehämmert, erst die Basis geschaffen, auf der Bismarcks Politik den Nationalstaat errichten konnte. Die politische Mentalität und das Selbstbewußtsein des Heeres veränderten sich, und in der politischen Mentalität der Bevölkerung rangierte das Sozialprestige des Militärs in einer vorher ungeahnten Höhe. Das Offizierskorps galt vielen uneingeschränkt als `Erster Stand im Staate`, der sich bis hin zur Kastenbildung von der Gesellschaft elitär absonderte (ebda).

---

[30] Vgl. auch Wehler, Hans-Ulrich, *Deutsche Gesellschaftsgeschichte*, Bd. III, Beck Vlg Mü, 1995 : 564.

[31] Borchardt, a.a.O.196.

[32] Vgl. auch Tilly, Richard *Unternehmermoral und -verhalten im 19. Jahrhundert. Indizien deutscher Bürgerlichkeit*, in Kocka 1995, Bd.II : 35 -64, wie Anm. 12.

[33] Elias, Norbert „Studien über die Deutschen", Suhrkamp Vlg Ffm, 1989 : 234, ff).

[34] Wehler : 881.

Wehler registriert hier ebenfalls jenes Phänomen, das Elias zu seiner Charakterisierung des preußischen Kaiserreichs veranlaßte : eine Militarisierung des Alltagslebens, wie es "in keinem Nachbarland seinesgleichen" hatte[35] :

> Militärische Gewohnheiten drangen im Deutschen Kaiserreich immer tiefer in das tägliche Leben ein : der Kommandoton und das Strammstehen, die herablassende Behandlung des Bürgers durch den Offizier, des `Publikums` durch den Subalternbeamten mit der `Zwölfender`- Vergangenheit eines Berufssoldaten. Im Verhaltensstil, in der Sprache und Denkweise wurde die Dominanz des Militärs bereitwillig akzeptiert, imitiert und verinnerlicht. ... Der spätfeudale Ehrenkodex des Berufsoffiziers galt dem bürgerlichen Ehrbegriff als haushoch überlegen. Im Verdrängungswettbewerb setzte er sich regelmäßig durch[36].

Der Grund für diese Änderung der Haltung des Bürgertums gegenüber dem Ehrenkodex des Adels war die Aufnahme bürgerlicher Kreise in das militärische System der Einjährigen : Statt des dreijährigen Militärdienstes konnten sich seit 1865 die Söhne des Bürgertums als "Einjährig-Freiwillige" melden, die "nach ihrem selbstfinanzierten Militärjahr und erfolgreich bestandener Abschlußprüfung als Offiziersaspiranten der Reserve" (ebda) geführt wurden, und nach mehreren Reserveübungen zum Offizier aufstiegen.

> Auch der bürgerliche Reserveoffizier partizipierte noch am Glanz und Dünkel des professionellen Kriegers. (...) Selbst der kurze Einjährig-Freiwilligendienst wirkte `militarisierend nach unten`. Normative Lebensideale, Denkmuster und Habituszüge des Soldaten breiteten sich in der Gesellschaft aus. Der übermäßigen Hochschätzung des Militärs entsprach das zur Devotion neigende Unterlegenheitsgefühl des Zivilisten (Wehler, a.a.O.).

Mangelnde kulturelle Integration. Die gesellschaftliche Separierung der Ober- und Mittelklassen wurde zwar im Satisfaktionsritual zwischen Akademikern bürgerlicher und adeliger Herkunft partiell aufgehoben.

Doch entscheidend blieb, daß sich keine "vornehme deutsche gesellschaftliche Form"[37] entwickelt hat. Max Weber beklagte das Fehlen einer Geschmackskultur, wie es Frankreich "aus seiner aristokratischen Vergangenheit herübergerettet und (...) in (...) der ästhetischen Durchgeformtheit des französischen Menschentypus weitergepflegt hat" (GPS : 272). Die Integration der verschiedenen Klassen unterblieb, die Aristokratie nahm ihre politische Integrationsfunktion nicht wahr. "Wo ist denn die deutsche Aristokratie mit ihrer 'vornehmen' Tradition ?" fragte Max Weber

[35] Meinecke, zit. nach Wehler a.a.O.
[36] Wehler,op. cit., S.881, f.
[37] Max Weber, *Wahlrecht und Demokratie in Deutschland*, GPS : 282.

(GPS :282). Eine Aristokratie "von hinlänglicher Breite und politischer Tradition", die "weltmännische Erziehung" als Ideal für alle Schichten hätte vermitteln können, war im Kaiserreich nicht herangewachsen[38]. Das Bürgertum konnte diese Funktion nicht übernehmen, war es doch "nicht mehr eigenen Rechtes, seitdem es mit der Niederlage von 1848 verhindert worden war, den politischen Schwerpunkt des werdenden deutschen Reiches zu bilden" (note 11).

So blieb als residualer Integrationsmechanismus das "Konnexionswesen der Couleuren", die den Eintritt der akademischen Berufe in die "satisfaktionsfähige Gesellschaft" ermöglichte (Max Weber GPS, 278,f). Die Kadettenanstalten, die sich aus den vormaligen Ritterakademien entwickelten, brachten eine frühe Einübung in eine bestimmte Art von Gruppenleben mit sich[39], ebenso wie die schlagenden Verbindungen für die Studentenzeit. Hier "vollzog sich der Anpassungsprozeß des ursprünglich bisweilen Zarten und Feinen... an steinharte, rohe, aber kraftvolle Lebensumstände"[40], resümiert v. Wiese, anspielend auf das Humboldtsche Bildungsideal des Bürgerlichen.

Was v. Wiese hier beschreibt, ist der Vorgang der Panzerung gegen das Mitleid, das jene "kalte persona" kennzeichnet, die das humanistische Denken verachtet und der Rolle des Kriegers allein Realitätstüchtigkeit zuschreiben will "in einer feindlichen und kompetitiven Welt"[41]. Die Herrschaft der Älteren über die Jüngeren - Einübung in Hierarchie und Autorität - wurde mit allen Mitteln gefestigt: Mit Erpressung (also Mitschuldigmachen), Prügeln und anderen, bisweilen blutigen Sanktionen. Es entwickelten sich hier "Herr-Knecht"-Verhältnisse, regelrechte Tributpflichtsysteme, die mit halböffentlichen gewaltsamen Bestrafungsaktionen sanktioniert waren. V. Wiese spricht, wiederum anspielend auf Humboldt, von der systematischen Zerfetzung des "anlagemäßigen Individualitätsgefühls" (a.a.O.). Diese Verhältnisse der Herrschaft Älterer über Jüngere setzt sich in den Studentenverbindungen fort. Die Satisfaktionsfähigkeit der Studenten war gewährleistet, wenn sie während ihres Freiwilligenjahres Mitglieder studentischer Verbindungen blieben. Diese Studenten wurden auch für die Ersatzreserve vorgezogen. Dagegen hatten die Mitglieder katholischer Studentenverbindungen größte Mühe, ein Offizierspatent als Reservisten zu erlangen, da für Katholiken Duellverbot galt (note 18).

---

[38] So Curtius, Ludwig, *Deutsche und Antike Welt. Lebenserinnerungen*, DVA Stgt 1950 : 319/320.

[39] Vgl. Robert Minder, *Kadettenhaus, Gruppendynamik und Stilwandel von Wildenbruch bis Rilke und Musil*, in *Kultur und Literatur in Deutschland und Frankreich*, Insel Vlg., Ffm, 1962 (1977²), 76 – 95.

[40] V. Wiese und Kaiserswaldau, Leopold, *Kadettenjahre* (1924¹) Langewiesche Vlg., Mü 1981 : 79.

[41] Vgl. Helmut Lethen, *Verhaltenslehren der Kälte. Lebensversuche zwischen den Kriegen*, Suhrkamp Vlg, Ffm 1994 : 79.

III : Die nichtintegrierte Gesellschaft der Weimarer Republik

Die "satisfaktionsfähige Gesellschaft" des vergangenen Kaiserreichs verlor ihr integrierendes Zentrum und zerfiel. Zurück blieb die auf 100.000 Mann reduzierte Armee und eine große Zahl frei flottierender Wehrverbände, deren Aktivitäten erst nach dem Ende der Inflation aufgrund der ausbleibenden privaten oder halbamtlichen finanziellen Unterstützung abebbte. Es formierte sich dagegen kein starkes, innerlich souveränes Wirtschaftsbürgertum, sondern nur ein politisches Bürgertum, das zusammen mit den im Kaiserreich unterdrückten Gruppen von Sozialdemokraten und Katholiken jene inhomogene Weimarer Koalition bildete, die die demokratisch-zivile Neuordnung vertrat. Mommsen schreibt dazu : "Der einzige Ansatz zu einer Neuformierung des bürgerlichen Parteienfeldes bestand in der von Theodor Wolff, dem Herausgeber des Berliner 'Tageblatts' und Alfred Weber, dem jüngeren Bruder Max Webers, am 15. November 1918 ergriffenen Initiative zur Gründung der Deutschen Demokratischen Partei, die sich zum Ziel setzte, eine breite Sammlungsbewegung des fortschrittlichen Bürgertums unter Einbeziehung von Teilen der Arbeiterschaft ins Leben zu rufen"[42]. Die DDP blieb jedoch stets eine kleine Partei, deren Mitglieder alle, wie Alfred Weber - ganz anders als sein Bruder Max -, dem kriegerischen Typus der satisfaktionsfähigen Gesellschaft fernstanden. Ihr gelang es nicht, ein breites Wählerpotential zu gewinnen.

Daß die demokratisch-zivile Gesellschaft, die diese Koalition zu festigen versuchte, immer wieder unter das Störfeuer der Vertreter der "preußisch-deutschen Machtstaatstradition" (Mommsen 1990 :102) in und außerhalb des Staatsapparates geriet, die nicht nur den Versailler, sondern auch den inneren Frieden verweigerte, gehörte zur Problemlage der Republik seit ihrer Entstehung. Denn nach einer Phase, in der sie sich zu festigen schien, kam mit der Wirtschaftskrise eine erneute Erschütterung, die zu ihrer Diskreditierung führte. Im Folgenden werde ich am Beispiel der Besonderheiten der Armee und der ökonomischen Entwicklung diese unterschiedlichen Phasen skizzieren.

Die konstituierende Phase : Abschließung nach Westen, Öffnung nach Osten

„Die germanischsprachigen Stämme fanden sich eingebettet zwischen Völkerschaften, deren Sprache ein Abkömmling des Lateinischen war, und östlichen Völkerschaften mit slawischen Muttersprachen" (Elias GS 11 : 9). Diese Mittellage, die bedingte, dass das Siedlungsgebiet der Deutschen an seinen Grenzen stets umkämpft gewesen war, macht Elias u. a. für den kriegerischen deutschen Habitus verantwortlich. Tatsächlich spielte diese Einbettung zwischen Ost und West während der Zeit der Weimarer Republik eine zentrale, meist völlig unterschätzte Rolle. Die Frage der Verwestlichung

[42] Mommsen, Hans, *Die verspielte Freiheit. Der Weg der Republik von Weimar in den Untergang*, Propyläen Vlg. Ullstein, Ffm., Bln., 1990 : 77, f.

hatte sich für die große Mehrheit der Deutschen durch den Versailler Vertrag moralisch erledigt – das Fenster nach Westen war aufgrund der Friedensbedingungen und der daraus folgenden Isolation durch die Alliierten geschlossen. Das machte sich nicht nur in der Volkswirtschaft, sondern ebenso auch in den Wissenschaften bemerkbar, weil die Auslandsbeziehungen unterbrochen waren und nur mit Mühe nach dem Locarno-Vertrag an wenigen Orten wie z.B. in Heidelberg wieder in Gang kamen, nachdem dort der akademische Austauschdienst gegründet worden war. Diese Abschließung aber führte notwendig zu einer diplomatischen und ökonomischen Orientierung nach Osten, wo das sowjetische Rußland ein ebenso isoliertes Dasein auf der diplomatischen Bühne führte.

Die ersten Annäherungen kamen schon kurz nach dem Versailler Vertrag zustande, als die alliierten Mächte eine Blockade über Rußland verhängten, um dem Bolschewismus den Garaus zu machen. Deutschland wurde aufgefordert sich daran zu beteiligen, aber die Regierung lehnte ab und im Reichstag fand sich eine geschlossene Front, die diese Ablehnung unterstützte. Carr schrieb dazu : „Die erste Gelegenheit seit Versailles, bei der die deutsche Regierung es gewagt hatte, eine alliierte Forderung offen zurückzuweisen, (betraf) eine russische Angelegenheit" (Carr 1954 :68).

Handel und Industrie. Waren die Handelsfirmen anfangs vorsichtig, mussten sie doch mit Prozessen um Ansprüche und Forderungen von enteigneten Exilrussen rechnen, so löste sich dieses Zögern, als das anglo-russische Handelsabkommen gezeigt hatte, dass Russland auch von einem der Alliierten als Handelspartner akzeptiert wurde. Am 6. Mai 1921 wurde das erste deutsch-sowjetische Handelsabkommen unterzeichnet, in dem das Außenhandelsmonopol der Sowjetregierung voll anerkannt wurde. Die deutsche Seite verpflichtete sich darin, keinerlei Beziehungen zu irgendwelchen „weißen" Emigrantenorganisationen zu pflegen. Immerhin hatte Rußland vor 1914 fast die Hälfte seiner Einfuhr aus Deutschland bezogen (nämlich 47%), was zwar für Deutschland zu jener Zeit nur 8,7 % seiner Ausfuhr bedeutete, aber da der deutsche Zugang zu überseeischen und zu den Märkten der Alliierten verschlossen oder stark eingeschränkt war, stieg die Bedeutung des russischen Marktes. Der deutschen Schwerindustrie waren die westlichen Märkte weggebrochen, während sich Rußland in der Phase des Aufbaus einer Industrie befand und hohen Bedarf an Investitionsgütern der Schwerindustrie hatte. Hugo Stinnes, der Repräsentant der Schwerindustrie, gehörte zu den ersten, die an diesem Markt besonderes Interesse zeigten, und sein Sprecher war zu dieser Zeit niemand anders als der spätere Reichskanzler und Reichsaußenminister Stresemann. Es entstanden die ersten deutsch-russischen Gesellschaften für Transportwesen, Luftverkehr und Eisenhandel, die von den beteiligten deutschen Konzernen mit Krediten ausgestattet wurden. Im Dezember 1922 wurde im auswärtigen Ausschuss des Reichstags bekannt, dass

Konzessionen nicht nur mit der Stinnes-Gruppe, sondern mit weiteren zweiundzwanzig deutschen Firmen unterzeichnet worden waren. Deutschland hatte Ende des Jahres England bereits überholt und stand an erster Stelle in der Außenhandelsstatistik der Sowjetunion.

Lagen also die Interessen der Schwerindustrie im Osten, so hatte die verarbeitende Industrie sowohl im Westen wie im Osten Interessen. Der Vertreter der verarbeitenden Industrie, Walther Rathenau, schloss im Jahr 1921 in seiner Eigenschaft als Minister für Wiederaufbau in der Regierung Wirth ein deutsch-französisches Handelsabkommen, das auf französischer Seite der Industrielle und Politiker Loucheur unterzeichnete. Die weitreichende Absicht dieses Vertrages, das Reparationsproblem durch Industriepartnerschaft zu lösen, erreichte dieser Vertrag zwar nicht, aber es war ein Signal für die Vorbereitungen jener gesamteuropäischen Konferenz von Finanzleuten, Politiker und Industriellen, die sich ein Jahr später in Genua trafen, um den Wiederaufbau Europas in die Wege zu leiten. Die Konferenz von Genua erwies sich als ausschlaggebend für den weiteren Kurs der deutschen Regierungen. Den westlichen Vertretern schwebte ein Modell vor, bei dem die Deutschen in Rußand industrielle Schwerpunkte aufbauen würden und Rußland dafür Rohstoffe liefert, die Deutschland zur Abtragung der Reparationslast verwenden könnte. Dieses Dreiecksgeschäft jedoch fand weder die Zustimmung Rußlands, das sich als „industrielle Kolonie" behandelt fühlte, noch der deutschen Schwerindustrie, die keine Einmischung der Alliierten in ihre direkten Beziehungen mit Rußland wünschten.

Stattdessen besann sich bald sogar Rathenau, der zunächst die Rückwirkungen einer Verstrickung mit dem Osten auf die Westmächte befürchtet hatte, auf die besondere Rolle, die Rußland für Deutschland hatte. Nach der Teilung Oberschlesiens durch einen Völkerbundsbeschluss am 12. Oktober 1921, die als ungerecht empfunden wurde, schwoll die antiwestliche Stimmung erneut stark an. In dieser Stimmungswelle wurde der als Antibolschewist bekannte Leiter der Ostabteilung im Auswärtigen Amt, Berendt, abgelöst durch Baron Ago von Maltzan, der als überzeugter Ostanhänger galt (Carr :83). Die Times berichtete einen Tag nach dem Beschluss des Völkerbundes, dass man davon ausgehe, dass die deutsch-sowjetischen Handelsbeziehungen auch zu einer politischen Verständigung führen würden.

Rathenau hatte die Hoffnungen auf ein Abkommen mit den Alliierten noch nicht aufgegeben, als der sowjetische Außenminister Tschitscherin begann, mit den Alliierten über eine mögliche Schuldenregelung zu sprechen : Die Frage deutscher Reparationenzahlungen an Rußland war im Versailler Vertrag offen gelassen worden. Die Aussicht auf eine weitere Reparationsforderung brachte bei Rathenau den gewünschten Erfolg : Am 16. April, dem Ostersonntag 1922 boten die Russen der deutschen Delegation die Fortsetzung der Verhandlungen über einen deutsch-sowjetischen Vertrag an, die durch Rathenaus Zögern bereits seit längerem ins Stocken geraten waren. Rathenau war nun bereit, und nach dem Füllen der letzten Lücken des Entwurfs wurde der deutsch-sowjetische Vertrag in Rapallo unterzeichnet. Das Modell der Genuakonferenz war damit unterlaufen, die Absicht der Alliierten gescheitert.

Armee. „Die Armee hatte durch den Westen eine Niederlage erlitten, und ihre Ehre verlangte, dass diese Niederlage gerächt werde. In diesem Punkt dachten alle gleich. Selbst Offiziere, die sich für die Vernichtung des Bolschewismus einsetzten, sahen die Überwindung des sowjetischen Regimes nur als Vorbedingung für das deutsch-russische Bündnis, das Deutschland in die Lage versetzen würde, gegen den Westen zu wenden. Der vorsichtige Seeckt bezeichnete 1919 „einen Krieg gegen den Westen im Bündnis mit dem Osten als eine „zwingende Notwendigkeit" (Carr :105). Im Hintergrund des Rapalloabkommens stand also das Interesse des Bündnisses der Schwerindustrie mit der Reichswehr, die bereits 1919 erste Kontakte nach Rußland geknüpft hatte. Im Winter 1920/21 wurde im Kriegsministerium eine Arbeitsgruppe Rußland eingerichtet, die Verhandlungen über die Errichtung deutscher Rüstungsfirmen in Rußland führte – Junkers und die Albatroswerke planten die Flugzeugherstellung, Blohm & Voß den Bau von Unterseebooten und Krupp plante Munitionsbetriebe. Hans von Seeckt, Chef der Reichswehr, hatte diese Planungen nicht nur vor den Alliierten, sondern zunächst auch vor der deutschen Regierung geheim gehalten, die Verhandlungen fanden in Privatwohnungen, meistens bei von Schleicher statt. Als Seeckt schließlich Reichskanzler Wirth darüber informierte, fand er in ihm einen hilfreichen Vertreter der Idee eines deutsch-russischen Bündnisses, der den deutschen Firmen, die sich an der für diese Zwecke eingerichteten Mantelfirma GEFU beteiligten, mit einem staatlichen Fonds von 75 Mio Reichsmark ausstattete (Carr :80).

Erste deutsche Offiziere und Ingenieure gingen 1922 nach Sowjetrußland.

Diese Verträge über den Bau von Rüstungsbetrieben standen zweifellos im Widerspruch zum Versailler Vertrag und wurden deshalb stets verleugnet: Dem britischen Botschafter wurden „formelle und ausdrückliche Zusicherungen gegeben, daß das Thema militärischer Vorbereitungen niemals zwischen Deutschen und Russen erörtert worden ist", und auch dem Reichstag berichtete Wirth, dass „der Vertrag von Rapallo kein politisches oder militärisches Geheimabkommen enthält"(Carr :88).

Außer bei einer Reihe von antirussisch orientierten Sozialdemokraten und auf seiten kreuzzüglerischer Antibolschewisten wie der Generäle Ludendorff und Hoffmann, exzentrischer Industrieller und Hitlers, der gerade ins politische Leben eintrat, gab es keine Opposition gegen den Rußlandvertrag.

Damit gewann die deutsche Regierung eine neue Handlungsfreiheit zwischen Ost und West, aus der völligen Abhängigkeit vom Westen, in die sie durch den Versailler Vertrag geraten war, hatte sie sich durch die Verträge mit

Rußland herauslösen können und schaute jetzt mehr nach Osten, als nach Westen. Die Gemeinsamkeit der politischen Marginalität der beiden Staaten hatte sie dazu genutzt, und eine politische Mittellage erlangt, die die Vorteile der geographischen Mittellage in diplomatisches Gewicht ummünzte.

Zwar kam es immer wieder zu Störungen, solange die Komintern noch Versuche förderte, die deutschen Arbeiter zur Revolution anzustacheln. Aber als nach den niedergeschlagenen Aufständen in Sachsen 1923 sich die Enttäuschung über das Scheitern der Deutschen an der Revolution zu der Überzeugung wandelte, dass Sowjetrußland eine realistische Außenpolitik betreiben müsse, verschwanden diese Irritationen, und es kam zu einer stabileren Zusammenarbeit auf militärischem und wirtschaftlichem Gebiet.

Die zweite Phase 1924 - 1929

Die Westmächte ließen freilich nicht ab von Versuchen, Deutschland enger an sich zu binden. Die Dawesanleihe und die nachfolgenden amerikanischen Investitionen gehörten zu diesen Versuchen, mit denen einerseits die Schwächen des Versailler Vertrags übertüncht und seine Undurchführbarkeit noch einmal verdeckt werden sollte. Doch gerade diese Anleihen waren es, die die Bedingungen für die Katastrophe bereit stellten. Denn zwar konnte die deutsche Wirtschaft durch die ausländischen Investitionen auf ihrer bisherigen Basis gehalten werden, aber die Unzugänglichkeit der ausländischen Märkte führte dazu, dass die Nachfrage aus dem öffentlichen Sektor kam : Das Geld floss großenteils in kommunale Bauprojekte, und wir verdanken diesem amerikanischen Geldstrom eine Reihe heute noch berühmter und bedeutender Sozialsiedlungen und Wohnbauexperimente. Aber als der Ausbruch der Weltwirtschaftkrise von 1929 die amerikanischen Geldströme abrupt unterbrach, kam auch dieser Boom mit all seinen Nebenwirkungen zu einem Ende.

Die Armee war nicht bereit, sich in das vom Versailler Vertrag vorgegebene und als selbst für eine Mittelmacht zu eng empfundene Bett zwingen zu lassen. Nicht nur diejenigen, die sich in ihrer Ehre durch das Friedensdiktat verletzt fühlten, sondern auch nüchterne Technokraten, wie Seeckt, denen es um die Entwicklung der Waffentechnik ging, sahen in der Zusammenarbeit mit Rußland eine Korrekturmöglichkeit.

So orientierten sich die beiden stärksten Kräfte in Deutschland nach Osten, und die deutsche Außenpolitik nutzte diese Kräfte, um zwischen den Mächten die Balance zu halten. Die Verhandlungen über den Locarno-Pakt mit Frankreich wurden von einem weiteren deutsch-russischen Vertrag begleitet, der vier Tage vor Unterzeichnung des Locarno-Vertrags unterzeichnet wurde und ein Eisenbahn- und Schiffahrtsabkommen sowie eine Steuervereinbarung enthielt.

Am 24. April 1926 wurde sogar ein Pakt über die Verpflichtung zur Neutralität im Falle eines Angriffs oder Handelsboykotts gegen eine der beiden Mächte unterzeichnet, und damit die Bismarcksche Tradition des

Rückversicherungsvertrags wieder aufgenommen, die von Wilhelm dem II. so folgenreich vernachlässigt worden war.

Seeckt hatte den Vorteil, daß er nicht zum engeren Kreis von Ludendorff und Hindenburg gehörte hatte. Er verkörperte einen Typus, den die Zivilregierung bis dahin von den preußischen Militärs nicht gewohnt war : Ein Mann mit glatten Manieren, diplomatischem Takt und Kunstverständnis, ganz der Gegensatz zu den despotischen Schroffheit der Ludendorffs und Hindenburgs. Er galt in den Kreisen um Hindenburg als „roter General", aber mit diesem Habitus konnte er das Mißtrauen der Zivilen vermeiden[43]. Seeckt hatte den preußischen General Scharnhorst als Vorbild, dem es gelungen war, die napoleonischen Demobilisierungsforderungen von 1806 zu umgehen und ein „schwarzes Heer" aufzubauen, das die Wende im Krieg gegen Napoleon herbeiführte. Seeckt schickte die Offiziere des deutschen Heeres zu Übungen und zur Aus- und Fortbildung in technische Abteilungen der Heere befreundeter Staaten, nach Japan, China und Südamerika, und ließ sie in Rußland und in den baltischen Staaten im Einsatz von Panzern schulen. Es gab illegale Organisationen, in denen sich Teile der demobilisierten Armee auch in Deutschland selbst schulen ließen, die zu ständigen Klagen der Alliierten Kontrollkommission führte. Seeckt musste 1926 zurücktreten, weil er dem ältesten Sohn des Kronprinzen erlaubt hatte, an einer Herbstübung teilzunehmen. Aber, so Hart, die zentralen Elemente der Heeresführung, die er in einem Handbuch niedergelegt hatte – Beweglichkeit statt Stellungskrieg, Ausbau der Rolle der Nachrichtendienste und Vorrang der technischen Kompetenzen im Rahmen einer Armee, die vorwiegend aus Berufssoldaten bestehen sollte, prägte seither die Armee. Seeckt setzte sich für militärische Ausbildungskurse für alle Jugendlichen ein zur Stärkung der körperlichen und geistigen Disziplinierung und entgegen den Bestimmungen des Versailler Vertrags forderte er sogar öffentlich die Schaffung einer Luftwaffe.

Die Wirtschaftskrise und das Ende des demokratischen Experiments

Nach dem Ausbruch der Weltwirtschaftkrise waren die beiden Länder mehr denn je aufeinander angewiesen : Deutschland brauchte die Sowjetunion, die mitten in der Industrialisierung steckte, mehr denn je als Markt für ihre schrumpfende Ausfuhr, und die Sowjetunion bedurfte der Erzeugnisse der deutschen Schwerindustrie für die Erfüllung ihrer Wirtschaftspläne : Im Vergleich zum übrigen Welthandel zeigte der deutsch-sowjetische Handel tatsächlich wesentlich geringere Einbußen. Das Verhältnis verschlechterte sich jedoch durch sich anbahnende Öffnung der Sowjetunion nach Frankreich und zum polnischen Nachbarn hin, die von der deutschen Seite als Störung aufgefasst wurden. Zwar gab Stalin dem deutschen Schriftsteller Emil Ludwig im Dezember 1931 noch ein Interview, in dem er den Pakt mit Polen mit dem

---

[43] Vgl. Lidell Hart, *Die Strategie einer Diktatur. Aufstieg und Fall deutscher Generäle,* Vlg Amstutz, Herdeg & Co,Zürich, 1949, 19/20.

Rapallovertrag verglich, aber das wirkte keineswegs beruhigend. Zum zehnten Jahrestag des Rapallovertrags schlug Litwinow, der russische Außenminister und Nachfolger Tschitscherins ein gemeinsames Bankett vor. Brüning nahm den Vorschlag an, verzichtete aber auf öffentliche Reden und brachte dadurch Litwinow dazu, der deutschen Presse ein Interview „voll stachliger Kommentare" zu geben (Carr :135).

Das Ende der Freundschaft bahnte sich an, als Deutschland mit der Löschung der Reparationen im Lausanner Abkommen keinen Zwang zur Orientierung nach Osten mehr verspürte. Der bald darauf folgende russisch-französische und der russisch-polnische Nichtangriffspakt besiegelte die Phase der engen Verbindung schließlich, und der General im Ruhestand Hans von Seeckt schrieb 1932 in einer Broschüre, Deutschland habe Rußland ohne Not in die Arme Frankreichs getrieben, und prophezeite, dass Deutschland, „wenn es Rußland die kalte Schulter zeige, eines Tages Polen an der Oder haben werde" (Carr :136).

Die Wirtschaftskrise löste die vorübergehend optimistische Grundstimmung rasch wieder auf. Hitlers bis dahin kaum beachtete Nationalsozialistische Partei kam in den Septemberwahlen zum Reichstagswahlen 1930 von 7 auf 105 Sitze. Damit fiel ihr sofort die Aufmerksamkeit nicht nur der erschreckten Welt zu, sondern auch der Industrie, die sich für ihn zu interessieren begann. Im Juli 1932 kamen die Nationalsozialisten sogar auf 230 Sitze. Das Erschrecken war noch größer, aber bemerkenswerter noch war, wie sich „ein entsprechender Haltungswechsel unter den Anhängern aller Rechtsparteien vollzog. Sie waren nun nicht mehr, wie noch unter Stresemann, bereit, das Spiel der parlamentarischen Demokratie zu spielen, an das sie niemals geglaubt hatten. Sie neigten der einzigen Partei zu, die offen forderte, sie zu zerstören. Die Rechte begann auseinanderzubröckeln, besonders Stresemanns Volkspartei verfiel nach seinem Tode im Oktober 1929". Die Stimmen fielen nun großenteils Hitler zu, der politische Handel zwischen Hitler und dem Pressemagnaten Hugenberg förderte diese Entwicklung ebenso wie die Subventionen aus Industriellen- und Finanzkreisen. „Die Umrisse der herannahenden Revolution zeichneten sich ab. Sie wurden nur nicht verstanden, weil Deutschland und die Welt von der Vorstellung besessen war, daß Revolutionen immer von links her erfolgten" (Carr : 136,f.).

Hätte eine Vereinigung der beiden „linken" Parteien, der KPD und der SPD diese Entwicklung verhindern können ? Diese These ist vielfach vertreten worden, aber angesichts der geschilderten entgegengesetzten Haltungen der streng westlich orientierten SPD und der an Moskau orientierten KPD gänzlich unrealistisch. Hinzu kommt ein weiterer Aspekt des Habitus der Mitglieder der Parteien : Die entscheidende Tatsache war, daß Hitler selbst bereit war, wenn nötig Gewalt anzuwenden um die Weimarer Republik zu stürzen. Keine Partei, welche nicht darauf vorbereitet war, zur Gewalt zu schreiten, zählte daher noch in der deutschen Politik." Was Carr hier schreibt, wird von Elias selbst in seinem Interview anschaulich unterstrichen: „Mir ist noch lebhaft im Gedächtnis, wie ich eines Tages zu einer Gewerkschaft ging, um dort meine Einschätzung der Lage vorzutragen. Ich wies darauf hin, daß allmählich die Privatarmeen wichtiger würden, als die Parlamentswahlen. Und ich beschloß mein kleines Referat, etwas dramatisch, mit der Frage : ‚Meine Herren, welche Vorkehrungen haben Sie getroffen, um dieses schöne Gewerkschaftshaus zu verteidigen, wenn Sie angegriffen werden ?' Die Antwort war tiefes Schweigen. Natürlich wußte ich, warum, und sie sagten es dann auch : Sie hätten nie an eine solche Eventualität gedacht." Und Elias schließt mit der Bemerkung : „Das vermittelt Ihnen vielleicht einen Eindruck von der ganzen Situation" (Elias GS17 :237).

Ob tatsächlich ein Sprecher der Sozialdemokraten im Herbst 1932, als die Kommunisten ihre Sitze im Reichstag von 89 auf 100 vermehren konnten, während die Sozialdemokraten von 143 auf 121 Sitze zurückfielen, den Sowjetbotschafter aufgesucht hat, um ihn zur Förderung des Zusammengehens zwischen Kommunisten und Sozialdemokraten aufzufordern, und mit diesem Begehr abgelehnt worden war, ist nicht belegt. Aber selbst wenn die deutschen Sozialdemokraten und Kommunisten im Land und im Reichstag eine Einheitsfront gebildet hätten, durch ihre negative Einstellung zur Gewalt, die seit dem Scheitern der Aufstände auch bei den Kommunisten durchgesetzt war, waren sie auf einen Bürgerkrieg nicht eingestellt.

Das Ende des Vertrauens und das Ende der Republik

Deutschland war äußerlich vom Krieg unzerstört geblieben, und es bestand keine Notwendigkeit eines allgemeinen Neuaufbaus wie nach dem Zweiten Weltkrieg. Zur "Urerfahrung" der Weimarer Republik wurde nicht das Gemeinschaftswerk eines Wiederaufbaus, sondern die zerstörerische große Inflation von 1923. Die Anfangszeit der Republik begann also mit einem Scheitern : In der Inflation des Jahres 1923 wurde das Geld entwertet, und damit dem Tauschverkehr einer zivilen Marktgesellschaft der Boden entzogen. Die Ursachen dieser Inflation wurden stets mit den Reparationsforderungen der Alliierten in Verbindung gebracht : "Das gilt nicht nur für Äußerungen auf der politischen Bühne, sondern auch für die zeitgenössische Debatte der Wissenschaftler über die Ursachen der Inflation"[44].

Die Rolle, die Versailles und die Reparationen in den politischen Debatten für das Selbstgefühl der Deutschen als ungerecht behandelter Nation spielten, ist kaum zu überschätzen. Die Inflation vernichtete vor allem das Vermögen der Sparer und der oberen Einkommensschichten der Rentiers, und damit auch einen Kapitalstock, der zur Finanzierung von Unternehmen die Grundlage hätte bilden müssen. Zwar folgte der Inflation das "Wunder der Rentenmark" und unter der amerikanischen Devise "business no politics" wurde der Dawes-

[44] Holtfrerich, Carl-Ludwig, *Die deutsche Inflation 1914 – 1923. Ursachen und Folgen in internationaler Perspektive*, Walter de Gruyter Vlg., Bln/NY 1980 : 136.

Plan der Beginn eines starken Aufschwungs, doch damit wuchs auch die Abhängigkeit vom amerikanischen Kapital. Daß die Republik während des kurzen Booms der "goldenen Jahre" politisch am wenigsten gefährdet war, hat auch in Kunst und Wissenschaft seinen Ausdruck gefunden. Doch die Blüte hielt nicht an. Der "Schwarze Freitag" an der New Yorker Börse führte zu Kapitalausfällen und machte dem Boom ein Ende. Der Abzug des ausländischen Kapitals machte deutlich, auf welch schwachen Fundamenten die Wirtschaft der Republik nach dem Versailler Vertrag errichtet worden war. In der großen Wirtschaftskrise wurde das zwischenzeitlich erworbene Vertrauen in das demokratische System wieder zerstört. Mit dem Ausbruch der Großen Depression und der rasanten Schrumpfung des Welthandels kehrte der Isolationismus schlagartig zurück und begünstigte den Übergang zum Nationalsozialismus. Der Epochenwechsel von einer Krieger- zu einer Zivilgesellschaft mißlang. Es entstand keine demokratisch-zivile Republik, in der eine kulturelle Atmosphäre von nationaler Aussöhnung mit Frankreich sich hätte entfalten können.

Reiner Marcowitz*

Geschichte eines (vor-)programmierten Scheiterns ? Norbert Elias' Interpretation der Weimarer Republik

In verschiedenen Passagen, die über das ganze Buch verteilt sind, sowie in zwei « Anhängen » – betitelt : « Kriegsbejahende Literatur der Weimarer Republik (Ernst Jünger) » und « Die Zersetzung des staatlichen Gewaltmonopols in der Weimarer Republik » – zum dritten Teil seiner « Studien über die Deutschen » – überschrieben : « Zivilisation und Gewalt. *Über das Staatsmonopol der körperlichen Gewalt und seine Durchbrechungen* » – untersucht Norbert Elias das Ende der Weimarer Republik[1]. In gewisser Weise sind diese Ausführungen der Kern des Buches, denn Elias will die Entstehung des « Dritten Reichs » 1933 als dem entscheidenden « Entzivilisierungsschub » in der deutschen Geschichte ergründen, also « verständlich [...] machen, wie es zum Aufstieg des Nationalsozialismus und so auch zum Krieg, zu Konzentrationslagern und zum Auseinanderbrechen des früheren Deutschland in zwei Staaten kam »[2]. Das « Dritte Reich » aber entstand aus der Weimarer Republik, ja sogar gewissermaßen in ihr durch die Gründung und Erstarkung der Nationalsozialistischen Deutschen Arbeiterpartei (NSDAP). Obwohl Elias durchaus den « langfristigen deutschen Staatsbildungsprozess » in den Blick nimmt, den er als ursächlich für die Entstehung « des nationalen Habitus der Deutschen » und damit auch für den Sieg der Nationalsozialisten ansieht, gilt für ihn doch auch, dass die Geschichte der Weimarer Republik letztlich nur eine Vorgeschichte des « Dritten Reichs » ist. Beide Prämissen und ihre Begründung sollen im Folgenden in drei Schritten erörtert werden. Erstens wird Elias' generelle Sicht auf die deutsche Geschichte präsentiert (I), dann seine Deutung der Weimarer Republik analysiert (II) und schließlich sein spezifischer Blickwinkel untersucht (III).

I.

Für Norbert Elias ist Deutschland vor allem ein verspäteter Nationalstaat. Mehr noch : Über Jahrhunderte seien die Deutschen aufgrund der deutschen Vielstaatlichkeit und ihrer daraus resultierenden machtpolitischen Schwäche mehr Objekt als Subjekt ihrer Geschichte gewesen, ein Spielball auswärtiger Mächte, zunehmend schwächer und dauernd unterlegen gegenüber den sich formierenden Territorial- und schließlich auch Nationalstaaten vor allem im Westen, aber letztlich auch im Osten : Frankreich, Großbritannien und

---

* Professeur de civilisation allemande à l'Université Paul Verlaine – Metz, UFR Lettres et Langues, Île du Saulcy, F-57045 Metz Cedex 05, reiner.marcowitz@univ-metz.fr

[1] Norbert Elias : *Studien über die Deutschen.* Machtkämpfe und Habitusentwicklung im 19. und 20. Jahrhundert, Frankfurt : Suhrkamp 1992, S. 14f., 240-261, 274-294, 412-418.

[2] *Ibid.* S. 7. Dort auch die beiden folgenden Zitate.

Russland. Aus der Erfahrung « der deutschen Geschichte als einer Geschichte des Niedergangs »[3] resultieren für ihn ein stetes Minderwertigkeitsgefühl, eine dauernde Unsicherheit, ja sogar das permanente Gefühl einer latenten oder sogar manifesten Bedrohung. Dem Ungenügen des Hier und Heute habe spiegelbildlich die Suche nach einem tatsächlichen oder vermeintlichen Ideal einschließlich jenem der nationalen Einheit unter einer starken Führung entsprochen. Die Gründung des Deutschen Kaiserreichs 1871 führte dann Elias zufolge gemäß « dem Pendelschwung nach der anderen Seite vom Extrem der Erniedrigung zum Extrem der Erhöhung », das sich nun im Willen zur kontinentalen, wenn nicht sogar globalen Vorherrschaft, kulminierend in der ultimativen Forderung nach einem « Platz an der Sonne », äußerte. Aus dieser historischen Erfahrung und Wahrnehmung zunächst des eigenen Ungenügens und der subjektiv empfundenen Gefährdung, dann der militärisch erkämpften neuen Größe erwuchs für Elias auch die mentale Disposition der Deutschen, ihre ausgeprägte Obrigkeitsgläubigkeit, ihre bereitwillige Unterwerfung unter formale Autoritäten, ihre starke Wertschätzung alles Militärischen. Nicht ein aufstrebendes Bürgertum, sondern der standesbewusste Adel, « die Gesellschaft der Satisfaktionsfähigen »[4], habe dementsprechend bis 1918 auch den Ton angegeben. Statt politischem Partizipationswillen dominierten die Bereitschaft zur politischen Unterordnung sowie die Wahrnehmung, das trotz aller Widerstände legitim Erreichte gegen eine vermeintlich feindliche Umwelt dauernd verteidigen zu müssen.

Zweifelhaft erfasst Elias' Interpretation der deutschen Geschichte wesentliche Merkmale der deutschen Entwicklung, aber auch der deutschen Mentalität – oder in seiner Diktion, des deutschen Habitus : autoritäre ebenso wie schwärmerische Züge, ein Hang zum Unbedingten, latente Inferioritätskomplexe, die leicht in Überheblichkeit und Dominanzbestrebungen umschlagen konnten. Die Schwäche seiner Deutung ist indes die aller Großtheorien : Sie verallgemeinert und vergröbert. Summa summarum entspricht seine Interpretation deutscher Geschichte der klassischen Sonderwegtheorie, die nach 1945 entstand und der zufolge sich Deutschlands Weg insbesondere seit dem 19. Jahrhundert nachhaltig negativ von dem anderer Staaten unterschieden habe[5] : Späte Nationalstaatsbildung, verpasste Demokratisierung und Parlamentarisierung wegen der andauernden gesellschaftlichen Dominanz traditioneller adliger Eliten sowie schließlich daraus resultierende ideologische Gegensätze zu den westeuropäischen Nachbarn und später auch den USA – westliche « Ideen von 1789 » vs.

---

[3] *Ibid.* S. 446.

[4] *Ibid.* S. 242.

[5] Hans-Peter Ullmann : *Politik im deutschen Kaiserreich 1871-1918*, München : Oldenbourg ²2005, S. 53-62 ; Ewald Frie : *Das Deutsche Kaiserreich*, Darmstadt : Wissenschaftliche Buchgesellschaft 2004, S. 108-117.

deutsche « Ideen von 1914 » – hätten bereits den Ersten Weltkrieg provoziert und wären schließlich in der Katastrophe des « Dritten Reichs » und des Zweiten Weltkriegs kulminiert.

Dieser Deutung steht die Geschichtswissenschaft heute skeptisch gegenüber : Erstens lässt sich der im Umkehrschluss unterstellte « Normalweg » allenfalls in Großbritannien und Frankreich, also auf einer für Generalisierungen untauglichen, weil zu schmalen empirischen Basis feststellen ; zudem wurden reale Entwicklungen in Westeuropa dabei oft unzulässig idealisiert. Zweitens unterschlägt diese Interpretation natürlich das demokratische Potential in der deutschen Geschichte auch während des zweiten Kaiserreichs, dessen starke Modernisierung und Reformfähigkeit bis hin zur stärkeren Parlamentarisierung – auch wenn diese schließlich erst im Oktober 1918, also viel zu spät, eintrat – sowie schließlich die kontingenten Faktoren der deutschen Entwicklung, die in den Ersten Weltkrieg und schließlich auch die nationalsozialistische Machtübernahme führten[6]. Drittens – und damit zusammenhängend – verkennen alle deterministischen Deutungen die prinzipielle Offenheit historischer Entwicklungen, sind letztlich also ahistorisch.

II.

Elias' Erklärung des Scheiterns der Weimarer Republik lässt sich auf drei Faktoren reduzieren : erstens verlorener Krieg, zweitens fehlgeschlagene Demokratisierung und schließlich - entscheidend - drittens fehlendes Gewaltmonopol des Staates von Beginn an aufgrund gewalttätiger ideologischer Gruppenbildungen nach dem Vorbild der Russischen Revolution, die schließlich die bürgerkriegsähnliche Situation Ende der 1920er und Anfang der 1930er Jahre herbeiführte : « Letzten Endes scheiterte die Republik der Weimarer Periode an der strukturellen Schwäche ihres Gewaltmonopols und der zielbewussten Nutzung dieser Schwäche zur Zerstörung des parlamentarisch-republikanischen Regimes durch bürgerliche Organisationen, die sich mangels einer parlamentarischen Tradition durch dieses Regime benachteiligt fühlten »[7].

Alle drei sind weithin anerkannte Elemente der geschichtswissenschaftlichen Deutung der Weimarer Republik und ihres Untergangs[8] : Sicher boten

---

[6] Zu den kontingenten Faktoren des Ausbruchs des Ersten Weltkriegs vgl. Reiner Marcowitz : *Von der Diplomatiegeschichte zur Geschichte der Internationalen Beziehungen*, in : *Francia. Forschungen zur westeuropäischen Geschichte* 32/3 (2005), S. 75-100 (S. 91-96). Zur Kontingenz der Entwicklung der Weimarer Republik gerade in deren Endphase vgl. Ders. : *Weimarer Republik 1929 – 1933*, Darmstadt : Wissenschaftliche Buchgesellschaft ²2007.

[7] Elias : *Studien*, S. 294.

[8] Aus der Fülle der Literatur zur Republik von Weimar sei hier nur pars pro toto genannt : Eberhard Kolb, Die Weimarer Republik, München : Oldenbourg ⁶2002 ; Andreas Wirsching : *Die Weimarer Republik*. Politik und Gesellschaft, München : Oldenbourg 2000 ; Alfred Wahl :

institutionelle und konstitutionelle Geburtsschwächen der jungen Republik einen günstigen Nährboden für die finale Staatskrise Ende der zwanziger/Anfang der dreißiger Jahre des 20. Jahrhunderts. Überdies motivierten der alliierte Kriegsschuldvorwurf und die Reparationsforderungen der Siegermächte einen teilweise militanten Revisionismus, der nicht nur jede Einsicht in die eigene Schuld am Kriegsausbruch vermissen ließ, sondern sich auch leicht gegen die angeblich schwächliche Republik richten konnte, zumal diese von den eigentlichen militärischen Verantwortlichen für die Niederlage im Ersten Weltkrieg aus dem Kreis der ehemaligen 3. OHL frühzeitig mit der Dolchstoßlegende belastet wurde. Schließlich eskalierte die politische Auseinandersetzung seit Ende der 1920er Jahre zunehmend zur hemmungslosen Bekämpfung politisch Andersdenkender. Diese nahm im Zuge eines immer blutigeren Straßenkampfes zwischen unterschiedlichen paramilitärischen Gruppen – denen die Polizei oft genug unterlegen war – bald bürgerkriegsähnliche Züge an. Die innen- und außenpolitische Dauerkrise, in der die Weimarer Republik vor allem in den ersten Jahren ihrer Existenz steckte und in die sie schließlich gegen Ende wieder geriet, schufen fast ständig ein Klima latenter oder manifester « Friedlosigkeit »[9]. Dadurch wurden viele Menschen nie heimisch in der neuen Republik oder sie wurden ihr nach vorübergehender Akzeptanz Mitte der 1920er Jahre schon bald wieder entfremdet. Hinzu traten die latent antidemokratischen Denktraditionen, in denen ein größerer Teil der Bevölkerung – insbesondere auch in den politischen, militärischen und wirtschaftlichen Eliten – verharrte und die die politische Kultur vergifteten. Daher hatte die Weimarer Republik immer viele erklärte Feinde, aber nur wenige bedingungslose Freunde : In ihrer zeitgenössischen Bewertung « wurde das Ressentiment zu einem dominierenden Faktor »[10].

Allerdings stellt sich die Frage, ob die Erfassung wesentlicher historischer Faktoren bereits eine hinreichende Erklärung für eine komplexe geschichtliche Entwicklung ist. Völlig unterschlagen werden in Elias' Erklärung des Untergangs der Weimarer Republik deren positive Aspekte und glücklichere Phasen. Für die Jahre 1924 bis 1929 spricht man bekanntlich von der « Ära Stresemann ». Diese Jahre waren zwar längst nicht so « golden », wie das geflügelte Wort es suggeriert, doch sie bescherten der Republik nach den Wirren der ersten Nachkriegsjahre eine zumindest relative Stabilität und eine bemerkenswerte internationale Anerkennung. Nun zeigte sich zum ersten Mal,

---

L'Allemagne de 1918 à 1945, Paris : Armand Colin 2003 ; Heinrich August Winkler : *Weimar 1918 – 1933.* Die Geschichte der ersten deutschen Demokratie, München : C. H. Beck [4]2005 ; Marcowitz : *Weimarer Republik.*

9 Manfred Funke : *Die Republik der Friedlosigkeit.* Äußere und innere Belastungsfaktoren der Epoche von Weimar 1918-1933, in : *Aus Politik und Zeitgeschichte* B 32-33 (1994) S. 11-19.

10 Kolb : *Weimarer Republik*, S. 148.

dass der Gründungskompromiss der Weimarer Republik gelingen konnte : republikanische Staatsform mit starker Staatsspitze und marktwirtschaftliche Ordnung mit starken sozialen Elementen – und dass es Politiker wie eben Gustav Stresemann gab, die, ob nun aus Neigung oder « nur » aus Vernunft, zur demokratischen Republik standen[11].

Der Grund für die Verkürzung der historischen Wahrnehmung liegt in Elias' Perspektive : Seine Fokussierung auf Gründe für das Aufkommen des Nationalsozialismus und die Entstehung des « Dritten Reichs » lässt ihn die Weimarer Republik nur als eine zum Scheitern verdammte Übergangsepoche erscheinen. Das war die typische Perspektive der westdeutschen Nachkriegs-historiographie[12]. Dies erklärte sich nicht nur mit dem Wissen um die verhängnisvollen Folgen des Untergangs der ersten deutschen Demokratie – dem Aufkommen des Nationalsozialismus und der Geschichte des « Dritten Reiches » –, sondern auch aus dem verständlichen Wunsch nach 1945 heraus, aus der Vergangenheit lernen zu wollen, um sicherzustellen, dass sich Vergleichbares nicht wiederholt. Ein solcher rein negativer Bezug auf das Menetekel Weimarer Republik legitimierte vor allem in der alten Bundesrepublik Deutschland die Weimar-Forschung, die in ihrer Intensität allenfalls noch durch die Beschäftigung mit dem « Dritten Reich » übertroffen wurde. Für diese Richtung steht Karl Dietrich Brachers Studie « Die Auflösung der Weimarer Republik » von 1955[13], die auch insofern eine Pionierleistung darstellte, als ihr eine strukturgeschichtliche Methode zugrunde lag. Ihre umfassende Analyse der vielfältigen Belastungsfaktoren der Weimarer Republik, aber auch ihre konkrete Benennung der Verantwortlichkeit einzelner Persönlichkeiten und gesellschaftlicher Gruppen provozierten ebenso Kritik wie Zustimmung und befruchteten die Weimar-Forschung der folgenden Jahre.

In den 1960er und beginnenden 1970er Jahren verlagerte sich der Interessenschwerpunkt dann auf die Anfangsphase der ersten deutschen Republik als der Entstehungszeit jener strukturellen Defizite, die mittlerweile mitverantwortlich für das Scheitern gemacht wurden. Dabei wurde insbesondere die Frage kontrovers diskutiert, ob während und unmittelbar nach der Novemberrevolution Ende 1918/19 Chancen zur weiteren Demokratisierung durch eine stärkere Schwächung der alten Machteliten

---

[11] Zu Stresemann vgl. die Biographie von Christian Baechler : *Gustav Stresemann (1878-1929).* De l'impérialisme à la sécurité collective, Straßburg : Presses universitaires de Strasbourg 1996. Zum bereits zeitgenössischen Begriff des « Vernunftrepublikanismus » vgl. Andreas Wirsching / Jürgen Eder (Hg.) : *Vernunftrepublikanismus in der Weimarer Republik.* Politik, Literatur, Wissenschaft, Stuttgart : Franz Steiner Verlag 2008.

[12] Kolb : *Weimarer Republik*, S. 147-157 ; Wirsching : *Weimarer Republik*, S. 47-51 ; Marcowitz : *Weimarer Republik*, S. 135.

[13] Karl Dietrich Bracher : *Die Auflösung der Weimarer Republik*, Düsseldorf : Droste 1984 (EA Villingen 1955)

versäumt worden sind. Parallel zu diesen beiden großen Forschungssträngen lief die wissenschaftliche Aufarbeitung der mittleren Phase der Weimarer Republik – 1924 bis 1929 –, wobei die Geschichtswissenschaft in einer Vielzahl von Spezialstudien die nur relative « Stabilität » dieser Zeit betont hat. Überdies beschäftigt sich die Forschung seit den 1970er Jahren auch mit der Weimarer Kultur, den zahlreichen künstlerischen und wissenschaftlichen Spitzenleistungen ebenso wie der Ausbildung einer modernen « Massenkultur ». In den achtziger und neunziger Jahren des 20. Jahrhunderts rückte dann auch die Entwicklung der politischen Kultur – teilweise im europäischen Vergleich –, einschließlich der unter-schiedlichen sozialen Milieus innerhalb der deutschen Gesellschaft und der dementsprechend divergierenden Mentalitäten in den Blick. Kurzum : Heute herrscht in der Weimar-Geschichtsschreibung ein großer Methodenpluralismus, der kultur-, mentalitäts-, sozial- und wirtschafts- sowie politikgeschichtliche Ansätze umfasst, und ein Themenspektrum, das entsprechend breit gefächert ist.

Nun mag man Elias nachsehen, dass er noch ganz von der traditionellen Sicht auf die Weimarer Republik geprägt ist. Gravierender ist der Einwand, dass in seinem deterministischen Geschichtsmodell individuelle Verantwortlichkeiten völlig ausgeblendet werden. Die Endphase der Weimarer Republik kennzeichnet aber gerade eine unglückselige Verkettung von strukturellen Defiziten – des ökonomischen Systems, des parlamentarischen Betriebs und der politischen Kultur auch aufgrund mentaler Dispositionen bzw. eines spezifischen deutschen « Habitus » – mit dem Fehlverhalten oder dem Versagen einzelner[14] : Auslöser dieser finalen Krise der Weimarer Republik war die Weltwirtschaftskrise von 1929, beginnend mit dem New Yorker Börsenkrach vom 24. Oktober, der schließlich auch die europäischen Staaten, insbesondere jene in Westeuropa, erfasste. Die sozialen, auch psychosozialen Konsequenzen für jene, die von der einsetzenden Massenarbeitslosigkeit erfasst wurden, waren verheerend : persönliche Desorientierung, gesellschaftliche Fragmentierung und politische Radikalisierung. Alle drei gaben in Deutschland den extremen Republikgegnern von links und rechts Auftrieb, insbesondere den nationalsozialistischen Rattenfängern. Damit wuchs sich die weltweite ökonomische Krise hier Ende der 1920er/Anfang der 1930er Jahre zur umfassenden Staatskrise aus, deren Symptome die Delegitimierung des parlamentarischen Systems, ein damit einher gehendes Anwachsen extremistischer, fundamentaloppositioneller Kräfte von links und rechts sowie deren gewalttätiger Agitation und schließlich der schleichende Übergang von der Demokratie zur faktischen (Präsidial-) Diktatur waren.

---

[14] Zum Folgenden vgl. Marcowitz : *Weimarer Republik*, passim.

Betont werden muss aber auch, dass dieses Ende der Weimarer Republik keineswegs determiniert war und sich folglich nicht allein durch historische und mentale « Langfrist-Prozesse »[15] erklären lässt, wie Elias es versucht : Das parlamentarische System wurde nach dem Ersten Weltkrieg in vielen Staaten von Krisen erschüttert ; unter den Auswirkungen der Weltwirtschaftskrise litten auch andere Länder erheblich[16], und auch die zu Recht betonten « Krisenjahre der Klassischen Moderne»[17] betrafen letztlich die ganze europäische Zwischenkriegszeit, allenfalls fielen sie in Deutschland etwas stärker aus. Dies allein aber vermag noch nicht hinreichend zu erklären, warum Deutschland das einzige fortgeschrittene Industrieland war, das Anfang der dreißiger Jahre seine Demokratie aufgab und durch eine totalitäre Diktatur von rechts ersetzte : Insofern war « der 30. Januar 1933 [...] das unnötige, durchaus vermeidbare Ende einer in der Geschichte von hoch entwickelten, pluralistischen Staatssystemen und Industriegesellschaften ungewöhnlich tiefen, multidimensionalen Staatskrise. [...] Ausschlaggebend für den Charakter des Ausweges aus der Krise war die Kombination von Krisenlagen : Wirtschaftskrise, Regierungskrise, Krise des Parteiensystems, gesellschaftliche Krise, durchgreifende Legitimationskrise an der Spitze und an der Basis »[18].

Folglich ist auch die Feststellung einer « Selbstpreisgabe der Demokratie »[19] zumindest missverständlich : Sie reduziert nämlich vordergründig den komplexen Prozess der Entfremdung großer Bevölkerungsteile vom Weimarer Staat unzulässig auf ein Versagen der republikanischen Eliten, ohne die vielfältigen strukturellen Belastungen demokratischer Politik während der ganzen Zeit der Weimarer Republik, vor allem aber im Zuge von deren finaler ökonomischer und politischer Krise zu berücksichtigen. Überdies blendet sie die ursächliche Schuld der radikalen Republikfeinde von links und rechts am Untergang der ersten deutschen Demokratie aus und übersieht die konkreten Intrigen einiger weniger Akteure. Erst sie aber ermöglichten jene nationalsozialistische Regierungsbeteiligung, die bis zuletzt vermeidbar war. Gerade eine Geschichtsschreibung, die sich auch als politische Aufklärung versteht, muss dieses Zusammenspiel untersuchen, um zu zeigen, dass Strukturen zwar bedeutsam, aber nicht allein entscheidend für historische Entwicklungen und politische Abläufe bis heute sind, sondern dass der

---

[15] Elias : *Studien*, S. 412.

[16] Horst Möller : *Europa zwischen den Weltkriegen*, München : Oldenbourg 1998, S. 86-92 und 107-117.

[17] Detlef J. K. Peukert : Die Weimarer Republik. Krisenjahre der Klassischen Moderne, Frankfurt/M. : Suhrkamp 1987 :

[18] Ian Kershaw : *Der 30. Januar 1933* : Ausweg aus der Staatskrise und Anfang des Staatsverfalls, in : Heinrich August Winkler (Hg.) : *Die deutsche Staatskrise 1930-1933*. Handlungsspielräume und Alternativen, München : Oldenbourg 1992, S. 125 (Hervorhebung im Original).

[19] Karl Dietrich Erdmann / Hagen Schulze (Hg.) :*Weimar*. Selbstpreisgabe einer Demokratie, Düsseldorf : Droste 1980.

Einzelne immer noch einen mehr oder minder großen Entscheidungsspielraum besitzt. Die Endphase der Weimarer Republik zeugt hiervon besonders stark : Es wäre völlig verfehlt, aus dem offensichtlichen Zusammenhang von wirtschaftlicher Verelendung und politischer Radikalisierung das zwangsläufige Scheitern der Weimarer Republik abzuleiten. Vielmehr wurden die unleugbaren strukturellen Belastungen der Republik von Weimar vor allem in ihrer Endphase von einzelnen sowie gesellschaftlichen Gruppen gezielt für ihre jeweiligen republikfeindlichen Zwecke ausgenutzt und konnten erst dadurch ihre verhängnisvollen Wirkungen entfalten.

Das zeigte sich spätestens seit der zweiten Jahreshälfte 1932 mit der Bildung des Kabinetts Franz von Papens sowie der folgenden Regierung Kurt von Schleichers : Auch in dieser Zeit war der Untergang der Weimarer Republik keineswegs determiniert ; vielmehr blieb die Geschichte der ersten deutschen Demokratie weiter offen. Allerdings hing ihr Gang nun – stärker als bisher – von bestimmten Personen und ihren konkreten Handlungen ab, zumal angesichts des Anwachsens der extremen Parteien auf der Linken – der KPD – und der Rechten – der NSDAP – demokratische Koalitionsbildungen immer schwieriger wurden, was den Republikgegnern weiter in die Hände spielte. Somit schritt die Aushöhlung des Parlamentarismus voran, und das Präsidialregime nahm Züge einer Präsidialdiktatur an. In einem solchen System, in dem parlamentarische Entscheidungs- und Kontrollfunktionen weitgehend außer Kraft gesetzt waren, fiel die politische Macht an jene, die das Vertrauen des Reichspräsidenten besaßen. Zu ihnen zählte auch Papen, den Hindenburg am 1. Juni 1932 zum neuen Reichskanzler ernannte. Die Tatsache, dass Hindenburg insbesondere auch die exzellenten Umgangsformen seines « Fränzchens » – wie er Papen nannte – schätzte, zeigt, welche bizarren Konsequenzen das persönliche Regiment des Reichspräsidenten mittlerweile angenommen hatte. Allerdings war er bei der Berufung Papens letztlich wieder nur einem seiner wichtigsten Ratgeber gefolgt, dem ebenso fähigen wie intriganten General von Schleicher.

Die Monate von Juni bis Dezember 1932, die Regierungszeit Papens, bilden nicht nur einen einfachen chronologischen Appendix der vorangegangenen Jahre, sondern ihnen kommt ein Eigenwert zu. Die Regierung Papen brach mit dem bisherigen politischen System, indem sie gezielt die Grundlagen des Weimarer Verfassungsstaates aushöhlte : Dazu gehörte sowohl der illegale « Preußenschlag » vom 20. Juli 1932 – die Absetzung der geschäftsführenden preußischen Regierung – als auch die fahrlässige Ausschreibung von Neuwahlen auf Reichsebene sowie schließlich die Pläne für einen « Neuen Staat », die auf einen offenen Verfassungsbruch hinausliefen. In den Reichstagswahlen vom 31. Juli kürten die Wähler dann die NSDAP erstmals zur stärksten Fraktion, die zusammen mit der ebenfalls erstarkten KPD den

Reichstag vollends lahm legte. Natürlich offenbarte sich hier auch das Versagen des Souveräns in der Weimarer Republik – des deutschen Volkes.

Allerdings darf auch das folgende Präsidialkabinett Schleicher gleichfalls nicht nur als ein kurzes Intermezzo verstanden werden, dem zwangsläufig die nationalsozialistische Regierungsübernahme folgen musste, sondern gerade als eine retardierende Phase, die noch einmal Spielräume zur Abwendung dieser Entwicklung eröffnete : Dazu gehört zum einen das « Querfront »-Konzept des neuen Reichskanzlers, also der wenngleich vergebliche Versuch, eine Koalition vor allem der Gewerkschaftsflügel von der Sozialdemokratischen Partei Deutschlands (SPD) bis hin zur NSDAP zu schmieden. Besondere Aufmerksamkeit haben in der Forschung der letzten Jahren zum anderen aber auch die Staatsnotstandspläne des Generals gefunden – sein Vorschlag, den Reichstag aufzulösen ohne sofortige Ausschreibung von Neuwahlen – als einer letzten Möglichkeit zur Abwendung einer Kanzlerschaft Adolf Hitlers. Die Ausrufung des « Staatsnotstands » hätte immerhin die Möglichkeit zur zukünftigen Wiederherstellung demokratisch-parlamentarischer Verfassungsverhältnisse offen gehalten. Dabei gilt zu bedenken, dass Schleicher ungeachtet seines intriganten Wesens nicht der Mann war, der dauerhaft eine Militärdiktatur in Deutschland hätte errichten wollen : Er war ein autoritärer Revisionist, aber kein antiquierter Reaktionär. Letztlich wollte er vor allem die Reichswehr aufrüsten, träumte aber nicht wie Papen und seine Gesinnungsgenossen von einem « Neuen Staat ». Gleichzeitig schien politischen Beobachtern Anfang 1933 auch ausgemacht, dass die Republik besseren Zeiten entgegenging, weil erste Anzeichen einer wirtschaftlichen Erholung unübersehbar waren und damit auch dem politischen Radikalismus, insbesondere dem der NSDAP, die Grundlage entzogen werden musste.

Indes ließ Hindenburg Schleicher fallen – aus persönlicher Abneigung gegen ihn, aber auch weil er nun von persönlichen Freunden und seinen politischen Ratgebern gedrängt wurde, Hitler als neuen Regierungschef zu berufen. Dass dies dann am 30. Januar 1933 geschah, war folglich keine unvermeidliche Entwicklung, sondern ein Ereignis, das noch einmal besonders deutlich jene unselige Verkettung struktureller und personaler Elemente in der Endphase der Weimarer Republik belegt. Der NSDAP-Vorsitzende stand nun an der Spitze eines neuen Kabinetts, doch außer ihm stellten die Nationalsozialisten mit Wilhelm Frick nur noch den Innenminister sowie mit Hermann Göring dem stellvertretenden Reichskommissar für Preußen. Hingegen wurde Papen Vizekanzler und Reichskommissar für Preußen, der DNVP-Vorsitzende Alfred Hugenberg erhielt ein « Superministerium » für Wirtschaft und Landwirtschaft, der « Stahlhelm »-Führer Franz Seldte wurde Arbeitsminister und Werner von Blomberg neuer Reichswehrminister. Papen hatte Hindenburg versprochen, die nationalsozialistischen Regierungsmitglieder würden konservativ « eingerahmt » und sich schnell im Amt verschleißen. Hitlers konservative Steigbügelhalter glaubten, in dem neuen Reichskanzler lediglich einen nützlichen Idioten gefunden haben, leicht zu manipulieren und rasch wieder abzuservieren. Aus naiver Verblendung wie persönlichem Ehrgeiz betrieben sie den Untergang der Weimarer Republik.

Hindenburgs Verhalten im Januar 1933 zeigt das Dilemma des greisen Reichspräsidenten, der zwar die Republik in ihrer bisherigen Form abschaffen wollte, dabei aber keinen offenen Bürgerkrieg und keinen direkten Verfassungsbruch verschulden wollte. Folglich ließ er sich im Zweifelsfalle immer für eine Lösung gewinnen, die ihm suggerierte, ein etwaiger neuer Reichskanzler besitze eine breite parlamentarische Basis, die ihm ermögliche, die beabsichtigten Verfassungsänderungen von einer Mehrheit der Abgeordneten billigen zu lassen. Genau das hatte er Hitler lange Zeit nicht zugetraut und ihn deshalb von der Regierung ferngehalten. Doch Anfang 1933 geriet er unter massiven Druck : durch das offensichtliche Scheitern des « Querfront »-Konzepts Schleichers und das gleichzeitige Drängen seiner Vertrauten, Hitler zum Reichskanzler zu ernennen. Hierin lag « die Logik des 30. Januar 1933 »[20]. Zudem mochte für Hindenburgs Entscheidung auch die Sorge eine Rolle spielen, die NSDAP werde gerade umlaufende Gerüchte über angebliche finanzielle Unregelmäßigkeiten des Reichspräsidenten und seiner Familie im Zusammenhang mit der Veruntreuung von Osthilfegeldern zur Auslösung einer « Präsidentenkrise » nutzen und ihn abzulösen versuchen. Schließlich gab er am 30. Januar 1933 dem Drängen seiner Kamarilla nach, weil er auch glaubte, das Gewicht der NSDAP in der neuen Regierung genügend austariert und damit einer etwaigen Parteiendiktatur vorgebaut zu haben. Tatsächlich übertrug er damit die Macht an den erklärten Verfassungsfeind. Darin liegt wiederum sein persönliches Versagen.

III.

Norbert Elias äußert sich nicht allein als retrospektiver Wissenschaftler, sondern als ehemaliger Mitlebender und Zeitzeuge oder – wie er selber es ausdrückt – « Augenzeuge »[21], zudem einer, der nicht nur anderen erklären will, was geschehen ist – der nationalsozialistische Zivilisationsbruch -, sondern auch selber rückblickend verstehen will, wie es dazu mit allen seinen Folgen auch für ihn persönlich kommen konnte. Das gibt seiner Darstellung zweifellos eine besondere Relevanz und Überzeugungskraft[22]. Gleichzeitig ordnet er sich damit

---

[20] Wolfram Pyta : *Hindenburg*. Herrschaft zwischen Hohenzollern und Hitler, Berlin : Siedler 2007, S. 791-805.

[21] Elias : *Studien*, S. 7.

[22] Norbert Elias' Studien über die Deutschen erschien zwar erst 1989, also mit erheblichem Abstand zu den hier untersuchten historischen Ereignissen, allerdings nimmt seine

ein in eine Reihe prominenter Autoren, die sich aus dem Erleben des Scheiterns der Weimarer Republik und des Aufkommens des Nationalsozialismus zur Deutung der Vergangenheit angestiftet fühlten – sehr oft wie bei Elias auch aus der Erfahrung des Exils : Männer wie Erich Eyck[23], Sebastian Haffner[24] oder Arthur Rosenberg[25], um nur die bekanntesten unter ihnen zu zitieren. Ihre Darstellungen unterscheiden sich einerseits in Disposition, Inhalt und Stil, andererseits verbindet sie auch vieles – weit über die gemeinsame Perspektive des aus unmittelbarem (Mit-)Erleben Zurückblickenden[26] : « Geschichte Deutschlands als Teil meiner privaten Lebensgeschichte » hat das Haffner in der « Geschichte eines Deutschen » pars pro toto pointiert[27]. Vor diesem Hintergrund war ihnen die verständliche Frage gemeinsam, wie es zum Aufstieg der faschistischen Bewegungen und der nationalsozialistischen Machtergreifung kommen konnte. Dabei griffen die hier Genannten durchaus auch wie Elias auf ideengeschichtliche Erklärungen zurück. Darüber hinaus aber lieferten sie auch bereits erste empiriegesättigte Darstellungen, die selbst heute trotz einer unvergleichlich besseren Quellengrundlage noch ihre Berechtigung haben.

Elias' Interpretation der Weimarer Republik fehlt hingegen die empirische Rückkoppelung, die eben auch zu jener bereits beklagten Ignorierung persönlicher Verantwortung insbesondere bei den 1932/33 an den Schaltstellen der Macht Befindlichen führt. Nicht, dass er das Individuum zugunsten der Strukturen ausblendete. Doch sein Erklärungssatz ist letztlich überpersonal : « In vieler Hinsicht war die deutsche Entwicklungslinie wahrscheinlich gestörter als die jedes anderen großen Landes in Europa. Schon ein kursorischer Überblick zeigt die Auswirkungen dieser gestörten Entwicklung auf die deutschen Glaubens- und Verhaltenstraditionen und das deutsche Selbstbild »[28]. Insofern haben sich für ihn letztlich mehr oder minder alle Deutschen in der Weimarer Republik schuldig gemacht. Dies ist natürlich so

---

Darstellung viele Gedanken auf, die er bereits kurz nach der Emigration 1933 in seinem zweibändigem Werk „Über den Prozess der Zivilisation" (1939) entwickelt hat.

23 Erich Eyck : *Geschichte der Weimarer Republik*, 2 Bde., Zürich/Stuttgart : Eugen Rentsch 1956.

24 Sebastian Haffner : *Geschichte eines Deutschen.* Die Erinnerungen 1914-1933, Stuttgart – München : DVA 2000 ; Ders. : *Der Verrat.* Deutschland 1918/19, Berlin : Verlag 1900 1993 ; Ders. : *Germany : Jekyll & Hyde*, Berlin : Verlag 1900 1996 (EA London 1940). Vgl. auch Uwe Soukup : *Ich bin nun mal Deutscher.* Sebastian Haffner : Eine Biographie, Berlin : Verlag 1900 2001.

25 Arthur Rosenberg : *Geschichte der deutschen Republik*, Karlsbad : Graphia 1935 ; Ders. : Entstehung und Geschichte der Weimarer Republik, Stuttgart : EVA 1955. Vgl. Mario Kessler : *Arthur Rosenberg.* Ein Historiker im Zeitalter der Katastrophen (1889-1949) ; Köln : Böhlau 2003.

26 Kolb : *Weimarer Republik*, S. 149f., 153-154 und 161 ; Wirsching : *Weimarer Republik*, S. 47f. und 51.

27 Haffner : *Geschichte*, S. 13.

28 Elias : *Studien*, S. 418.

falsch nicht, bedenkt man, dass die Wähler bereits in den Reichstagswahlen von 1920 die bis dahin regierende Weimarer Koalition aus SPD, Zentrum und DDP – also die einzige Kombination wirklich republiktreuer Parteien – abstraften und auch in den folgenden Jahren die Bereitschaft zur Regierungsbeteiligung in der Regel sanktionierten, dann seit 1929 zunehmend für die radikalen Parteien auf der Linken und Rechten votierten, bis KPD und NSDAP dann nach den Reichstagswahlen vom Sommer 1932 tatsächlich zusammen über eine absolute Mehrheit verfügten und in den folgenden Monaten jede reguläre parlamentarische Arbeit zunichte machen konnten. Gleichzeitig birgt eine solche allgemeine Schuldzuweisung aber auch die Gefahr der Exkulpierung jener in sich, die sich besonders schuldig gemacht haben, also alle vor allem der Führung von KPD und NSDAP, die die Republik von Beginn aktiv bekämpften, und schließlich der Persönlichkeiten, die Hitler am 30. Januar 1933 die Reichskanzlerschaft letztlich ohne Not überließen.

Dennoch : Bei allen analytischen Beschränkungen ist Elias' Untersuchung nicht nur wissenschaftsgeschichtlich weiterhin relevant : Zum einen liefert der Autor uns gerade wegen seines Muts zur einseitigen Zuspitzung eine anregende Untersuchung mentaler Dispositionen der Deutschen und daraus resultierender spezifischer Belastungen der politischen Kultur Ende des 19. und in der ersten Hälfte des 20. Jahrhunderts, die nach wie vor nicht nur für Soziologen, sondern auch für Historiker lesenswert ist. Zum anderen leben wir in einer Zeit des Generationenwechsels : Jene Generation, die die Geschichte der ersten Hälfte des 20. Jahrhunderts noch selber erlebt hat, stirbt zunehmend aus. Damit aber treten wir aus der durch Zeitgenossenschaft legitimierten kommunikativen Erinnerung in eine bereits weitgehend gesellschaftlich normierte und dementsprechend weniger authentische kollektive Erinnerung, die mit noch weiterem Abstand zu den historischen Ereignissen durch eine gänzlich historisierte kulturelle Erinnerung ersetzt werden wird[29]. In dieser Phase sind erfahrungsgesättigte Analysen von Zeitgenossen und Zeitzeugen dieser historischen Geschehnisse, die überdies die Gabe der distanzierten, ja wissenschaftlichen Beobachtung besitzen, von eminenter Bedeutung. Sie verschaffen den Nachgeborenen einen unmittelbareren Eindruck von den damaligen Ereignissen als rein retrospektive historische Darstellungen, leiden deshalb gleichzeitig aber auch sehr oft unter einer zeitgebundenen Perspektivverengung, weswegen sie eben immer der Ergänzung durch spätere Geschichtswissenschaft bedürfen.

[29] Zur Begrifflichkeit vgl. Maurice Halbwachs : *Mémoires collectives*, Paris : Presses universitaires de France 1950 und Aleida Assmann/Ute Frevert : *Geschichtsvergessenheit – Geschichtsversessenheit.* Vom Umgang mit deutschen Vergangenheiten nach 1945, Stuttgart : DVA 1999, S. 35-52.

Karl-Siegbert Rehberg
Positionalität und Figuration versus Gemeinschafts-Verschmelzung
Soziologisch-anthropologische Theorieverschränkungen bei Norbert Elias und Helmuth Plessner*

I. Gemeinschaftskritik und die Philosophische Anthropologie als soziologische Grundlagenreflexion

Die Debatte um Gemeinschaften ist mit der Kritik eines marktgerecht-egoistischen, eines konsumistischen oder auch eines therapeutisch-selbstbezüglichen Rückzugs-Individualismus durch die Kommunitaristen in ein neues Licht gerückt worden[1], nachdem der Begriff gerade in Deutschland durch den Mißbrauch aggressiver Integrations-Ideologeme und den mörderischen Ethnozentrismus des NS-Regimes lange tabuiert war. Eine gängige Ablehnung der Gemeinschaft konnte sich gut auf Helmuth Plessners hellsichtige Skepsis aus dem Anfang der zwanziger Jahre stützen, besser sogar als auf den Altmeister Ferdinand Tönnies, der mit seinem berühmten Unterscheidungsbuch zweier Sozialitätsprinzipien – eben „Gemeinschaft und Gesellschaft“[2] – zwar auch zur Verherrlichung „ursprünglicher“ Lebensweisen keineswegs hatte beitragen wollen, erst recht nicht zu einer politisch-kulturellen Ausschlachtung seiner Schrift, sei es durch die Jugendbewegung, sei es durch die Nazis (gegen deren Avancen er sich mutig und konsequent zu Wehr gesetzt hat). Aber sein Buch ist doch von unterschwelligen Vorzugswertungen durchzogen und mündet schließlich ja auch in der von Plessner nie geteilten Hoffnung auf eine sozialistisch-genossenschaftliche Vergemeinschaftung, in der

---

* Der Aufsatz verdankt selbstverständlich dem Plessner-Kenner Joachim Fischer Entscheidendes ; sehr herzlichen Dank sage ich für die Hilfe bei der Fertigstellung des Manuskriptes, ohne welche der Text wohl nicht erschienen wäre, Iris Cremers, Gesa Busche und Dana Giesecke.

Cet article est publié avec l'aimable autorisation du Professeur Karl-Siegbert Rehberg que nous remercions. Il a été publié par ailleurs dans les organes suivants : „Positionalität und Figuration gegen jede Gemeinschafts-Verschmelzung. Soziolo-gisch-anthropologische Theorieverschränkungen bei Helmuth Plessner und Norbert Elias“. In : Wolfgang Essbach / Joachim Fischer / Helmut Lethen (Hg.) : *Plessners "Grenzen der Gemeinschaft". Eine Debatte.* Frankfurt a.M. : Suhrkamp 2002, S. 213-247 ; “"Posizionalità" e "figurazione". Teorie sociologiche e antropologiche incociate in Helmuth Plessner e Norbert Elias“. In : Andrea Borsari / Marco Russo /a cura di): *Helmuth Plessner. Corporettà, natura e storia nell'antropologia filosofica.* Salern : Rubinetto 2005, pp. 261-283.

[1] Vgl. besonders Bellah, R.N., Madsen, R. et al., *Gewohnheiten des Herzens*, Individualismus und Gemeinsinn in der amerikanischen Gesellschaft, Köln 1987 sowie Honneth, Axel, „Individualisierung und Gemeinschaft“, in : Zahlmann, Christel (Hg.), *Kommunitarismus in der Diskussion*, Berlin 1992, S. 16-23.

[2] Tönnies, Ferdinand, *Gemeinschaft und Gesellschaft*, Grundbegriffe der reinen Soziologie, Darmstadt 1972 ; dazu auch Rehberg : „Tönnies und wir“, in : *Gemeinschaft und Gerechtigkeit*, hg. v. Micha Brumlik und Hauke Brunkhorst, Frankfurt a.M. 1993, S. 19-48.

das Kontraktuelle und Formale der Gesellschaft wirklich „aufgehoben“ wäre. Vor solchen Ambivalenzen war man bei Plessner sicher (der allerdings andere Fallstricke legte, etwa durch seine Nähe zur Carl Schmittschen Auffassung von Politik). Seine Kritik des Gemeinschaftsradikalismus jedenfalls war eine Kampfschrift in Kampfzeiten, aber eben eine, die mit Zurückhaltung, mit Skepsis, mit Abkühlungen und bürgerlichen Indirektheitsregeln arbeitete – und zwar gegen die linken und die rechten Verführungsangebote einer „Überwindung“ der Klassengesellschaft des 19. Jahrhunderts. Tönnies und Plessner, aber auch der Soziologe Norbert Elias setzten auf die Rationalitätsgewinne in den Vergesellschaftungsprozessen, welche die Moderne begründet haben. Aber – worum es in meinem Beitrag gehen soll – Elias fehlte dazu ein anthropologisches Fundament (das seine Argumentation hätte schärfen können) und Plessner die „richtige Soziologie“. Es soll deshalb gezeigt werden, daß beider Werk sich ergänzen kann und eine gemeinsame Basis – bei unterschiedlichen Bindungen an die Jugendbewegung etwa – in ihrer Gemeinschaftsskepsis zu finden ist, die sie in Zeiten äußerten, in denen es schon zum Verbrechen gestempelt wurde, nicht mitmachen zu wollen, nicht zusammenzustehen im „großen Kampf“ etc.

Für eine Darstellung dieser untergründigen Korrespondenzen zwischen Plessner und Elias wird man eingangs den Stellenwert der Philosophischen Anthropologie für die soziologische Theoriebildung reflektieren müssen : In philosophischen Fachdiskursen mag die Philosophische Anthropologie einen – vielleicht bereits historische gewordenen Stellenwert – einnehmen, besonders, wenn es um deutsche Philosophiegeschichte geht. Dann sind die Namen Max Scheler und Helmuth Plessner notwendig genannt, deren zentrale Texte beide im Jahre 1928 erschienen sind, als dritter im Bunde Arnold Gehlen (dessen anthropologisches Hauptwerk 1940 herauskam und 1950 folgenreich modifiziert wurde), sodann Paul Alsberg als früher Vorläufer, Erich Rothacker als Kulturanthropologe und schließlich die ganze Fülle von Autoren, die es nahelegten, in den dreißiger Jahren von einer „anthropologischen Wende“[3] zu sprechen.

Für die soziologische Theoriebildung jedoch, ist der Beitrag der Philosophischen Anthropologie unklar und umstritten. Eine geisteswissenschaftliche Vorrede, die den soziologischen Blick nicht zu schärfen vermag, ist sie für die einen, bloß noch Traditionsrhetorik deutschen Denkens, während andere ihr wenigstens eine proto-soziologische Aufgabe zuweisen (wie etwa auch Alfred Schütz‘ Fundamentalreflexion sie geliefert hat). Ich selbst habe an anderer Stelle dargestellt, daß mit den genannten Hauptautoren des philosophisch-anthropologisch Denkansatzes auch eine

[3] Vgl. dazu Seifert, Friedrich, „Zum Verständnis der anthropologischen Wende in der Philosophie“, in : Blätter für deutsche Philosophie, Bd. VIII, 1934/35, S.393-410.

„Soziologisierung des Wissens vom Menschen" eingesetzt habe.[4] Äußerlich mag das dadurch belegbar sein, daß Scheler, Plessner und Gehlen als Philosophen beginnend, schließlich Soziologielehrstühle innehatten. Wichtiger ist aber selbstverständlich die thematische Konsequenz aus der Definition des Menschen als einem sozialen Wesen. Das macht es notwendig, auch die Bedingungen seiner Sozialität genauer zu untersuchen. Daß dabei Basisprobleme der Sozialwissenschaften in den Blick genommen werden, zeigt sich nicht nur bei der kategorialen Begründung handlungstheoretischer Ansätze.

Hatte es Philosophie – wie die Mythen oder Religionen – seit je auch mit anthropologischen Deutungen des Menschen zu tun, so rückte die Frage nach dem „Wesen des Menschen" doch erst in einer modernen Denk-„Schule" in den Mittelpunkt der Philosophie. Es war dies eine Reaktion darauf, daß insbcsondcrc dic naturwisscnschaftlichcn (z.B. cvolutionsbiologischcn) Theorien als Bedrohung des Menschlichen ebenso verstanden werden konnten wie die neuen gesellschaftlichen Tendenzen und erst recht die politischen Radikalismen der Zeit. Plessner sah in der „Nichtigkeit des Einzelnen" und seiner Vergänglichkeit einen Grund für eine anthropologische Philosophie, zumal in einer Zeit, in der das Zerbrechen der religiösen Deutungs-Sicherungen[5] offenbar wurde. Und Wilhelm Dilthey hatte noch zugespitzter gesagt : „der Typus Mensch zerschmilzt in dem Prozeß der Geschichte".[6]

„Immer noch philosophische Anthropologie ?" fragte Helmuth Plessner vor nun fast einem halben Jahrhundert.[7] Und auch heute ist das Unbehagen dieser Aufgabenstellung gegenüber nicht gewichen. Von den Einzelwissenschaften her sieht sich ein Nachdenken über anthropologische Voraussetzungen und Dimensionen etwa soziologischer Theorien dem Vorwurf ausgesetzt, daß, wer solche Fragen stelle, sich aus aktuellen und spezifischen Aufgaben des Faches flüchten wolle, obwohl doch auch Soziologen wie Leopold von Wiese und Werner Sombart sich dem Thema schon früh angenähert hatten, aber auch darin mag ein Problem liegen.

Deshalb auch ist sie alles weniger als „biologistisch" (das gilt – trotz mancher naturteleologischen Formulierung – uneingeschränkt auch für Arnold Gehlen, dem das am heftigsten vorgeworfen wurde), vielmehr ein Versuch,

---

[4] Rehberg, Karl-Siegbert, „Philosophische Anthropologie und die „Soziologisierung" des Wissens vom Menschen. Einige Zusammenhänge zwischen einer philosophischen Denktradition und der Soziologie in Deutschland", in : M. Rainer Lepsius (Hrsg.), *Soziologie in Deutschland und Österreich 1918-1945*, Sonderheft 23 der Kölner Zeitschrift für Soziologie und Sozialpsychologie, Opladen 1981, S. 160-198.

[5] Plessner, Helmuth, „Die Stufen des Organischen und der Mensch", in : ders., *Gesammelte Schriften*, Bd. IV, Frankfurt a.M. 1981, S. 419-425.

[6] Dilthey, Wilhelm, „Weltanschauungslehre", in : ders., *Gesammelte Schriften*, Bd. VIII, Stuttgart 1977, S. 6.

[7] Plessner, „Conditio humana", in : ders., *Gesammelte Schriften*, Bd. VIII, Frankfurt a.M. 1983, S. 235-246.

gegen die Evidenzen eines nur noch naturwissenschaftlichen Weltbildes die Besonderheit des Menschen von seiner Kulturabhängigkeit her festzuhalten. Deshalb steht der Mensch-Tier-Vergleich immer am Anfang der Argumentation und die daraus abgeleitete „Sonderstellung“ des Menschen im Mittelpunkt. Eher also könnte man von einem großen Syntheseversuch auf „kulturalistischer“ Grundlage, als von einem „Biologismus“ sprechen. Nur ganz nebenbei – weil das hier detailliert nicht behandelt werden kann – sei darauf hingewiesen, dass diese Denktradition zwar eine deutsche ist, daß sich dieselben Fragen aber auch in anderen Diskurszusammenhängen und nationalen Denkgeschichten gestellt haben. In den USA waren es die pragmatistische Philosophie und für die Soziologie folgenreich George Herbert Mead, die solche Grundlagenfragen behandelten.[8] In Frankreich könnte man an den (zum philosophisch-anthropologischen Denken in Spannung stehenden) Existentialismus denken und an die phänomenologischen Ansätze, besonders wichtig den von Maurice Merleau-Ponty, sowie an viele der von Claude Lévi-Strauss und in den poststrukturalistischen Ansätzen entwickelten Interpretationen des Menschen oder auch seines „Verschwindens“.

Für die aktuellen Debatten um soziologischen Theorien und deren Schwächen und Stärken ist eine anthropologische Reflexion allerdings schon deshalb aufschlußreich, weil in allen Theorien implizite „Menschenbilder“ eingeschlossen sind, ganz unabhängig davon, ob die Autoren das selbst reflektieren oder überhaupt für eine legitime Fragestellung halten würden. Eine solche Überlegung will ich heute am Beispiel der Zivilisations- und Figurationstheorie von Norbert Elias entfalten.

II. Anthropologische Implikationen der Zivilisationstheorie von Norbert Elias

Ich schlage ein hypothetisches „Geistergespräch“ zwischen Helmuth Plessner und Norbert Elias vor, weil ich einerseits eine besondere sachliche Nähe zwischen Plessners anthropologischem Ansatz und der Eliasschen Soziologie vermute, andererseits gerade aus Differenzen Klärungen - etwa im Streit um Elias‘ Zivilisationstheorie - erwarte.

Elias großes, erstmals zwischen 1936 und 1939 erschienenes Buch „Über den Prozeß der Zivilisation“ (dessen Titel-Singular durchaus problematisch ist[9]) wurde nach seinem Großerfolg seit 1976 auch zu einem Schlüsselbuch der „historischen Anthropologie“. Gezeigt werden soll ja, wie die Psyche der

[8] Vgl. Rehberg, „Die Theorie der Intersubjektivität als eine Lehre vom Menschen. George Herbert Mead und die deutsche Tradition der „Philosophischen Anthropologie", in : Hans Joas (Hg.), *Das Problem der Intersubjektivität*, Beiträge zum Werk G. H. Meads, Frankfurt a.M. 1985, S. 60-92.

[9] Vgl. Rehberg, „Prozeß-Theorie als „Unendliche Geschichte, Zur soziologischen Kulturtheorie von Norbert Elias“, in : Helmut Kuzmics und Ingo Mörth (Hrsg.), *Der unendliche Prozeß der Zivilisation*, Zur Kultursoziologie der Moderne nach Norbert Elias, Frankfurt a.M./New York 1991, S. 59-78.

Menschen sich im historischen Prozeß der Gewaltmonopolisierung grundlegend verändert und wie die Unmittelbarkeit der Affekte in einer Weise kanalisiert wurde, daß ein selbstbeherrschter und Beobachtungsschärfe entwickelnder Menschentypus entstehen konnte. Die Höflinge zuerst, dann die Bürger, schließlich die in normierten, später in „regulierten" und „normalisierten" Verhältnissen lebenden Massen[10] wurden nach dem gleichen Schema modelliert – konnten es aber auch abwandeln und „informalisieren".

Mit solchen Themen sind nun wirklich anthropologische Fragestellungen aufgeworfen, auch wenn Norbert Elias eine solche Formulierung auf der Grundlage seiner tiefsitzenden Abneigung gegen alles ‚bloß Philosophische' strikt bestritten hätte. Lebenslang suchte er durch eine demonstrative Ablehnung der Philosophie die Demütigung durch seinen Doktorvater Richard Hönigswald zu verarbeiten, der ihn zu einem theoretischen Kotau gezwungen hatte, als er von dem jungen Elias die Streichung einer Kritik der kantischen Apriori-Lehre verlangte und Elias sich dem um des Examenserfolges willen gebeugt hatte.[11]

Meine These ist es, daß der Eliasschen Figurationsanalyse der Veränderung eines Menschentypus[12] die philosophische Anthropologie Helmuth Plessners am meisten Tiefenschärfe geben könnte. Anders gesagt : Hätte Elias nach einer anthropologischen Fundierung gesucht, hätte er sie am besten bei Plessner gefunden. So will ich ein Gedankenexperiment konstruieren, eine imaginäre Begegnung zweier theoretischer Ansätze, deren Autoren einander kaum wahrgenommen haben (Plessner Elias eher als umgekehrt, aber das wird noch im einzelnen zu diskutieren sein).

Elias Darstellung der Wandlungen des Verhaltens (zuerst der weltlichen Oberschichten) ist nicht ohne den Hintergrund der Weberschen Rationalisierungsthese zu verstehen. Auch bei Elias wird eine fortschreitende Rationalität der Weltbeherrschung durch Selbstbeherrschung analysiert. Die von Weber in den Mittelpunkt gerückte Lebensfrage nach den Motivationsquellen des modernen Kapitalismus und dessen Stützung durch (religiöse) Weltbilder wurde von Elias erweitert. So konnten die politischen Kausalitäten der staatlichen Monopolbildung herausgearbeitet werden, die bei Max Weber selbstverständlich auch eine wichtige Rolle spielten, aber im einzelnen und in ihren Handlungskonsequenzen umfassend nicht untersucht

---

[10] „(...) ; die Durchdringung der Volksmassen, der Mittelschichten, der Arbeiterschaft, der Bauern mit dem uniformen Ritual der Zivilisation und der Triebregelung, die seine Handhabung verlangt, ist verschieden stark." (Elias, Norbert, *Über den Prozeß der Zivilisation*, Bd.1, Bern 1969, S. 140.).

[11] Vgl. die biographischen Studien und Beiträge in : ders., *Norbert Elias über sich selbst*, Frankfurt a.M. 1990 sowie Rehberg : „Einleitung" (S. 9-14) und „Norbert Elias - ein etablierter Außenseiter" (S. 17-39), in : ders. (Hg.) : *Norbert Elias und die Menschenwissenschaften.* Studien zu Entstehung und Wirkungsgeschichte seines Werkes, Frankfurt a.M. 1996.

[12] Wie sehr das auch ein Thema schon Max Webers war, hat auch Wilhelm Hennis : *Max Webers Fragestellung*, Studien zur Biographie des Werkes, Tübingen 1987, herausgearbeitet.

worden waren. Elias hebt nicht so sehr die instrumentelle Rationalität von Eingriffsystemen, wie sie besonders in der Ökonomie, aber auch in Bürokratie und Recht eine Rolle spielen hervor, sondern vor allem die Rationalität der Sozialanpassung. Dafür lieferten die Rationalisierungsgeschichten und normativen Selbststilisierungen des Verhaltens an den Höfen seit der Blütezeit Burgunds und der italienischen Renaissance vielfältiges Material. Die Regelbücher des Verhaltens, die Elias in der Bibliothek des British Museum als Quellenmaterial für seine Zivilisationsthese erschlossen hat, waren keineswegs nur einer ‚Prinzenerziehung gewidmet, sondern – wie die Schriften des Erasmus von Rotterdam – vor allem der (Selbst-)Zivilisierung der aufsteigenden Bürgerschichten. Vielleicht mußte gerade diesen eine Verfeinerung ihres Benehmens noch viel tiefer eingeprägt werden, weil die kulturelle Geltung begründenden Positionen noch gar nicht erreicht, jedenfalls nicht selbstverständlich eingeübt waren. Zumindest fehlte die Leichtigkeit ihrer Realisierung, wie Goethe das noch als einen unaufhebbaren Mangel seines eigenen Standes beklagt hat. So entstand ein spezifischer Zivilisierungszwang. Aber der Ausgangspunkt waren die Höfe, und bereits Elias‘ Habilitationsschrift war der „höfischen Gesellschaft“ gewidmet gewesen.[13] In der Herausgehobenheit der durch Zeremonialisierungsdruck erzwungenen höfischen Pazifizierung und durch die Sicherungssysteme einer ständigen Sichtbarkeit der Akteure auf der höfischen Bühne wurde das Bild eines demonstrativ lebenden *homo sociale* geprägt, der nicht Gemeinschaftswesen war, sondern durch und durch vergesellschaftet. Diese Menschen waren sich der Künstlichkeit ihrer sozialen Beziehungen durchaus bewußt, sie empfanden die „Grenzen der Gemeinschaft“ und befestigten sie (wenngleich am Ende der Regierungszeit von Ludwig des XIV. doch eine Sehnsucht nach Lockerung der Zwänge sichtbar wurde, die Rückzüge in dörfliche Idyllen und seien sie auch im Park von Versailles künstlich errichtet).

Rationalisierungsprozesse haben es immer mit ‚Techniken‘ zu tun, seien es solche der Produktion oder der Herrschaft, der künstlerischen Gestaltung oder solcher, die im Dienste der Bequemlichkeit menschlichen Lebens stehen. Aber es gibt eben auch die spezielle ‚Sozio-Technik‘ des gesellschaftlichen Umgangs, der kunstvollen Selbst- und Fremdrelationierung (eingeschlossen die damit verbundenen Relativierungen des Selbst). Das führt immer auch zu Situations- und Selbst-Inszenierungen auf den sozial konstruierten und historischen sich wandelnden Bühnen des Lebens. Nicht erst Erving Goffman wußte, das „wir alle Theater spielen“.[14] Das also ist Elias‘ Beitrag zur Analyse des okzidentalen Rationalisierungsprozesses, der die zweckrationale Weltbeherrschung mit der

[13] Das Buch ist erschienen in veränderter Form erst 1969, nachdem das Habilitationsverfahren in Frankfurt am Main wegen der Vertreibung von Elias wie auch von seinem Habilitationsbetreuer Karl Mannheim durch die Nazis nicht zuende geführt werden konnte.

[14] So wenigstens der deutsche Titel eines wichtigen Buches von Goffman. Vgl. Erwin Goffman, *Wir alle spielen Theater*, Die Selbstdarstellung im Alltag, München 1969.

Regulierung der Affekte und der Disziplinierung des Körpers – dramatischer gesagt : der „Leibverdrängung" – bewirkt hat. Es ist eben dieser Aspekt, den auch Michel Foucault als „Körperpolitik" analysiert hat, um die mit der Genese der Moderne verbundenen tiefgreifenden Zwangsrealitäten sichtbar zu machen.

Die Mechanismen der Verstärkungen dieser Verhaltensrationalisierung sind vielfältig. Elias hat einige vorzüglich analysiert, andere kaum wahrgenommen, so etwa die Ohrenbeichte als „Biographiegenerator" (Alois Hahn).[15] Für ihn war der Hof nicht nur Quelle der Pazifizierung der Krieger, sondern auch der Ort einer figurativen Mechanik der Verschränkungen von Menschen und der regelgeleiteten Schaffung von Distanzen. Die Freudsche Über-Ich-Analyse – die in die Soziologie eingeführt zu haben Peter Gleichmann als eines der größten Verdienste von Elias ansieht – wurde von diesem in einen Gruppenzusammenhang transponiert. Die biographische Voraussetzung dafür war seine Verbindung mit dem Gruppenanalytiker S.H. Fuchs/Foulkes, mit dem er das Prozeßbuch zuerst gemeinsam – also sozusagen autoren-figurativ – hatte schreiben wollen und den er schließlich nicht einmal mehr bei den Danksagungen im Vorwort von 1936 erwähnte.[16]

Zwar zeigen sich an der These von der „Verhöflichung der Krieger" und der durch sie in Gang gesetzten Zivilisierungskurve implizite anthropologische Annahmen des Autors, aber er entfaltete nicht ein tiefergehendes Modell der menschlichen Intersubjektivität und blieb auch hinter Plessners Bestimmungen zurück. Der hatte den Menschen *kategorial* durch eine Selbstüberschreitung definiert, die ihn notwendig zu einem sozialen Wesen macht, das sich immer auch von außen und das heißt auch aus der Perspektive anderer Subjekte betrachten müsse. Das genau heißt bei ihm „exzentrische Positionalität" des Menschen.

Elias bezieht demgegenüber die Sozialität auf real existierende Gruppenbezüge und Interaktions-verknüpfungen. Entschieden wehrt er sich gegen alle Substanzbegriffe, wie „Psyche", sogar „Physis" – erst recht „Ratio" : „Alles das existiert nicht". Vielmehr gebe es nur historische, jeweils sich wandelnde besondere Formen der „Modellierung des Seelenhaushaltes". Dabei bleibt aber ungeklärt, *was* eigentlich modelliert wird. Implizit muß Elias, wenn er beispielsweise über die „menschen-geschaffenen" Ängste der Menschen spricht, zugeben, daß „die Möglichkeit Angst zu empfinden, genau, wie die Möglichkeit Lust zu empfinden, eine unwandelbare Mitgift der Menschennatur" sei. Worum es ihm als Soziologen jedoch geht, ist ein

---

[15] Vgl. Hahn, Alois, Zur Soziologie der Beichte und anderer Formen institutionalisierter Bekenntnisse, in : Kölner Zeitschrift für Soziologie und Sozialpsychologie 34 (1982), S. 408-434 sowie ders. (Hrsg.), *Selbstthematisierung und Selbstzeugnis*, Frankfurt a.M. 1987.

[16] Vgl dazu v.a. Blomert, Reinhard, *Psyche und Zivilisation*, Opladen 1989 sowie Schröter, Michael, Erfahrungen mit Norbert Elias. Gesammelte Aufsätze. Frankfurt a.M. 1997 sowie Rehberg, Norbert Elias – ein etablierter Außenseiter, in : Rehberg (Hg.) : *Norbert Elias und die Menschenwissenschaften*, [s. Anm. 11].

Verständnis der historischen und geschichtlichen Bedingungen für die Art und Struktur der menschlichen Ängste, welche immer auch von der Struktur der Gesellschaft abhängig sind.

Elias' Darstellung ist immer stark, wenn es um interaktive Verflechtungen geht. Personen- und Gruppenkonstellationen schildert er bildhaft, während institutionelle Bedingungen nur kursorisch oder als bloße Folgen der Personenkonstellationen abgehandelt werden. Daß institutionelle Ordnungen ihre Selbststabilisierung durch Verkörperung symbolisch verstärken[17], wird vielleicht unterstellt, nicht aber analysiert. Hingegen hat er klar herausgearbeitet, daß die Handlungsverkettungen und -prozesse als nicht intendierte doch gerichtet sind, daß sie, teleologisch nicht vorbestimmt, gleichwohl systematische Tendenzen aufweisen, daß Prozesse nicht einlinig sind, und doch bestimmte Entwicklungsrichtungen wahrscheinlich machen. Das hat Elias aus den großen Systemtheorien von Adam Smith bis zu Karl Marx gelernt.[18] Offensichtlich ist, daß Elias das Modell der freien Konkurrenz und der sich daraus ergebenden Oligopole, schließlich die Monopolbildung staatlich zentralisierter Gewaltmittel mit genau den Begrifflichkeiten und Modellbildern nachzeichnete, die Karl Marx für die Entwicklungsgeschichte des ökonomischen Kapitals verwendet hat.[19] Zunehmende Verflechtung, die Verlängerung von Interdependenzketten, die Herausbildung von Eigengesetzlichkeiten innerhalb bestimmter Vernetzungen und Handlungsroutinen werden eindrucksvoll mit der Veränderung des Verhaltens parallelisiert.

Die Innenzwänge von Systementwicklungen werden dabei ebenso gesehen wie Marx das für den Kapitalismus betonte. Aber die Interdependenzzwänge entwickeln sich in den Feudalgesellschaften zwischen König und Adel. Die damit verbundene Unterwerfung der Kriegereliten und die daraus folgende Dämpfung der Triebe führen im Nahraum der höfischen Vergesellschaftung zu einer außerordentlichen Steigerung der Psychologisierung und der Selbst- und Fremdbeobachtung. Davon gibt uns die Hofberichterstattung des Herzogs von Saint-Simon glänzende Beispiele, wie auch die Briefe einer Madame de Scudery

---

[17] Vgl. Rehberg, „Weltrepräsentanz und Verkörperung. Institutionelle Analyse und Symboltheorien – Eine Einführung in systematischer Absicht", in : Gert Melville (Hrsg.), *Institutionalität und Symbolisierung*, Köln/Weimar/Wien 2001, S. 3-48.

[18] Elias' untergründiger Evolutionismus mag vielleicht eher durch Henry Thomas Buckles „History of Civilization in England" (1857-61) angeregt gewesen sein. Vgl. seine ausführliche Anmerkung zu Oswald Spengler, Friedrich Jodl („Die Kulturgeschichtsschreibung", Halle 1878), G. F. Kolb („Geschichte der Menschheit und der Cultur", 1843, der sich als „Fortschrittsmann" auf Buckle bezieht) sowie zum Kultur- und Zivilisationsbegriff Meyers Konversationslexikon 1897 u. schließlich Conrad Hermanns „Philosophie der Geschichte" (1870) in : *Über den Prozeß der Zivilisation*, Bd. I, Bern 1969, S. 37f.

[19] Vgl. hierzu vor allem Haselbach, Dieter, „Monopolmechanismus und Macht", Der Staat in Norbert Elias' Evolutionstheorie, in : Rehberg, Elias und die Menschenwissenschaften, S. 331-351, [s. Anm. 11].

oder die epigrammatische französische Moralistik La Rochefoucaulds, La Bruyéres und anderer. So entsteht das Selbstbild vom Menschen als eines modellierbaren und variablen Wesens, wie Arnold Gehlen das als die spezifische menschliche „Plastizität" beschrieben hat.[20]

Die Besonderheit der Eliaschen Analyse liegt bekanntermaßen in der Parallelisierung von Prozessen der Zentralisierung der Macht und der Kanalisierung des Verhaltens, das unter dem Druck der Herrschaftszusammenballung einem inneren Willenszentrum unterworfen wird. Deshalb rückte die höfische Konstellation in den Mittelpunkt der Aufmerksamkeit, denn das war der Ort, an dem mächtige und mit Gewaltmitteln ausgestattete Individuen aufeinander trafen und pazifiziert, das heißt dem Zwang der Etikette unterworfen werden mußten. Es ist eine lange Entwicklungsreihe von den zeitlich und räumlich wechselnden Hofhaltungen des Mittelalters bis zur durchorganisierten Perfektionsmaschine von Versailles. Aber das Prinzip ist immer dasselbe : gebrochen wird die Unmittelbarkeit der körperlichen Affekte von Kriegereliten (und ihres Anhanges) durch die vom Hausherrn auferlegten Regeln. Rituale und deren Verletzung konnten eine Angelegenheit auf Leben oder Tod sein. Die daraus gespeiste Verfeinerung der Sitten, die Indirektheit der Ausdrucksformen und die zivilisierten Umleitungen des Begehrens, die demonstrative Erhöhung von Personen oder deren für alle sichtbare Erniedrigung führten zu einer Kultur der Präsenz. Die Personen wurden in die Sichtbarkeit gerückt und zugleich wurden die im ständischen System unerläßlichen Distanzen zwischen ihnen visualisiert. Das konnte im Hochabsolutismus zu rituellen Steigerungen führen, die aus unserer Sicht geradezu grotesk wirken. Diese Prozesse sind an eine Modellierung der Seele und der Affekthaushalte geknüpft, an eine sozial genau regulierte „Inversion der Antriebsrichtung" (Gehlen). Das alles hat Elias in seiner Darstellung der Psychogenese zuerst des höfischen, später des modernen Menschen dargestellt – die figurativen Zwänge sowohl als Demonstrationsfeld der Veränderungen wie auch als Kausalgrund nehmend. Es entstanden – wenn man diesen wissenssoziologischen Begriff hier verwenden darf – kultivierte Relationierungen der Menschen.

---

[20] Vgl. Gehlen, Arnold, Der Mensch – Seine Natur und seine Stellung in der Welt, Gesamtausgabe, Bd. 3.1, hrsg. von Rehberg, Karl-Siegbert, Frankfurt a. M. 1993 sowie Elias, Prozeß Bd. II, S. 377f [s. Anm. 18]. Elias bezieht sich hier auf den Begriff von Moris Ginsberg, *Sociology*, London 1934, S. 118, wo es heißt : „The inborn tendencies, in short, have e certain *plasticity* and there mood of expression, repression or sublimation is, in varying degrees, socially condicioned." zit. in Prozeß I, S. 322 [s. Anm. 18].

III. Exkurs : Hans Peter Duerrs Generalangriff auf die Zivilisationstheorie

Ehe ich die Parallelen von Plessners anthropologischem Ansatz und Elias' Entwurf einer Figurationssoziologie näher beleuchte, will ich auf eine explizite Anthropologisierung der Eliasschen Betrachtungsweise zu sprechen kommen, die von außen gesetzt wurde, nämlich durch die fundamentale Kritik, die der Ethnologe Hans Peter Duerr an dessen Zivilisationsargument geäußert hat. Duerr sieht Elias' Entwicklungsdenken als Ausfluß eines Kulturimperialismus, der sich noch darin ausdrückt, daß er die Menschen früherer Jahrhunderte als „kindlicher", jedenfalls spontaner und weniger Über-Ich geleitet ansah. Zwar ist es keineswegs so, daß Elias angenommen hätte, die abendländische Entwicklung seit dem zehnten Jahrhundert biete den ersten und einzigen Zivilisationsschub, denn die griechische und römische Antike, undeutlicher schon Kenntnisse außereuropäischer Hochkulturen waren damals noch jedem Gymnasiasten selbstverständlich, zumindest existierte ein Hintergrundwissen davon. Zur Dämpfung der Dürrschen Affekte hätte allerdings der Satz beitragen können, den Elias in seinem Hauptwerk formulierte :

> „Keine Gesellschaft kann bestehen ohne eine Kanalisierung der individuellen Triebe und Affekte, ohne eine ganz bestimmte Regelung des individuellen Verhaltens".[21]

Trotz einiger schiefer Formulierungen und mancher Fehlinterpretation seiner Quellen im Detail wollte Elias eine Verschiebung der Triebregulierung über einen etwa tausendjährigen Zeitraum hin darstellen und auch zeigen, wie in einigen Jahrhunderten die Zivilisationszwänge verdichtet worden sind. Dies ist ihm auch gelungen.

Gegen Elias bestand Duerr darauf, daß in Face-to-face-Gesellschaften eine viel höhere soziale Kontrolle und Verflechtungsdichte der einzelnen Menschen existiert hätten als etwa in Hochkulturen und z.B. in den Städten seit dem 12. Jahrhundert. Erst recht gelte das für modernen Gesellschaften. Gerade die „Naturvölker" seien nicht schamfrei. Die „Privatisierung der reizenden Körperteile" habe in jeder uns bekannten Gesellschaft der Kontrolle sexueller Kontakte, z.B. auch der Verminderung von Rivalitäten, gedient und gerade in schriftlosen Gesellschaften die kunstvolle Schaffung privater Sphären und deren Trennung von den öffentlichen Räumen bewirkt, beispielsweise durch Diskretionszwänge, Blicktabus und imaginär errichtete „Phantomwände". So konnte der Kritiker der Zivilisationstheorie durchaus zeigen, daß die von Elias beschriebenen Triebkanalisierungen keine Besonderheit hochentwickelter Herrschaftsformen sind. Duerr schließt daran die Überlegung an, daß der Mensch „semi-social" sei, also „weder Monade noch Herdentier", vielmehr „ein Zwischenwesen" :

[21] Elias, Prozeß II, S. 447 [s. Anm. 18].

> Wie zum Wesen der Liebe die Exklusivität gehört [...], so gehört es zu unserer menschlichen *Identität*, daß wir den Zugang zu bestimmten Bereichen unseres Lebens kontrollieren.[22]

Wenn Duerr auch die Universalität schamhaften Verhaltens betont, durch das der Körper den Blicken der anderen entzogen oder seine Sichtbarkeit doch kontrolliert wird, so ist damit noch nicht geklärt, ob und in welcher Weise Scham angeboren, instinktiv gesichert oder (wie Freud meinte) organisch bedingt sei. Allerdings wird deutlich, daß sie in je besonderer Formung in jeder Kultur existiert. Duerr sah das anthropologisch Fundamentale der Scham darin, daß er bei Kindern geradezu eine „Todesangst vor Entblößung" festzustellen glaubte, auch fehlten in US-Nudistencamps die Teenager.[23]

Dies allein zu betonen, hätte der Kontroverse mit Elias (die von beiden Seiten als Diskussionsverweigerung inszeniert wurde) viel überflüssige (allerdings auch : medienwirksame) Schärfe genommen. Es wäre dann auch nicht bei der durchaus plausiblen Behauptung Duerrs geblieben,

> „daß vieles für die Wahrheit des biblischen Mythos spricht, nach dem die Scham vor der Entblößung des Schambereiches keine historische Zufälligkeit ist, sondern zum *Wesen* des Menschen gehört".[24]

Dann hätte man im Detail über die unterschiedlichen Formen und Verlaufskurven von Zivilisierungs- und Informalisierungsprozessen streiten können, hätte zeigen müssen, was jeweilige Verfeinerungen oder Vergröberungen des Verhaltens oder auch seiner sprachlichen Darstellung eigentlich bedeuten. Und schnell wäre klar geworden, daß Elias weder eine einzigartige, noch eine unilineare Zivilisationsentwicklung darstellen wollte. Dann wäre aber auch Duerrs Gegenpointe weniger wirksam gewesen, wenn er die – aus seiner Sicht mit abendländischem Hochmut verbundene – Fortschrittstheorie von Elias geradezu konterkarierte. Denn Duerr zufolge sei es gerade die „moderne Unverbindlichkeit", die eine Verhaltensfreiheit erzeuge, welche „zu einer Senkung von Scham- und Peinlichkeitsschwellen" führe.[25] Erst unter solchen Bedingungen löse sich das Schamverhalten auf.[26] Manches, was Elias von den „unzivilisierten" Gesellschaften des Mittelalters behauptet habe, sei „viel eher bei uns heute – etwa an den Stränden oder in der Sauna – zu beobachten [...], so daß die Wilden, wenn man unbedingt will, eher dort als am Kongo oder in Grönland zu finden sind".[27]

Auch Duerr entfaltet seine erstaunlichen und in vielen Bänden ausgebreiteten Lesefrüchte und kulturhistorischen Materialien (die uns ohne

---

22 Duerr, Hans Peter, *Der Mythos vom Zivilisationsprozeß*, Bd. II : *Initimität*, Frankfurt a.M. 1990, S. 258.

23 Ebd., S. 261 u. S. 267f [s. Anm. 22].

24 Duerr, Über den Prozeß, Bd. I, *Nacktheit und Scham*, Frankfurt a.M. 1988, S. 335.

25 Vgl. hierzu das Interview mit Hans Peter Duerr in : Der Spiegel, Nr. 12 (1986) S. 220.

26 Duerr, Über den Prozeß, Bd. II, S. 20, [s. Anm. 22]

27 Ebd., S. 19f.

den Ausgangsaffekt der Widerlegung des „Mythos vom Zivilisationsprozeß“ wo niemals zugänglich gewesen wäre) ohne Gesellschaftsanalysen. Nun mag es sicher verwundern und die eingeschworenen „Eliasianer“ sogar empören, wenn ich hier „auch“ sage, daß heißt unterstelle, daß Elias‘ eindrucksvolle historische Soziologie ebenfalls den Gesamtzusammenhang der Gesellschaften, auf die seine Beobachtungen bezogen sind und aus denen seine Quellen stammen, weitgehend ausgeblendet hat. Das erlaubte ihm die Modellierung einer grundlegenden Strukturentwicklung, die man nur aus solcher Distanz über mehrere Jahrhunderte hin sichtbar machen kann, aber die einzelnen Phasen des Prozesses, die einzelnen Epochen und Situationsverkettungen gerinnen dann zu einem Ausschnitt, beispielsweise dem des höfischen Lebens (das in den reflektierenden und normativern Texten sichtbar wird und den suggestiven Illustrationshintergrund für das theoretische Modell liefert). Das ist keineswegs gering zu schätzen, sondern öffnet den Blick für Zusammenhänge, die ohne eine solche Syntheseleistung gar nicht sichtbar würden. Aber der Preis, der dafür gezahlt wird, liegt in der Oberflächenhaftigkeit der gezeigten Figurationen. Das ist es, was ich mit der Interaktions-Mechanik meine, die den Eliasschen Studien eigentümlich ist. Elias anthropologische Annahmen sind – wie er schon dadurch sichtbar gemacht hat, daß er die Psychoanalyse als einzige theoretische Einflußquelle schon in seinem Prozeßbuch hervorhob – vom Freudschen Über-Ich-Modell geprägt und auf eine explizite anthropologische Argumentation nicht zurückbezogen (außer jener, die in Freuds Ansatz präsent wird).[28]

Die bei Elias beschriebenen und in den Angriffen Duerrs bestrittenen Verhaltensänderungen und das Problem des Verhältnisses der anthropologischen Grundausstattung des Menschen als eines Gattungswesens zu den sich historisch wandelnden psychischen Empfindungen und Triebregulierungen rufen die anthropologischen Modelle Helmuth Plessners ins Gedächtnis, in denen sich viele Parallelen zum impliziten Menschenbild von Norbert Elias finden. Ich erwarte von einem solchen hypothetischen „Geistergespräch“ auch eine klärende Präzisierung der aufgeheizten Frontstellungen im Kampf um Elias‘ Zivilisationsannahmen. Selbstverständlich handelt es sich hier nicht um eine Rekonstruktion gegenseitiger Einflußnahmen und Denkanstöße, sondern um Ähnlichkeiten und Parallelitäten der Modellbildung, die durch gegenseitige Spiegelung sichtbar werden sollen.

IV. Positionsbegrifflichkeiten

Elias wie Plessner, Weber wie Gehlen (und viele andere) haben ihre Menschen- und Weltbilder vor dem Hintergrund einer bürgerlichen Lebenserfahrung entworfen, in der Distanz*räume* selbstverständlich und tief verinnerlicht waren. Allerdings waren sie zugleich bedroht und wurden deshalb

---

[28] Elias, Prozeß I, S. 324, [s. Anm. 18].

eben auch als „unwahrscheinlich" empfunden. Im Zeitalter der Angst vor sozialer Nivellierung – in dem das Thema der „amorphen Masse" modisch war – hing Distanz eben wiederum von Bewußtseins- und Entscheidungsakten ab. Man wollte zu Nietzsches „letzten Menschen"[29] nicht gehören. Damit war eine bestimmte Form der persönlichen Reserve und Intimitätssicherung verbunden, die bei Plessner dann zur Grundlage seiner anthropologischen Bestimmungen werden konnte. Es entstanden parallele Haltungsbilder von Selbstbeherrschung und -kontrolle. Helmuth Lethen hat daraus bei sonst sehr unterschiedlichen Autoren in eindringlichen Studien geradezu „Verhaltenslehren der Kälte" abgeleitet[30] - auf diese Interpretation werde ich zurückkommen.

Das machte auch die Raummetaphorik der philosophisch-anthropologischer Autoren („Stellung", „Position" etc.) so plausibel und eben auch Plessners – bis in die Bestimmung der durch ihre jeweiligen Grenzverhältnisse bestimmten Lebensformen hinein wirksamen – raumschaffenden anthropologischen Begrifflichkeiten. Raum- und Feldbegriffe schließen Distanzen ein, einschließlich der Notwendigkeit, Abstände herzustellen und aufrechtzuerhalten.

Raummetaphern spielen auch in Elias' Analysen der höfischen Konstellationen (lange vor dem expliziten Entwurf einer „Figurationssoziologie") eine entscheidende Rolle, man denke nur an die Entfaltung der Logik der Hofhaltung des Sonnenkönigs und der dem zeremoniellen Druck sich entziehen wollenden Hochadelsgesellschaft. Das spiegelt sich in den räumlichen Arrangements, in den Zimmerfluchten von Versailles als dem symbolischen Ort der Zentralisierung ebenso wie in den Pariser *hôtels* der Nobilität, weshalb Elias in seinem frühen Entwurf über „Die höfische Gesellschaft" von den Raumstrukturen zu den Verhaltensritualen und den darin sich ausdrückenden sozialen Positionsgeflechten kam.[31] Zwar hat gerade dieser Autor die Zeitdimension des Prozeßhaften wie kaum ein anderer Soziologe hervorgehoben und sehr wohl auch Bausteine zu einer Soziologie der Zeit zusammengetragen.[32] Aber Nähe und Distanz bilden auch bei ihm die Bezugspunkte, von denen her die Verhaltensweisen an ritterlichen, fürstlichen

---

29 Nietzsche, Friedrich, „Also sprach Zarathustra", Gesammelte Werke Bd. 4, München 1980.

30 Lethen, Helmuth, *Verhaltenslehren der Kälte*. Lebensversuch zwischen den Kriegen. Frankfurt a. M. 1994 ; ders. „Norbert Elias' Konstruktion der „satisfaktionsfähigen Gesellschaft", Die Wandlungen des „verbürgerlichten Kriegerethos" und das Ideal des Lebens in der Distanz", in : Reinhard Blomert, Hans Ulrich Eßlinger und Norbert Giovannini (Hrsg.) : *Heidelberger Sozial- und Staatswissenschaften*. Das Institut für Sozial- und Staatswissenschaften zwischen 1918 und 1958. Marburg 1997, S. 291-309 ; ders. : „Philosophische Anthropologie und Literatur in den zwanziger Jahren. Helmuth Plessners neusachliches Mantel- und Degenstück", in : Germanistentreffen Belgien – Niederlande – Luxemburg – Deutschland vom 29.9. bis 3.10.1991. Dokumentation der Tagungsbeiträge Bonn : DAAD 1992, S. 123-155.

31 Elias, *Die Höfische Gesellschaft*, Neuwied und Berlin 1969.

32 Elias, *Über die Zeit*, Arbeiten zur Wissenssoziologie II, Frankfurt a. M. 1984.

und schließlich königlichen Höfen für die soziologische Analyse so wichtig wurden.

Exzentrizität und Figuration sind gleichermaßen *Positionsbegriffe*, ganz gleich ob es um eine Formenlehre des Organischen geht oder um die historische Präsenz von Personen auf den höfischen Bühnen oder in den „normalisierten" Massengesellschaften.

Elias hat all das - wie Plessner - mit Blick auf die zugrundeliegenden „Machtbalancen" analysiert und dabei auch die psychologische Entsprechung der unmittelbaren und der verinnerlichten Ängste einbezogen. Das führte ihn zum Thema der *Scham* als dem Resultat inkorporierter sozialer Konflikte (aber eben nicht der Spannungen zwischen dem Körperhaben und Leibsein bzw. -Seinwollen. Immer ist die Spannung mitzudenken, die in jeder Sichtbarkeit der Person und des Verhaltens liegt, wie das etwa Jean-Paul Sartre mit seiner Phänomenologie des „vernichtenden Blicks" existentialistisch dramatisiert hat.[33] Scham ist ein Korrespondenzphänomen der „exzentrischen Positionalität" des Menschen. Es sind dies Metaphern, die mit dem Weltverhältnis des Menschen zusammenhängen, mit seiner Aufrichtung (die schon Herder als entscheidend beschrieben hatte)[34] und seiner „Stellung" in der Welt ebenso wie in einem jeweiligen Raum und sozialen Kraftfeld personaler Kämpfe. Diese Position wäre nicht lebbar ohne eine Selbstbetrachtung von außen her und ohne die Einbeziehung anderer. Das ist in der Hofpsychologie ebenso mitgedacht wie in Plessners anthropologischem Schlüsselbegriff.[35] In diesem Sinn sprach Plessner in seiner 1924 erschienenen Kritik des Gemeinschaftsradikalismus vom „Kampf ums wahre Gesicht", von der ständigen Bedrohung durch ein „Risiko der Lächerlichkeit". So habe der Mensch zugleich einen durch „Geltungsbedürftigkeit" hervorgerufenen „Drang nach Offenbarung" wie auch dessen Gegenteil, nämlich einen auf Schamhaftigkeit beruhenden „Drang nach Verhaltung".[36] Als Sicherungssysteme gegen die Bedrohung der Integrität der immer fragilen Person und gegen die Ansprüche einer umfassenden Gemeinschaftlichkeit, in der den Individuen paradoxerweise Sicherheit dadurch suggeriert wird, daß sie in ihr „restlos aufgehen" sollen, setzt Plessner „Zeremoniell und Prestige" als „Wege zur Unangreifbarkeit".[37] Hier entsteht eine Rollentheorie der Selbstabgrenzung :

---

[33] Vgl. Sartre, Jean-Paul, *Das Sein und das Nichts*, Hamburg 1962 sowie ders., *Die Wörter*, Reinbek bei Hamburg 1965.

[34] Vgl. Herder, Johan Gottfried, *Ideen*, Sämtliche Werke, Bd. 4, Hildesheim 1976

[35] Aber die Soziologen kennen ja auch die handlungstheoretische Vertiefung in George Herbert Meads Theorie der konstitutiven Intersubjektivität.

[36] Plessner, Helmuth, „Grenzen der Gemeinschaft, Eine Kritik des sozialen Radikalismus", *Gesammelte Schriften* V, Frankfurt a. M. 1981, S. 63.

[37] Ebd., S. 79ff., [s. Anm. 36].

> „Das Individuum muß zuerst sich eine Form geben in der es unangreifbar wird, eine Rüstung gleichsam, mit der es den Kampfplatz der Öffentlichkeit betritt".[38]

Von da aus wird die Position der „Würde" bestimmt und des Zeremoniells, das Verhaltensregeln festschreibt, allerdings um den Preis, daß es eine „starre Lebensordnung schafft", die den Einzelnen zwar schützt, aber seine Entfaltungsmöglichkeiten zugleich beschneidet. Dagegen lassen sich dann persönliche Fähigkeiten ins Spiel bringen, die – wie aus der soziologischen Perspektive Max Webers – von „oben" plausibel werden. Zwar muß man nicht unbedingt an die Außeralltäglichkeit eines Charisma denken, doch aber einen identitätssichernden „Nimbus" der Person, der Leistungen einschließt und durch sie gesteigert werden kann, nämlich an *Prestige*.[39] Das war in der höfischen Konstellation in ständigem Kampf dynastisch und ständisch zu sichern und braucht heute andere Leistungsvoraussetzungen. Aber nicht nur die Dynamik der ‚Bewährung' vermeidet die rituelle Erstarrung, sondern auch die größeren Spielräume in lockerer geknüpften Sozialbeziehungen als es die vereinnahmenden Gemeinschaftsformen sind, wirken dynamisierend. Gegen den substantialistischen Ernst von Gemeinschaftsansprüchen wird die Gesellschaft bei Plessner als interdependenter Raum von Distanzen gedacht. Und vielleicht entwickelt sich in allen Etablierungszuständen – sei es höfischen, sei es solchen in den unübersichtlichen Subkulturen heutiger Eliten – ein „Geist des Spieles".[40] Spiele waren – vom Schachbrett bis zum Salon, Park, Wohnzimmer oder der Kneipe – auf Realräume solange angewiesen, bis sie durch elektronische Virtualisierung auf kleinstem Raum in zugleich imaginär unabschließbare ‚Räume' hinüberspielen. Die instrumentelle Seite der Entfaltung menschlicher Handlungspotentiale im Spiel haben etwa Johan Huizinga, Frederik J. J. Buytendijk oder Gehlen beschrieben[41], während es Plessner – darin Elias' Thematik näher stehend – um die „eigenartige Konformität zwischen dem physisch-vitalen Spieltrieb und der dialektischen Dynamik des Psychischen" ging :

> „Indem die Seele die beständigen Anstöße, die nach Entladungen verlangenden Spannungen der leiblichen Daseinssphäre [...] sozusagen auf höherer Ebene auffängt, verhindert sie eine plumpe Überrumpelung durch die Triebe, benutzt vielmehr deren mächtige Energien, um den Menschen als Einheit von Leib, Seele und Geist zu befriedigen".[42]

Jedenfalls geht es um Menschenformung von Kindesbeinen an, um *play* und *game* im Meadschen Sinne – und die Normbücher der höfischen Etikette und

---

[38] Ebd., S. 82, [s. Anm. 36].

[39] Ebd., S. 84 u. 88, [s. Anm. 36].

[40] Ebd., S. 94, [s. Anm. 36].

[41] Huizinga, Johan, *homo ludens*, Vom Ursprung der Kultur im Spiel, [zuerst niederländisch 1938], Reinbek 1997.

[42] Plessner, „Grenzen der Gemeinschaft", S. 94, [s. Anm. 36].

der Ausbildung zum „Cortegiano" waren auch darum so populär, weil die Verherrlichung und Selbsterhöhung des fürstlichen Lebens in spielerischen Formen der Selbstvergewisserung und der Normenlegitimierung zum Ausdruck kamen – in den Texten *und* in ihrer Aneignung.

Von solchen Perspektiven aus liegt es dann nahe, gegen den Gemeinschaftsradikalismus von links und rechts – der sich als Feind der Natur erweist, weil er alle Vermittlungen und Ambivalenzen zerbrechen will[43] – auf Formen der personalen Stabilisierung zu setzen, die mit ihrer höfischen Vorgeschichte eng zusammenhängen, nämlich auf das, was Plessner die „Logik der Diplomatie" nannte und als „Hygiene des Taktes" pries.[44] Bei Gehlen heißt das „stabilisierte Spannung".

Das berührt sich übrigens mir einer Kategorie der Gehlenschen Institutionenlehre, nämlich der „stabilisierten Spannung". Dort hatte Gehlen die Herstellung von Gleichgewichtszuständen und die produktive Verarbeitung von Ambivalenzen am Beispiel der Höflichkeit illustriert, die durch Verhaltensstilisierungen mit der „Kühle" in ein offenes Gleichgewicht gebracht werden kann :

> „Die Höflichkeit führt diese Spannung von der ersten Seite vor, sie ist ein im Verhalten stilisiertes vorweggenommenes Einverständnis. Die Kühle entwickelt den selben Komplex von der anderen Seite, die markiert die Chancen des Abbruchs, läßt aber das Einverständnis nicht als unerreichbar erscheinen. Dies tut die ‚Kälte'.[45]

Plessners Anthropologie folgt also den kulturellen Verhaltensstilisierungen, deren Genese Elias in seinen Darstellungen der höfischen Gesellschaft und ihres Anteils am Prozeß der Zivilisation dargestellt hat, stützt aber zugleich die Grundthese des Elias-Kritikers Duerr, wonach die Scham ein Wesensmerkmal des Menschen sei.

Das berührt die bereits dargestellte Grundsatzfrage zwischen Elias und Duerr : will der Mensch unter allen Lebensbedingungen und in allen Epochen einen Raum der Intimität wahren, ist dies also ein universaler Zug seiner Existenzform oder handelt es sich um ein Bedürfnis nach Selbstsicherung, das selbst historisch bedingt, etwa an bestimmte stratifizierte Lebenslagen oder soziale Ungleichheitssysteme gebunden sind ?

Die Bereitschaft zur nationenweiten Selbstentblößung und vielleicht – entblödung könnte an der Allgegenwärtigkeit von Scham zweifeln lassen. Auch das sind ja schon transnationale Zurschaustellungen : die Italiener etwa finden „Il grande fratello" eher stupide, was der Sendung bei einiger Eingewöhnung

---

[43] Ebd., S. 14, [s. Anm. 36].

[44] Ebd. S. 95, [s. Anm. 36].

[45] Gehlen, *Urmensch und Spätkultur*, Philosophische Ergebnisse und Aussagen, Bonn 1956, S. 81. Vgl. zu einer grundlegenderen Auswertung dieses Gehlenschen Gedankens, daß die Leistungen institutioneller Stabilisierungen immer in der Herstellung von Spannungsbalancen liegt.

gute Chancen auf Spitzenbeliebtheit eröffnet (inzwischen allerdings auch zu einem aggressiveren Konzept des angestrengten Skandale-machen-Wollens geführt hat), denn die dortigen Showangebote sind nicht leicht zu unterbieten, und vollständig spannungsarme Dauerbrenner wie „Derrick" oder „Kommissar Rex" etwa wurden über die Maßen beliebt.

Die Zunahme der zunehmend tabulosen TV-Selbstdarstellung macht das Medium einerseits zu einem existenzversichernden Spiegel, zum anderen zu einer Maschinerie der Relativierung alles Besonderen und Ausgefallenen, Schrecklichen und Abstoßenden – und zuweilen kommt ja sogar das unwahrscheinliche Glück vor, etwa in Partnervermittlungsshows. Aber mit dem mitleiderregenden Exhibitionismus tauchen sofort auch neue Formen des Verbergens auf, nämlich das Eintauchen in die Trivialität einer Unmittelbarkeit, die eines Orwellschen „Big Brother" gerade nicht mehr bedarf, denn ihr fehlt jede Tendenz zur Ordnungsbedrohung. Nirgends wird so viel „gekuschelt" wie im Exhibitionismus der Normalkonsumenten, nirgends bietet das Geltenlassen von allem und jedem mehr Schutz vor der Sichtbarkeit einer exponierten Position. Und das alles in einen abgesunkenen Dauerdiskurs eingelassen, der Jürgen Habermas zwar die Haare zu Berge stehen ließe, der – zumindest in Deutschland – aber die „Leitkultur" pluralistischer Lebenswelten politisch korrekt und somit auf die beruhigendste Weise zum Ausdruck bringt. Daran mögen die (Regie-)Vorgaben der Sendungsmacher von „Big Brother" nicht ganz unschuldig sein – vielleicht führt man die anfangs durch vielen ethischen Bedenken werbewirksam skandalisierte Sendeform zuerst einmal harmlos ein, um mit „härteren Sachen" noch nachlegen zu können (wie in Italien inzwischen beobachtbar). Aber solche Drehbücher wären ohne die Massenlegitimation der „Hineinschauenden", der abstimmenden und wettenden Aktual- und Bildschirm-Zuschauer kaum durchschlagend. Woraus man den Schluß ziehen kann, daß Scham und Anstand auch auf dem kulturellen Nullniveau nicht verloren sind ; Elias nähme das als Bestätigung für seine These von den Lockerungsmöglichkeiten des alternativlos Verinnerlichten.

Sieht man die Parallelen und sachlichen Übereinstimmungen zwischen Elias' Verhaltensmodellen und dem Plessnerschen Bild vom Menschen, dann löst sich die Fundamentalkritik Duerrs sozusagen auf. Nicht mehr geht es um Zivilisierung mit Blick auf die falsche Alternative von Universalität oder Einmaligkeit, sondern um die unterschiedlichen, historisch sich wandelnden Kontrollformen des menschlichen Verhaltens und des menschlichen Trieb- und Interessendrucks.

V. Die gefährliche politische Ohnmacht

Parallelen zwischen Plessners Werk und den Arbeiten von Norbert Elias zeigen sich auch in der Bedeutung des Machtthemas – eine Evidenz, die sie mit Max Weber teilten. Die in ihren Ansprüchen totalisierende Gemeinschaft kann über die internen Machtprozesse täuschen, gerade wenn sie nach außen Macht demonstriert, eine Kollektivmacht, wie der – im Grenzfall *ethnozentrische* Konsens suggeriert.

Macht als Chance zur Selbstproduktion, als Selbstabgrenzungsressource durch die Verflechtung mit den Sachgegebenheiten (die als ‚gegeben' gerade nicht hingenommen werden dürfen), als Mittel der Lebens*führung* ist mit jenem konstruktivistischen Aktionspathos verbunden, das sich auch bei Max Scheler oder Gehlen findet – bei Scheler als eine Aktmöglichkeit des Menschen, bei Plessner als Selbstschutzkompetenz, bei Max Weber, Hans Freyer oder Gehlen als Weltveränderungsbedingung (die aber wiederum der – privilegierten ? – Selbstabgrenzung bedarf). In den Systemtheorien ist Macht als Medium entdramatisiert und spezialisiert worden, erst bei Michel Foucault ist die Spannung zwischen Menschenvernichtung und Menschenproduktion wieder spürbar (wenn auch in anderen Vorstellungsbildern und unter den Bedingungen der Subversion anstelle der etablierten Selbstsicherung).

Diese Auffassung von einer die Integrität garantierenden Notwendigkeit der Macht begründet auch Plessners und Elias' Reflexionen des deutschen „Sonderweges". Plessner entwarf seine – eine schmerzvolle Distanzierungsleistung voraussetzende – Analyse in einer Groninger Vorlesung des Wintersemesters 1934/35 für Hörer aller Fakultäten, denen er eine „Einführung in die gegenwärtigen geistigen Kämpfe Deutschlands und seiner Philosophie" gab. Das 1936 erschienene Buch hieß zuerst „Schicksal deutschen Geistes im Ausgang seiner bürgerlichen Epoche" und wurde 1959 mit Zusätzen unter dem vereinfachenden, aber wirksameren Titel „Die verspätete Nation"[46] neu publiziert. Norbert Elias Studie „Über die Deutschen"[47]steht dazu in einem unmittelbaren thematischen Bezug. Der gemeinsame Angelpunkt ist die Machtschwäche Deutschlands inmitten eines (West-)Europa der Nationalstaaten. Der Kausalgrund für die Schwäche des europäischen Zentrallandes liegt in dem – wie Plessner das mit Thomas Mann markant formuliert hat – „versäumten siebzehnten Jahrhundert".[48]

Helmuth Lethen hat in Elias' Studie über die „satisfaktionsfähige Gesellschaft" und des daran projektiv geknüpften „verbürgerlichten Kriegerethos" den Kerntext für Elias' Auffassung des „Kälte"-Verhaltens gesehen. In dieser bürgerlichen Welt des Wilhelminismus – die uns in satirischer Zuspitzung so gut aus Heinrich Manns „Der Untertan" gegenwärtig ist – ging es (wie Lethen für den Forschungsgegenstand, deshalb aber noch nicht für den Autor, prägnant zusammengefaßt hat) um unbalancierte Selbststilisierungen, beispielsweise um die „Anerkennung der ‚Härte" des

---

[46] Plessner, „Schicksal deutschen Geistes im Ausgang seiner bürgerlichen Epoche" [zuerst 1935]. In : GS VI ; ders. : „Die verspätete Nation. Über die politische Verführbarkeit bürgerlichen Geistes", GS VI, Stuttgart u.a.. 1959.

[47] Elias, *Studien über die Deutschen.* Machtkämpfe und Habitusentwicklung im 19. und 20. Jahrhundert, hrsg. v. Michael Schröter, Frankfurt a. M. 1989.

[48] Plessner, *Die verspätete Nation*, [s. Anm. 46].

Lebens“ und seiner „notwendigen Grausamkeiten“, eng verbunden mit einer „Verächtlichmachung ‚femininer‘ Haltungen“[49] und selbstverständlich der Ablehnung jener „ewigen Diskussion, die Carl Schmitt aus den Diskursivitätsidealen der Romantik hergeleitet hatte.[50] Stattdessen sollte der klaren Entscheidung das „entschlossene Handeln“ folgen.[51]

Trotz dieses gemeinsamen Gedankens, nach welchem die deutsche Politik im 20. Jahrhundert so unberechenbar und zerstörerisch gewesen ist, weil den Deutschen ein selbstverständliches Nationalbewußtsein eine lange Tradition bürgerlicher Politik fehlten, sind die Argumentationsweisen von Plessner und Elias doch sehr unterschiedlich, ergänzen einander jedoch. Es geht in beiden Schriften um die Differenzen zwischen den Deutschen einerseits und den „Völkern des alten Westens“, die auf ein “Goldenes Zeitalter“ zurückblicken konnten, andererseits. Plessner entfaltet dieses Gedanken in eine großen intellektualgeschichtlichen und ‚ideologiekritischen‘ Retrospektion. Dabei griff er weit zurück und zeigte nicht nur die Folgen der Bismarckschen Einigung Deutschlands zu einer „Großmacht ohne Staatsidee“, sondern auch die Entgegensetzung von Staats- und Volksbegriffen in Ländern mit früher Zentralstaatlichkeit wie Frankreich, den Niederlanden oder England auf der einen und den „verspäteten“ Nationen Spanien, Italien und Deutschland auf der anderen Seite. Religiöse Quellen für die deutsche Kultur- und Politikauffassung liegen in der lutherischen Ablehnung der institutionellen Großkirche und in der Schwächung des Bürgertums durch eine Zerstörung der „Philosophie als Instanz“, wie sie durch die Radikalisierungen von Kierkegaard, Nietzsche und Marx vorangetrieben worden waren. Plessner führte – in der großen persönlichen Bedrängnis des Exils – distanziert und diffizil vor, was Georg Lukács[52] später mit großen Pinselstrichen als „Zerstörung der Vernunft“ entwarf.

Plessner hat übrigens dessen Buch 1950 in einer Ergänzung diskutiert und mitgeteilt, daß er sich durch Lukács in manchem bestätigt fühlte[53], obwohl dieser, hätte er seine Schrift gekannt, diese wahrscheinlich ebenso abgelehnt hätte wie Herbert Marcuse das in einer Rezension in der „Zeitschrift für Sozialforschung“ getan hatte – aber „vielleicht ernsthafter und gedankenvoller“.[54]

So wurden in Deutschland in einem langen Prozeß jene Weltdeutungen unterminiert, welche eine bürgerliche Kultur hätten stützen können, „mit dem

---

49 Dazu bleibt das Schlüsselbuch der literarischen ‚Ikonographie‘: Theweleit, Klaus, *Männer-Phantasien*, 2 Bd. Frankfurt a. M. 1977.

50 Vgl. Schmitt, Carl, *Politische Romantik* Berlin 1968.

51 Vgl. Lethen, Norbert Elias‘ Konstruktion der „satisfaktionsfähigen Gesellschaft, S.292, [s. Anm. 30].

52 Lukács, Georg, *Die Zerstörung der Vernunft*, in: Georg Lukács Werke, Bd. 9, Darmstadt/Neuwied 1974.

53 Plessner, *Die verspätete Nation*, S. 213, [s. Anm. 46].

54 Ebd., S. 478f, [s. Anm. 46].

Liberalismus freier Lebensdeutung und Lebensführung, mit der Möglichkeit, unabhängig vom Staat oder geschützt vom Staat eine private Existenz zu haben".[55] Von alledem ist bei Elias unmittelbar nicht die Rede, obwohl auch hier der Ausgangspunkt die NS-Diktatur und – weil die Manuskripte später geschrieben wurden – deren blutiges und klägliches Ende waren. Von da aus kamen die Veränderungen europäischer Verhaltensstandards in den Blick. Im Mittelpunkt der Eliasschen Analysen steht die Gesellschaft des 1871 gegründeten Deutschen Reiches, allerdings wird auch die Hintergrundgeschichte des deutschen Nationalismus ausgeleuchtet, vor allem im Unterschied zu England.

VI. Elias' „Anthropologie" : Die Auflösung des „homo clausus"

Fragt man nun nochmals nach den anthropologischen Bezügen in Elias' Werk – so hat dieser *ein* Thema immer wieder variiert, unermüdlich gegen das Menschenbild eines *homo clausus* anschreibend. Schon seinem Prozeßbuch hatte er in den dreißiger Jahren des vergangenen Jahrhunderts ein abschließendes Kapitel anfügen wollen, das dann aus finanziellen Gründen herausgenommen und in erweiterter Fassung erst ein halbes Jahrhundert später unter dem Titel „Die Gesellschaft der Individuen" publiziert wurde.[56] Elias ging es um das „Kardinalproblem aller Soziologie", nämlich um die Überwindung der unfruchtbaren Opposition von „Individuum" und „Gesellschaft". An die Stelle dieses Dualismus wollte er Begriffe setzen, welche die Balance zwischen „Ich-Identität" und „Wir-Identität" bezeichnen sollten. So wurden die menschlichen Beziehungen als „Verkettungen" gedacht (als „Arbeits- und Besitzketten" oder als „Trieb- und Affektketten"). Menschen leben also jeweils in einem „Netzwerk von Abhängigkeiten". Von „Wechselwirkungen" zu sprechen, wie Georg Simmel das tat, war Elias zu wenig, denn jeder seiner Begriffe sollte die Interdependenzen in ihrer Prozeßhaftigkeit erfassen können. In diesem Sinne hat er in seinem Einführungsbuch „Was ist Soziologie ?" empfohlen, die Menschen konsequent in figurativen Vernetzungen zu sehen und auf der anderen Seite „Gesellschaft" immer als Zusammenhang mehrebeniger Figurations- und Spielebenen von Personen und Personengruppen. Anthropologisch formuliert hieß das dann, den „homo clausus" durch die „homines aperti" zu ersetzen.[57]

---

[55] Ebd., S.197, [s. Anm. 46].

[56] Elias, *Die Gesellschaft der Individuen*, hrsg. v. Michael Schroeter, Frankfurt a. M. 1987. Der Skizze aus dem Jahre 1939 folgten Überarbeitungen in den 40iger und 50iger Jahren sowie der Aufsatz „Wandlungen der Wir-Ich-Balance" von 1987. – Mag sein, daß nicht nur Elias' Buchtitel, sondern auch sein Denkmodell inzwischen Schule gemacht haben : eine in Italien erscheinende sozialwissenschaftliche Zeitschrift nennt sich immerhin „La sociologia delgi individui".

[57] Elias, *Was ist Soziologie ?*, München 1970, bes. S. 130ff., u. 135ff. sowie zu „Figuration" S. 139-145.

Das alles korrespondiert nun keineswegs mit Plessners Ansichten, obwohl auch er die Gruppenexistenz des Menschen sowenig geleugnet hätte wie die tiefliegenden sozialen Verbindungs- und Abhängigkeitslinien der Einzelnen. Aber anthropologisch erscheinen Elias' Vorschläge doch zu kurz gegriffen, denn es genügt nicht, das Fürwort "Ich" einfach in ein „Wir" aufzulösen, gerade weil in jeden Ich-Begriff Relationen zu Anderen und die Perspektiven der Anderen immer schon eingeschlossen sind. Elias unterstellte, die Akzeptanz seiner Einsichten setze einen „weiteren Schub der Selbstdistanzierung" voraus :

> „Erst mit dessen Hilfe vermag man das, was als tatsächlich existierende, als trennende Distanz zwischen sich selbst und ‚anderen', zwischen 'Individuum' und zwischen ‚Gesellschaft', zwischen ‚Subjekt' und ‚Objekt' erscheint, als Verdinglichung von eigenen sozial eingebauten Distanzierungsakten zu erkennen".[58]

Und das klingt eben ganz anders als Plessner (die von Helmut Lethen gesehene „Kälte" der Distanz eingeschlossen – zwar man muß berücksichtigen, daß dieses Elias-Zitat nicht den zwanziger Jahren des vorigen Jahrhunderts entstammt, sondern den Sechzigern, die Grundidee dieser begrifflichen Ich-Auflösung durch soziale Vernetzung aber schon 1936 festlag).

Aber noch ein anderes ist wichtig : Elias hat – wie Plessner - viel dazu beigetragen, daß man auch in der Soziologie die Körperlichkeit des Menschen nicht länger ignorierte. Der Körper ist gleichermaßen Medium der Darstellung wie der Norm-Verinnerlichungen. Die figurativen Bühnen legen dann Themen nahe, die das auch in der Rollentheorie festhalten, man denke an Plessners Überlegungen zu Ausdrucksphänomenen, wie er sie etwa in Studien über die Nachahmung oder die „Anthropologie des Schauspielers" konkretisiert hat.[59] Aber in Elias' forscher Überspringung des körpergebundenen Subjekts, daß sich in Sozialkonstellationen begrifflich sozusagen auflöst, ignoriert er diese Seite seiner eigenen Funde, während Plessner das Problem der durch den Körper gegebenen Grenze des Ichs sehr genau durchdacht hat.

VII. Exkurs : Lachen (und Weinen) – ein Plessner-Thema und ein Arbeitsplan von Elias

Eine überraschende thematische Parallele – die deswegen nicht schon eine theoretische wäre – ergibt sich aus einem Fund im Nachlaß von Norbert Elias, den ich Hinweisen von Reinhard Blomert und Michael Schröter verdanke – Elias hatte das Projekt aber auch schon in einem seiner autobiographischen Interviews erwähnt[60] : Elias wollte in den fünfziger Jahren *An Essay on Laughter*

[58] Ebd., S. 131, [s. Anm. 57].

[59] Vgl. Plessner, „Ausdruck und menschliche Natur", GS VII, Frankfurt a. M. 1982. S. 399-418.

[60] Umfangreiche Vorarbeiten zu den geplanten „Essay on laughter" finden sich im Elias-Nachlaß im Schiller-Nationalmuseum/Deutsches Literaturarchiv in Marbach. Ich danke den dortigen Bearbeitern Dr. Christoph König und Heidrun Fink, daß sie mir einen ersten Einblick in sehr

schreiben, womit eines der prominentesten Themen Helmuth Plessners berührt ist. Man darf (auf der Basis des Marbacher Elias-Nachlasses) als sicher annehmen, daß Elias damals dessen 1942 erstmals erschienene Studie „Lachen und Weinen"[61] nicht gelesen, jedenfalls nicht exzerpiert oder in seinen vielen Skizzen erwähnt hat. Programmatisch zielte Elias auf eine historische Ausdruckstheorie. Einem Gliederungsentwurf, der undatiert mit dem Briefkopf des University College of Leicester versehen ist, wird eine Schrift im Umfang von „30.000 words" konzipiert, in deren einführendem Teil es um pseudowissenschaftliche und wissenschaftliche Bearbeitungen des Lachens – einschließlich evolutionsbiologischer Argumente – gehen sollte, sodann um ontogenetische Beobachtungen über das Lachen bei Kindern. Als weiteres Kapitel wären dann Gedanken über „the civilizing of laughter as part of civilizing process generally" entwickelt worden. Abschließend war ein Kapitel geplant, in der eine „Theorie des Lachens" entfaltet werden sollte, „including the territory of laughter as a general human reaction and its specific forms". Insofern zeigt schon diese Skizze, daß Elias Lachen (und damit wohl auch Weinen) nicht als Grenzfälle einer Überwältigung des Menschen durch situative Spannungen und den eigenen Körper behandelt hätte, sondern es als instinktiv und naturhaft bedingte, sodann aber gesellschaftlich und kulturell geprägte Ausdrucksform verstand. Plessner suchte seine Bezugsautoren im Umfeld der aktuellen wissenschaftlichen Debatten, während Elias vorhatte, historisch entstandene Ansichten über das Lachen auch unter Rückgriff auf Thomas Hobbes, Immanuel Kant oder Herbert Spencer auszuwerten.

Interessant ist nun, daß Elias bei der ersten Exposition des Themas – entgegen seinen eigenen disziplinären Aversionen – durchaus anthropologisch argumentierte. Mag sein, daß die Nützlichkeitskultur einer Soziologie die (zumal an den englischen Reformuniversitäten) praktischen Problemlösungen gewidmet sein sollte, ein Thema wie dieses schlechthin als „useless" ansah, selbst wenn der Autor als Dozent „Sozialpsychologie" zu lehren hatte. In der beabsichtigten Selbstlegitimierung wollte Elias die „Nutzlosigkeit" seines Themas gerade dadurch rechtfertigen, daß es so „unnütz" sei wie alle Fragen nach der „condition of man". Mögen anthropologische Problemstellungen also unmittelbar niemandem nützen, so könnten sie doch helfen uns selbst zu verstehen und in diesem Sinne sah er – darin Plessners, aber beispielsweise auch Simmels Essais über derlei Themen nicht unähnlich – „a small focus for a large subject".

Parallel zu Plessners Argumentation wäre Elias' Ausgangspunkt gewesen, das Lachen als eine „elementary performance" zu nehmen, die den gesamten Organismus aktiviert und einbezieht, wodurch er die an vielen Stellen seines

---

kurzer Zeit möglich machten sowie Reinhard Blomert, der mich auf dieses Konvolut hingewiesen hat.

[61] Plessner, *Lachen und Weinen*, Eine Untersuchung der Grenzen menschlichen Verhaltens, GS VII, S. 201-387, [s. Anm. 59].

Werkes vertretene Position belegt fand, daß es falsch sei, den Menschen zum einen als physisches, zum anderen als psychisch-mentales, schließlich als soziales Phänomen aufzufassen (oder gar in Teilsysteme zu zerlegen). Das Lachen belehre über die Einheit der Menschen ebenso wie die besser erforschte *Angst*. In beiden Fällen werde man nach den biologischen Funktionen sowie nach den individual-psychologischen und sozialen fragen, das Phänomen aber als einheitliches behandeln müssen.

Auch Plessner hatte sich ja gegen die cartesianische Entgegensetzung vom „Menschen als Naturding" und „den Menschen als sittlich-geistiges Wesen" gewandt, um die „Zweiseitenauffassung des Menschen" durch eine synthetische Betrachtung zu überwinden. Allerdings schien ihm die Lösung Arnold Gehlens zu einfach, das „Leib-Seele-Problem" einfach aus den Angeln zu heben und apodiktisch wie dieser zu konstatieren : „Es erübrigt sich, sozusagen, denn wir haben einen dritten Standpunkt".[62] Plessner wollte demgegenüber die Spannung zwischen der Körperlichkeit und dem durch Exzentrizität bestimmten „Geist", zwischen Innen- und Außensicht des eigenen Ich, des Körperdings und der Leibgegebenheit in eine Spannungssynthese bringen. Auch ist ja die *Handlung* bei ihm nicht in dem Maße einheitsstiftend wie etwa in Gehlens Konzeption und die *Sozialität* nicht in dem Maße integrierend wie bei Elias.

Selbstverständlich beginnt auch Elias mit dem methodischen Ausgangspunkt jeder philosophisch-anthropologischen Betrachtung, indem er vom Mensch-Tier-Vergleich ausgeht und so herausarbeitet, daß Lachen exklusiv dem Menschen vorbehalten und zugleich in allen Gesellschaften beobachtbar sei. Er erörtert schon in seiner ersten Gedankenskizze verschiedene Ausdruckstheorien – manche Argumente erinnern an die Gestentheorie von Wilhelm Wundt, welche George Herbert Mead aufnahm. Aber das Ergebnis entspricht dem Plessnerschen, der zwar eine Reihe von Autoren anzuführen wußte, die der Meinung waren, daß auch Tiere lachen und weinen könnten[63], selbst doch aber mit Entschiedenheit unterstellt, daß „Lachen und Weinen Monopole des Menschen sind".[64]

VIII. Anthropologie der Distanz und die zivilisatorische „Kälte"

Helmut Lethen hat vorgeschlagen, die Korrespondenzen zwischen Elias und Plessner[65] als Zwischenkriegsphänomen zu deuten, als eine Stilisierung

[62] Gehlen, *Der Mensch und seine Stellung in der Welt*, [s. Anm. 20]. Plessner zitiert Gehlen aus der ersten Auflage von 1940 (S. 11, jetzt in GA 3, Variante 13.33-17.5). Vgl. Plessner, GS VII, S. 234 [s. Anm. 59].

[63] Ebd., S.221, [s. Anm. 59].

[64] Ebd., S. 42, [s. Anm. 59].

[65] Diese hatte ich in erster Näherung zu skizzieren versucht in einer Tagung des damals noch existierenden „Forum für Philosophie Bad Homburg", die vom 14.-16.2.1992 in der Bibliothek des dortigen Kaiser-Wilhelm-Bades stattfand, dann aber nicht publiziert wurde.

distanzierender „Kälte“, welche gegen Gemeinschaftlichkeit und „Gewissenskultur“[66] nun eine neue „Sachlichkeit“ und die Einsicht gestellt hätten, daß gerade in der „Entfremdung“ Rettendes liege. Es waren das Schlußfolgerungen aus der vernichtenden Existenzialität des Ersten Weltkrieges, dem man – wie Ernst Jünger – mit Kälte zu begegnen suchte oder mit der expressionistischen Spiegelung eines Zerrbildes der Menschheit, mit einem „Oh-Mensch“-Aufschrei. Allerdings glaube ich, daß es in dem Zwang zur Versachlichung, für die schon Max Weber so leidenschaftlich und ohne jede emotionale Abkühlung eingetreten war, auch im Hinblick auf Plessner und Elias erhebliche Abschattierungen und damit verbundene Differenzen gibt. Die Gemeinsamkeit einer bürgerlich gedachten Notwendigkeit der Selbstabgrenzung und der Handlungsmächtigkeit habe ich ja bereits behandelt und sie liegt – wie ich an anderer Stelle etwa für Plessner und Gehlen gezeigt habe[67] – jenseits politischer Differenzen. Aber es macht doch einen großen Unterschied zwischen der erstarrte Beobachtungskälte eines Ernst Jünger, der sich nicht umsonst in die Meta-Betrachtung der Käferwelten vertiefte, und der Plessnerschen Position, ja selbst der Gehlenschen, in denen das Ausdrucksverhalten, die Spontaneität der Phantasie, die Angewiesenheit auf Transzendierungen eben auch Schlüsselthemen sind.

Mag auch sein, daß hier das persönliche Temperament hineinspielt. Gehlen hätte sich mit Entschiedenheit als der „kältere“ Beobachter stilisiert, dem ja noch Carl Schmitt – dessen Kategorien es an Härte nicht hatten fehlen lassen – als zu larmoyanter Beweiner seines Nachkriegsschicksals erschien, etwa auch in der Stilisierung Plettenbergs zu einem neuen „San Casciano“. Plessner sucht Distanz vor den Suggestionen der Gemeinschaftlichkeit, die dem Zeitgeist so evident waren, und deren Erfüllung allzu viele sich in den „Ideen von 1914“ vom Kriegserlebnis erhofft hatten (einen Augenblick lang tragischerweise ja beispielsweise auch Georg Simmel und auf der Gegenseite Emile Durkheim).[68] Nach der Enttäuschung und der Ordnungsauflösung sollten es dann neue Gemeinschaften sein, die aus der Klassenkampfgesellschaft des 19.

---

[66] Vgl. Lethen, S. 26-34, [s. Anm. 30]. Lethen bemerkt, daß man sich mit dieser harten Sachlichkeit auch „gegen die ‚Gesinnungsethik‘ im Gefolge Max Webers“ abgewandt habe, was aber allenfalls auf jene zu beziehen wäre, die Max Weber als Gesinnungsethiker kritisiert, während er doch selbst, der nun wiederum Distanz und Bewertungsaskese voraussetzenden „Verantwortungsethik“ gegeben hat.

[67] Vgl. Rehberg, „Das Werk Helmuth Plessners. Zum Erscheinen der Edition seiner „Gesammelten Schriften“, in : Kölner Zeitschrift für Soziologie und Sozialpsychologie 36 (1984), S. 799-811 sowie ders., Verwandte Antipoden. Helmuth Plessner und Arnold Gehlen - eine Portraitskizze. Vortrag beim 49. Europäischen Forum Alpbach am 28.8.1993.

[68] Vgl. Durkheim, Emile, *Deutschland über alles,* Die deutsche Gesinnung und der Krieg, Paris 1915 ; Simmel, Georg, *Der Krieg und die geistigen Entscheidungen,* [zuerst München 1917], Frankfurt a.M. 1999 ; Kjellen, Rudolf, *Die Ideen von 1914.* Eine weltgeschichtliche Perspektive, Leipzig 1918 sowie Hetzer, Theodor, *Der Beitrag der Lebensphilosophie zu den „Ideen von 1914 am Beispiel Rudolf Euckens und Georg Simmels,* Hamburg 1998.

Jahrhunderts befreiten (wie Hans Freyer das programmatisch formuliert hat[69]) : die Jugendbewegung, die Männerbünde, schließlich die völkische. Da war ein bürgerlich-liberaler Standpunkt nicht leicht einzunehmen, wenn man die Übersteigerungen Nietzsches vermeiden wollte. Rückwirkend wirken Plessners Schriften darüber – bei aller Achtung vor dem Mut zum Dissens – doch rührend konventionell. Ihre Stärke liegt in der Problematisierung, im denkenden Widerstand, nicht in der Lösung. Daß die Menschengattung sozusagen von der Natur her auf den diplomatischen Dienst angelegt gewesen wäre, mag biographisch und vom Temperament des Autors her verständlich, mehr noch : allen martialischen deutschen Gesten gegenüber sympathisch anmuten und doch als kategorialer Fehlgriff erscheinen, so sehr „Takt" und „Diskretion" zu schätzen sind.

Einen erstrangigen Interpretationsschlüssel hat Lethen durch die Entdeckung einer Schrift des Romanisten Werner Krauss[70] über Baltasar Graciáns „Handorakel"[71] gefunden. Dessen Wirkung auf die Zwischenkriegsgeneration von Intellektuellen eröffnete somit auch einen Barock-Bezug, der wieder auf Elias verweist, nämlich auf die Verhaltensvorschriften der Affektbeherrschung in den absolutistischen Vergesellschaftungen. Bekanntlich hat Arthur Schopenhauer Graciáns Sentenzen über den „Weltmann" – die in unlesbarer Paraphrase 1717 erstmals ins Deutsche übersetzt worden waren – unter dem Decknamen „Felix Treumund" übersetzt und sich derart zu eigen gemacht, daß die Grundprinzipien durch seine Philosophie lange schon präsent waren. Vergleicht man nun die Klugheitsregeln des spanischen Jesuiten mit den Distanzierungs-Anstrengungen etwa Webers, Plessners oder Elias' (aber sogar noch Gehlens und Schmitts[72]), dann ist eine doppelte Wirkungsrichtung zu sehen : Selbstaristokratisierung des Bildungsbürgertums durch die große Attitüde des herrschaftsnahen und dadurch stets bedrohten Hofmannes, aber auch die Verbürgerlichung der höfischen Distanzregeln, von denen man sich Abgrenzungsmacht zwar noch erhoffte, aber nicht eigentlich Durchsetzungsmacht. Das war durch den misanthropisch-einsamen Übersetzer in Frankfurt am Main schon vorgezeichnet gewesen : Gegen die demokratische Massenkultur und gar den revolutionären Lärm halfen nur noch Diskretions- und Selbstbeherrschungsregeln, die einstmals Basis der großen Handlungs-

---

[69] Vgl. Rehberg, „Hans Freyer", in : Dirk Kaesler (Hrsg.), *Klassiker der Soziologie*, Bd. 2, München 2000, S. 72-77.

[70] Krauss, Werner, *Graciáns Lebenslehre*. Frankfurt a.M. 1947 ; Vgl. Lethen, S. 13f. u.ö., [s. Anm. 30].

[71] Gracián, Baltasar, „*Handorakel und die Kunst der Weltklugheit*",[spanisch zuerst 1647]. übers. v. Arthur Schopenhauer, hrsg. u. eingel. v. Karl Voßler, Stuttgart, 1973.

[72] Vgl. die ausführliche Studie von Kramme, Rüdiger, „*Helmuth Plessner und Carl Schmitt*. Eine historische Fallstudie zum Verhältnis von Anthropologie und Politik in er deutschen Philosophie der zwanziger Jahre", Berlin 1989. Und selbstverständlich viele Vergleichsargumente in : Lethen, [s. Anm. 30].

mächtigkeit sein wollten (manche Aktivisten zumindest des Wortes, so auch Gehlen, empfahlen nach dem welthistorischen Desaster des Faschismus ja „antike Heiterkeit“ und asketische Diätik des Geistes und beschworen beredt das Nun-Schweigenmüssen). In solcher Entdramatisierung der Lebenslagen wirkte die Kälte schon angestrengt oder mischte sich doch mit anderen Gefühlsvalenzen, denn im Ressentiment steckt eine verzweifelt-unterdrückte Glut.

Demgegenüber ist im Falle von Norbert Elias ist die mühevolle Distanzierungsarbeit mit „Kälte“ nun überhaupt nicht gleichzusetzen. Merkwürdig genug, daß er im Augenblick des schrecklichsten Zivilisationsbruches[73] und unter existentiell verzweifelten Bedingungen im englischen Exil ausgerechnet eine weit ausholende Studie „Über den Prozeß der Zivilisation“ schrieb. Gewidmet hatte er sie seinen „lieben Eltern. den treuen Freunden und Helfern“, die aus Deutschland nicht hatten weggehen wollen, so daß er 1969 bei der ersten Wiederauflage schreiben mußte :

> „Dem Andenken meiner Eltern. Hermann Elias, gest. Breslau 1940, Sophie Elias, gest. Auschwitz 1941 (?)“

Eine schmerzhafte, aber den Schmerz auch überwinden helfende Distanzierungsleistung war das allemal, und eine Abkühlung des Blicks gehört zu jeder Analyse, nicht nur im Fall der Künste, von denen Henri Martineau gesagt hatte, es sei "Kälte“ erforderlich, wenn man sie „studieren und verstehen will".[74] Aber ich denke, daß Elias‘ Versuch, einen Überblick in verworrener Zeit zu erarbeiten, keinen konservativen Basiliskenblick entwickelte, wenn er in seinem Prozeß-Buch auch durchaus Graciáns Schrift mit Machiavellis *Il principe* hinsichtlich ihrer analytischen Leistungen verglichen hat.[75] Dabei markierte Elias sofort die Differenz zwischen diesen Handbüchern einerseits der „höfischen Psychologie“, andererseits der „höfisch-absolutistischen“ Politik zur Auffassung der „bürgerlich-mittelständischen Menschen“, denen solche Ratschläge „als mehr oder weniger ‚unmoralisch‘ erscheinen, obgleich es an Verhaltensweisen und Empfindungen verwandter Art ganz gewiß auch in der bürgerlichen Welt nicht fehle. Es ergebe sich diese Beurteilungsdifferenz aber aus der ganz unterschiedlichen „gesellschaftlichen Modellierung“, also daraus, daß die gesellschaftlichen Gebote und Verbote „in den nicht-höfisch bürgerlichen Schichten anders in den Seelenhaushalt eingebaut [werden] als in den höfischen". Während bei Hofe das Verhalten oft nur durch eine pragmatische Lebensklugheit diktiert war, funktionierten diese Regeln bei den Bürgern als „Gewissensimpulse“. So können die Regeln der Affektkontrolle

---

73 Vgl. Diner, Dan (Hg.), *Zivilisationsbruch*, Denken nach Auschwitz, Frankfurt a.M. 1988. Und auch das Elias-Manuskript „Der Zusammenbruch der Zivilisation“ (1961/62), jetzt in : Elias, Studien über die Deutschen S.391-516, [s. Anm. 47].

74 Zit. in : Gehlen, Arnold „*Zeit-Bilder*, Zur Soziologie und Ästhetik der modernen Malerei“, Frankfurt a. M. 1986, S. 147, wo er befand : ein "profundes Wort".

75 Vgl. Elias, Prozeß II, S. 479f. [s. Anm. 18].

und der Mäßigung bei La Rochefoucauld, La Bruyére, dem Herzog von Saint-Simon u.a. noch verbunden werden mit einer „spezifisch-aristokratischen Form der Vollendung" der „Abrundung der gemäßigten und ungebildeten Triebnatur" ; noch gibt es „die Leichtigkeit, den Charme, die neue Schönheit des zum Menschen verwandelten Tieres". In solchen Zeiten war die Distanz noch mit der Kälte der Entscheidung und Gewaltdurchsetzung verbunden, im zwanzigsten Jahrhundert allenfalls noch mit den Möglichkeiten einer kalten Identifikation mit der Macht. Und die ist bei Plessner oder Elias eben weniger zu spüren als etwa bei Gehlen oder Schmitt.

Mag sein, daß die unterschiedlichen Facetten von Menschenbildern und Kältezuständen auch dadurch bedingt war, ob ma n der Jugendbewegung nahegestanden hatte – wie Elias im Wanderbund Blau-Weiß (nicht der bayerischen, sondern der zionistischen Farben wegen), dem damals bedeutendsten jüdischen Jugendverband – oder ob man wie Plessner stets diese Form der Verbindung mied (eine noch schärfere Differenz ergibt sich für den jugendbewegten Hans Freyer und Arnold Gehlen). Auch in Elias' Jugendbund ging es um Erziehung, um Kunstwanderungen und Bildungsfragen – wie in der Freien Studentenschaft, um eine Bildungsgegenwelt gegen die Korps und farbentragenden Verbindungen ; Elias erinnerte sich für Heidelberg, daß – anders als bei Alfred Weber – bei Karl Mannheim nur „Freistudenten" gehört hätten.[76]

Aber wenn es durchaus unterschiedliche Gemeinschaftserfahrungen gab, so kulminieren beide Theorien doch in einem Modell der kunstvollen (anthropologisch geforderten, insofern ‚menschenwürdigen') Vergesellschaftung, bei Hofe und in der bürgerlichen Gesellschaft – und eben notwendig auch in der modernen Ausprägung von Zivilisierungsprozessen, die wahrlich noch nicht abgeschlossen sind.

---

[76] Elias, Über sich selbst, S. 47, [s. Anm. 47].

Olivier Agard*

Norbert Elias et Helmuth Plessner : deux visions du *Sonderweg*

Plessner, Elias et la crise de l'historisme

Les raisons de mettre en regard l'œuvre de Norbert Elias et celle de Helmuth Plessner sont multiples. En premier lieu, ces deux auteurs, issus de la bourgeoisie judéo-allemande, appartiennent à peu de chose près à la même génération : Plessner est né en 1892, et Elias en 1897. Il s'agit de deux sociologues qui ont une formation philosophique, même si Elias – à la différence de Plessner - a clairement rompu avec la philosophie, et a volontiers polémiqué contre elle. Leur pensée sociologique prend sa source dans les débats des années 1920 autour de l'historisme. La théorie sociologique de Norbert Elias est en partie issue d'une confrontation avec la *Wissenssoziologie* – la sociologie de la connaissance - de Karl Mannheim, qui tentait d'apporter une réponse à ce que Ernst Troeltsch appelle alors la « crise de l'historisme », c'est-à-dire le sentiment de relativisme généralisé[1]. Cette discussion, qui marque les sciences humaines au début des années 1920, a de fortes implications culturelles et politiques : si tout savoir historique ou sociologique est relatif à un point de vue, comment définir des normes communes dans une société pluraliste où les visions du monde s'affrontent ? Pour Mannheim, il fallait en quelque sorte aller au bout du relativisme en radicalisant le concept marxiste d'idéologie et en postulant que tout discours sur la réalité est l'expression d'un point de vue. Il s'agissait pour lui de faire l'inventaire de ces perspectives possibles, en accordant toutefois un statut spécifique aux « intellectuels sans attaches », qui du fait de leur position sociologique, étaient aptes à s'émanciper des points de vue donnés, et à orchestrer leur confrontation. Norbert Elias, qui fut l'assistant de Mannheim, estimait que celui-ci était resté prisonnier du relativisme, et considérait que sa théorie du processus de civilisation offrait une porte de sortie à ce problème[2]. En effet, tout en partant du principe que l'homme est fondamentalement historique, elle postulait qu'il se dégageait de l'histoire certaines normes de civilisation, qui font de l'histoire un processus orienté, même si c'est un processus anonyme, non planifié et précaire, qui n'a pas de fondement métaphysique. En recourant à la notion de processus, Elias réintroduisait – d'une façon assez provocante dans le contexte de l'époque –

* Maître de Conférences à l'Université Paris 4-Sorbonne, Centre universitaire Malesherbes, 108, Boulevard Malesherbes, 75017 Paris.

1 Sur cette discussion : Otto Gerhard Oexle, *L'historisme en débat : de Nietzsche à Kantorowicz*, Paris : Aubier, 2001.

2 « Er kam aus dem Relativismus nicht heraus, weil die Natur langfristiger ungeplanter, aber gerichteter gesellschaftlicher Prozesse- unter anderem auch des Wissens- noch außerhalb seines Horizontes lag », Norbert Elias, *Autobiographisches und Interviews* (Gesammelte Schriften, Band 17), Frankfurt/Main : Suhrkamp, 2005, p. 55.

une perspective évolutionniste héritée de la tradition sociologique du XIXe siècle, même si elle a chez lui un tout autre statut que chez Comte ou Spencer

L'« anthropologie philosophique » - un paradigme spécifique que Plessner a contribué à fonder avec Max Scheler[3] – a elle aussi vu le jour dans le contexte de la « crise de l'historisme ». Elle se comprend comme une tentative de refonder philosophiquement le savoir sur l'homme, qui donne à l'historisme, en tant que « relativisation totale de l'homme[4] », le soubassement qui lui manque. La définition philosophique de l'homme que proposent ces auteurs prétend rompre avec la grande tradition idéaliste et rationaliste en évitant toutefois l'écueil du naturalisme (qui met un terme à ce que Jean-Marie Schaeffer appelle l'« exception humaine[5] »). L'idée centrale est ici que l'homme se définit par une position spécifique dans la nature : l'homme est naturellement artificiel, il est mis en position de s'inventer lui-même son monde et son identité, du fait de sa faiblesse biologique, de sa pauvreté en instincts, de son caractère non adapté à son milieu naturel. Tout en étant inscrit dans la vie, il est le principe d'une rupture dans celle-ci.

Karl-Siegbert Rehberg a suggéré qu'il y avait entre la sociologie d'Elias et l'anthropologie de Plessner un rapport de complémentarité[6] : l'anthropologie de Plessner constituerait un socle pertinent pour la sociologie de Norbert Elias, qui a négligé cette base anthropologique (en tant qu'elle n'a pas posé la question du rapport de l'individu à son corps et à la nature). Symétriquement, la sociologie de Elias développerait mieux que ne l'a fait Plessner les implications sociologiques et historiques de cette anthropologie. Cette thèse ouvre également des perspectives intéressantes pour une comparaison entre *Die verspätete Nation*, l'ouvrage le plus célèbre de Plessner, et les *Studien über die Deutschen.* Il ne s'agit évidemment pas de nier les différences entre les deux auteurs, dont le rapport à la philosophie n'est qu'un aspect. Ces différences expliquent qu'ils soient restés largement étrangers l'un à l'autre. Alors qu'il était en exil aux Pays-Bas, Plessner prit toutefois connaissance des travaux de Norbert Elias, et tenta, semble-t-il, d'entrer en contact avec lui[7], mais sans succès.

---

[3] Sur l'anthropologie philosophique en tant que paradigme des années 1930-1950, on se reportera à l'ouvrage de Joachim Fischer, *Philosophische Anthropologie, eine Denkrichtung des 20. Jahrhunderts*, Freiburg : Alber, 2007.

[4] Helmuth Plessner, *Die verspätete Nation* (Gesammelte Schriften, Bd. VI), Frankfurt/Main : Suhrkamp, 1982, p. 154.

[5] Jean-Marie Schaeffer, *La fin de l'exception humaine*, Paris : Gallimard, 2007 (Schaeffer classe Gehlen parmi les tenants de l'exception humaine, Cf. *L'Exception humaine*, p. 226).

[6] Karl-Siegbert Rehberg, « Positionalität und Figuration gegen jede Gemeinschaftsverschmelzung. Soziologisch-anthropologische Theorieverschränkungen bei Helmuth Plessner und Norbert Elias », in : Wolfgang Eßbach, Joachim Fischer, Helmuth Lethen (Hrsg.), *Plessners* Grenzen der Gemeinschaft *: Eine Debatte*, Franfkurt/Main : Suhrkamp, 2002, p. 213-247.

[7] Cf. Johan Gousblom, « Aufnahme und Kritik der Arbeiten von Norbert Elias in England, Deutschland, den Niederlanden und Frankreich », in : Peter Gleichmann, Johan Goudsblom,

Kultur et Zivilisation ou l'autocritique du Bildungsbürgertum

Il y a tout d'abord une parenté thématique assez évidente entre l'ouvrage de Plessner *Grenzen der Gemeinschaft. Eine Kritik des sozialen Radikalismus*, paru en 1924, et les travaux un peu ultérieurs d'Elias sur le processus de civilisation. Plessner, dans un double rejet du communautarisme organique de type *völkisch* (qui s'appuie sur le sang) et du communisme (qui s'appuie sur une idée abstraite de l'homme), et au nom de l'idée que l'individu n'existe qu'à travers des masques sociaux, plaide pour une éthique de la distance du tact. Le masque est en effet ce qui permet à l'individu de s'exprimer en se préservant des dangers d'une exposition complète de soi, qui lui ferait courir le risque du « ridicule ». Sur cette base, Plessner insiste sur la nécessité de la distance, et de tous les phénomènes sociaux qui instaurent et codifient cette distance, comme le cérémoniel, le prestige, le tact, la diplomatie. Cette distance rend possible l'émergence d'un espace public [*Öffentlichkeit*] que les pensées communautaristes veulent selon lui abolir. Elle rend aussi possible un rapport assumé au pouvoir. L'espace public est un espace d'interaction et donc aussi de conflit, qui préserve en même temps la dignité de chacun. Certaines dimensions de l'ethos mis en avant par Plessner, comme le cérémoniel et le prestige renvoient à la société de cour du XVIIe siècle, ainsi qu'à l'univers des salons.

Pour Plessner, il s'agit ainsi de dépasser l'antagonisme stérile entre *Gemeinschaft* et *Gesellschaft* qui caractérise selon lui les traditions de pensées allemandes. Contre la « panarchie de la *Gemeinschaft* », il tente de valoriser la *Gesellschaft* en montrant qu'elle est idéalement autre chose que la société de masse. Il ne s'agit cependant pas d'abolir la communauté, mais de lui assigner des limites. Plessner prend donc ses distances avec un certain type de *Kulturkritik*, qui consiste à contester la civilisation moderne au nom de l'idéal de la *Kultur*[8]. Derrière l'opposition *Gemeinschaft*/*Gesellschaft* (formulée par Tönnies, mais reprise par beaucoup d'autres à la veille de la Première Guerre mondiale), il y a en effet selon lui l'opposition *Kultur*/*Zivilisation*. Plessner semble plaider pour une remise en cause de cette antithèse : la *Kultur* est une « construction idéale », un concept « sentimental et oppositionnel », et le concept de *Zivilisation* repose sur une vision réductrice des « besoins physiques[9] ». Il y a en effet derrière l'antithèse *Kultur*/*Zivilisation* également la distinction entre l'âme et le corps, que Plessner conteste, au nom d'une théorie anthropologique qui refuse d'opposer statiquement intériorité et extériorité. Plessner va donc dans le sens d'une adaptation à la réalité de la civilisation moderne, avec ce qu'elle implique

---

Hermann Korte, *Materialien zu Norbert Elias' Zivilisationstheorie*, Frankfurt/Main : Suhrkamp, 1979, p. 42. Dans sa grande biographie de Plessner (*Helmuth Plessner. Nachgeholtes Leben*, Göttingen : Wallstein, 2006), Carole Dietze ne mentionne toutefois pas Norbert Elias.

8 Sur la *Kulturkritik*, on se reportera à Georg Bollenbeck, *Eine Geschichte der Kulturkritik: Von Rousseau bis Günther Anders*, München : Beck, 2007.

9 Helmuth Plessner, *Grenzen der Gemeinschaft*, in : *Macht und menschliche Natur* (Gesammelte Schriften, Bd. V), Frankfurt/Main : Suhrkamp, 1981, p. 93.

de froideur, de distance, de technique[10]. Le livre porte clairement la marque de la « nouvelle objectivité » des années 1920, et c'est à bon droit que Helmut Lethen en fait une œuvre-clé pour comprendre cette décennie et son anthropologie[11].

Elias se lance à certains égards dans une entreprise parallèle. Des thèmes communs à Elias et Plessner sont ainsi la pudeur, le rapport au corps, la construction de l'espace, les rapports de pouvoir[12]. Certaines métaphores désignant l'interaction des individus au sein de la société sont communes à Plessner et Elias, notamment celle du jeu[13], tout comme l'est l'intérêt pour la société de cour. L'espace public de Plessner rappelle cet univers décrit par Saint-Simon, où s'épanouit l'art de l'observation d'autrui, où l'individu vulnérable doit apprendre à se protéger contre le regard d'autrui. Dans les *Studien*, la diplomatie, mise en valeur par Plessner, est explicitement associée au canon aristocratique des valeurs[14]. Elias s'interroge lui aussi dès les années vingt sur la distinction *Kultur/Zivilisation*. Ses travaux de l'époque vont dans le sens d'une remise en cause d'une vision idéalisée de la *Kultur*. Il reprend à son compte les critiques de Karl Mannheim envers Alfred Weber, qui faisait de la culture le lieu d'une spontanéité créatrice et libre[15]. Pour Mannheim et Elias, la vie de l'esprit n'est pas une sorte d'évolution créatrice à la Bergson : elle est aussi régie par des mécanismes de concurrence[16]. Elias propose une approche rationnelle des œuvres de culture, qui se veut néanmoins une alternative au matérialisme marxiste et à son économisme. L'impasse presque totale faite – à de rares exceptions près- sur le rôle des facteurs religieux, à la fois dans le livre sur le processus de civilisation et dans les *Studien über die Deutschen*, va dans le

---

[10] Helmuth Plessner, *Grenzen der Gemeinschaft*, p. 38.

[11] Voir : Helmut Lethen, *Verhaltenslehren der Kälte: Lebensversuche zwischen den Kriegen*, Frankfurt/Main : Suhrkamp, 1994.

[12] Karl-Siegbert Rehberg, « Positionalität und Figuration… », p. 239 (note 7).

[13] Une origine commune de cette métaphore pourrait être le livre *Homo Ludens* de Johann Huizinga, comme le signale Cornelius Bickel, « Ferdinand Tönnies und Helmuth Plessner », in : Eßbach, Fischer, Lethen, *Plessners* Grenzen der Gemeinschaft *: Eine Debatte*, p. 189 (note 7).

[14] « Der aristokratische Kanon war ein Kanon der Ehre, der Höflichkeit und geschliffener Manieren, der Zweckmäßigkeit und Diplomatie, der auch in seiner Anwendung auf Mitglieder derselben Gesellschaft den Gebrauch von Gewalt durchaus nicht verpönte, sofern dabei die gebührenden Normen gewahrt wurden, wie z.B. im Duell », Norbert Elias, *Studien über die Deutschen: Machtkämpfe und Habitusentwicklung im 19. und 20. Jahrhundert* (Hrsg. von Michael Schröter), Frankfurt/Main : Suhrkamp, 1989, p. 179.

[15] Reinhard Blomert, « Wandlungen im Wissenschaftsverständnis in der Weimarer Republik : Die Kultursoziologie von Alfred Weber und Karl Mannheim », in : Hans G. Nutzinger (Hrsg.), *Zwischen Nationalökonomie und Universalgeschichte: Alfred Webers Entwurf einer umfassenden Sozialwissenschaft in heutiger Sicht*, Marburg : Metropolis, p. 161-198, p. 172.

[16] Ce problème fut au centre d'une controverse entre Alfred Weber et Karl Mannheim (et Elias) lors du sixième congrès des sociologues allemands à Zurich, cf. Norbert Elias, *Autobiographisches und Interviews*, p. 44-57. Elias avait insisté sur le rôle dans la concurrence dans un exposé sur les cathédrales gothiques, prononcé dans le cadre du salon de Marianne Weber.

même sens d'une critique de la tradition des *Geisteswissenschaften* : ce ne sont pas les facteurs idéels qui jouent un rôle moteur, mais, en premier lieu, les figurations sociales, les interactions entre groupes sociaux.

L'intérêt commun des deux auteurs pour l'antithèse culture/civilisation et la volonté conjointe d'apporter un correctif à l'idéalisme de la *Bildung* ne doit pas dissimuler les divergences. Pour Plessner, il s'agit de valoriser malgré tout une forme d'individualisme. Certains interprètes, faisant un rapprochement avec Carl Schmitt (la dimension agonale, l'opposition ami/ennemi) voient dans ce modèle une coloration autoritaire. La question reste controversée[17], mais les interprétations qui situent Plessner du côté d'un éthos libéral[18] nous paraissent plus convaincantes que celles qui insistent sur les recoupements avec Carl Schmitt, qui restent dans *Grenzen der Gemeinschaft* limités[19]. A la différence de Schmitt, Plessner n'attribue dans *Grenzen der Gemeinschaft* à l'Etat qu'un rôle formel et régulateur[20]. Sur le plan de la théorie sociale, Elias semble cependant de son côté plutôt en quête d'un moyen terme entre individualisme (seul existe l'individu) et holisme (seul existe la société et la contrainte collective). Dans ce cadre, l'État apparaît en tant que monopole de la violence légitime comme une contrainte nécessaire qui rend possible la société des individus : il est le cadre et le produit de leur interaction. Par ailleurs, il y a chez Elias certaines implications culturelles qui renvoient directement à son parcours : il semblerait qu'à Breslau, les milieux judéo-allemands se réclamaient volontiers de la civilisation française contre la culture prussienne, perçue comme brutale et imprégnée de valeurs militaires[21]. Le mouvement sioniste *Blauweiss* auquel appartenait Elias dans sa jeunesse insistait sur la nécessité d'un renouveau culturel, mais en plaidant pour une culture « objective », en prise sur la réalité[22].

Au moment de l'exil, cette interrogation sur l'antithèse *Kultur/Zivilisation* débouche chez les deux auteurs sur une mise en narration de l'histoire

---

17 On en trouvera une documentation dans l'ouvrage collectif *Plessners* Grenzen der Gemeinschaft *: Eine Debatte* (note 7).

18 Voir par exemple : Andreas Kuhlmann, « Deutscher Geist und liberales Ethos. Die frühe Sozialphilosophie Helmuth Plessners », in : Eßbach, Fischer, Lethen, *Plessners* Grenzen der Gemeinschaft *: Eine Debatte*, p. 15-28 (Kuhlmann rapproche Plessner, et Elias, Cf. p. 17) (note 7).

19 Comme le montre Axel Honneth, « Plessner und Schmitt. Ein Kommentar zur Entdeckung ihrer Affinität », in : Eßbach, Fischer, Lethen, *Plessners* Grenzen der Gemeinschaft *: Eine Debatte*, p. 21-28.

20 Dans *Macht und menschliche Natur* (1932), il se rapprochera cependant de Carl Schmitt.

21 Michael Hinz, « Affektgeladenheit und Bedeutungswandel des Zivilisationsbegriffs : Norbert Elias, Wilhelm E. Mühlmann und Hans Peter Duerr im Vergleich », in : Reinhard Blomert, Helmut Kuzmics, Annette Treibel, *Zivilisationstheorie in der Bilanz : Beiträge zum 100. Geburtstag*, Opladen : Leske + Budri, 2000, p. 71-103, p. 75.

22 Son modèle était la Renaissance, et il rejetait le sionisme culturel de Buber, considéré comme romantique, Cf. Jörg Hackeschmidt, « Der Fackelläufer. Norbert Elias und das Problem der Generationen in der zionistischen Jugendbewegung 1918-1925 », in : Blomert, Kuzmics, Treibel, *Zivilisationstheorie in der Bilanz*, p. 19-34.

allemande. Les deux auteurs ont à cœur de retracer la genèse historique et sociologique de l'idéal de la *Kultur*, afin de comprendre comment on a pu en arriver à la catastrophe de 1933. C'est justement par la genèse sociologique de cette antithèse *Kultur/Zivilisation* que débute l'ouvrage de Norbert Elias sur le processus de civilisation[23] : Elias met en évidence son caractère historiquement construit. L'opposition culture/antithèse est l'élaboration d'une classe (la bourgeoisie de culture) prise dans une configuration de pouvoir particulière. Écartée des fonctions politiques, la bourgeoisie réagit en dévalorisant l'éthos aristocratique (le respect de l'étiquette, la codification du comportement) considéré comme un formalisme superficiel, auquel s'oppose la *Kultur*. Par la suite, cette idée de la *Kultur* se nationalise, devient une figure d'identification nationale[24].

Plessner tente lui aussi d'expliquer historiquement la genèse de la valorisation de la *Kultur*. Il met nettement l'accent sur le rôle du luthéranisme, qui a contribué à la dévalorisation du politique, et a coupé l'Allemagne de l'humanisme politique européen. Par ailleurs, en créant des églises d'État, il a contribué à détourner les énergies spirituelles vers la culture. Il a ainsi favorisé l'émergence d'une *Weltfrömmigkeit*, une piété tournée vers le monde, qui a donné le jour à une culture intériorisée, qui s'exprime en particulier dans la musique, la philosophie ou la littérature[25]. Elias et Plessner se retrouvent sur l'idée du caractère apolitique de la *Kultur*[26], mais ils arrivent à cette idée par des biais très différents, puisque Elias ne met jamais en avant la religion comme facteur explicatif, à de rares exceptions près.

Plessner et Elias se retrouvent tous deux en exil dans la position de l'étranger, telle que l'ont théorisée Simmel[27] ou Alfred Schütz[28]. Ils regardent tous les deux leur culture d'origine de l'extérieur, ce qui leur permet de combiner compréhension et mise à distance. C'est cependant Elias qui théorise le mieux cette position, parce qu'elle correspond aux options fondamentales de sa sociologie : Elias définit en effet la méthode sociologique comme mise à distance. Comme Elias l'explique dans la préface aux *Studien*, cette exigence n'est toutefois pas incompatible avec la position de témoin. Cette double situation de témoin et de chercheur fonde une analogie avec l'objectif de la caméra : elle permet de varier les plans (de passer du gros plan, celui du

---

23 Norbert Elias, *Über den Prozess der Zivilisation : Soziogenetische und psychogenetische Untersuchungen* (Erster Band : Wandlungen des Verhaltens in den weltlichen Oberschichten des Abendlandes), Frankfurt/Main : Surhkamp, 1997, p. 89-153.

24 Dans les *Studien über die Deutschen*, Elias retracera en détail le processus qui a conduit à cette « nationalisation » du discours, Cf. Norbert Elias, *Studien über die Deutschen*, p. 174-222.

25 Cf. le chapitre : « Der Ursprung der Weltfrömmigkeit aus dem Missverhältnis zwischen Glaubensspaltung und evangelischer Staatskirche Landeskirche », in : Helmuth Plessner, *Die verspätete Nation*, p. 73-81 (note 5).

26 Helmuth Plessner, *Die verspätete Nation*, p. 103.

27 Georg Simmel, « Excursus sur l'étranger », in : *Sociologie*, Paris : PUF, 1999, p. 663-668.

28 Alfred Schutz, *L'étranger : un essai de psychologie sociale*, Paris : Éd. Allia, 2003.

témoignage individuel, au plan éloigné, celui de la théorie du processus de civilisation)[29].

Comparée à celle d'Elias, la démarche de Plessner apparaît comme fondamentalement compréhensive, comme l'ont relevé de nombreux commentateurs[30]. Même s'il introduit des éléments de comparaison avec les pays voisins, il propose une lecture immanente du « destin » de la culture allemande[31]. Il le fait avec une froideur et une indifférence normative apparente, mais son attachement à cet héritage culturel est manifeste. La position de l'étranger offre en effet la possibilité d'une distance critique, mais cette distance peut paradoxalement aboutir à une nouvelle identification à l'identité d'origine. Plessner explique ainsi que c'est son séjour aux Pays-Bas qui l'a rendu sensible à la question du luthéranisme, à son influence sur la musique et la grande littérature[32]. C'est pourquoi il y a une différence de tonalité avec *Grenzen der Gemeinschaft*. Derrière le caractère implacable du récit pointe dans *Die verspätete Nation* une sorte de mélancolie.

Comme Plessner, Elias maintient la distinction *Kultur/Zivilisation*, au sens où il considère qu'elle a eu une importance historique effective (ce que certains historiens contestent). Mais il ne reste pas comme Plessner dans l'horizon de la *Kultur*. Il ne cautionne pas cette distinction sur un plan méthodologique. Pour sa propre théorie, il fait le choix du terme de « civilisation », et refuse de faire de la littérature un domaine à part : la littérature courtoise est par exemple un élément du processus de civilisation (qui constitue aussi un discours et passe donc par des textes). Plessner reste affectivement et méthodologiquement solidaire de son objet. Pour l'essentiel, il analyse comme on le verra l'historisme avec les instruments de l'historisme lui-même. A la différence de ce qu'il faisait dans *Grenzen der Gemeinschaft*, il n'interroge pas la pertinence de la distinction *Kultur/Zivilisation*[33]. Il est significatif que pour désigner « l'européisme » (vu comme idéal de « liberté » et de « civilisation rationnelle »), avec lequel l'Allemagne a selon lui pris ses distances, Plessner utilise le mot de *Zivilisation*.

Convergences dans l'approche historique de Elias et Plessner

Avec les *Studien über die Deutschen* et avec *Die verspätete Nation*, on est en présence de deux reconstructions de l'histoire allemande, qui au moins en surface, présentent un certain nombre de similitudes. Certes, les deux ouvrages ne couvrent pas la même période. Comme Elias dans son livre sur le processus de civilisation, Plessner n'aborde le national-socialisme que de façon très

[29] Norbert Elias, *Studien über die Deutschen*, p. 7.

[30] Cf. la recension de Siegfried Marck, citée par Carola Dietze, *Nachgeholtes Leben*, p. 157 (note 8).

[31] Le titre initial de *Die verspätete Nation* était : *Das Schicksal deutschen Geistes im Ausgang seiner bürgerlichen Epoche*.

[32] Cf. Helmuth Plessner, *Die verspätete Nation* (Ergänzungen von 1959), p. 222.

[33] Helmuth Plessner, *Die verspätete Nation*, p. 82.

allusive (il parle de « politiciens de la masse[34] », de « biologisme autoritaire », de « décisionnisme politique »). S'il évoque une rupture avec l'humanisme politique ou un mépris du droit, il n'en précise pas les formes concrètes (l'antisémitisme, l'antiparlementarisme, la violence d'État). Ceci s'explique par les circonstances de la rédaction de l'ouvrage : Plessner voulait être lu et entendu en Allemagne, et par ailleurs, au moment où il écrit son livre, le pire n'est pas encore arrivé. Plessner et Elias prétendent cependant tous deux retracer la genèse d'un décalage entre l'Allemagne et les pays occidentaux comparables. Tous deux insistent sur l'absence d'un rapport affirmatif aux normes « humanistes », sur le caractère instable et incertain de cette tradition bourgeoise allemande, à laquelle Wagner dresse dans *Les Maîtres chanteurs* un monument[35]. Elias et Plessner s'attachent en partie aux mêmes symptômes, comme la foi aveugle en l'autorité, l'idéalisation du Reich médiéval, le rapport problématique à l'identité, l'absence d'une tradition qui serait un principe de continuité. Tous deux insistent sur certaines étapes décisives, comme le XVIIe siècle ou le wilhelminisme, qui est en effet un enjeu central des discussions sur le *Sonderweg*[36]. Plessner et Elias ne sont pas les inventeurs de cette grille de lecture : beaucoup d'éléments en sont en circulation depuis les années 1910. L'aggravation des antagonismes en Europe, puis la guerre, avaient favorisé la réflexion sur la spécificité de l'Allemagne, dans une perspective à la fois apologétique et critique : Plessner renvoie par exemple à *Die Ursachen des Deutschenhasses* de Max Scheler[37].

Elias et Plessner partagent au départ comme on l'a dit une conception radicalement historique de l'homme. On a pu dire d'Elias qu'il était un « historiste » radical[38]. C'est cet historisme qui l'avait opposé à son directeur de thèse, le néokantien Hönigswald, qui ne pouvait se résoudre à l'historicisation complète des catégories a priori (du moins selon le récit que fait Elias de cet épisode). Par ailleurs, sa conception dynamique de l'économie psychique ouvre celle-ci sur l'histoire et la société : le « ça » (une catégorie qu'Elias, qui préfère parler des « pulsions », n'utilise pas) n'est plus une instance asociale et en partie irréductible : les pulsions sont plastiques, modelables par la société. L'historicité radicale de l'homme est aussi un postulat de la pensée de Plessner. Comme on l'a vu, cette historicité reçoit chez lui un fondement philosophique. Elle est affirmée à plusieurs reprises dans *Die verspätete Nation* : l'homme n'est pas un

---

[34] Helmuth Plessner, *Die verspätete Nation* p. 157.

[35] Cf. Norbert Elias, *Studien über die Deutschen*, p. 17, et : Helmuth Plessner, « Die Legende von den zwanziger Jahren », in : *Die verspätete Nation*, p. 268.

[36] Une illustration en est l'ouvrage de David Blackbourn et Geoff Eley : *The Peculiarities of German history : bourgeois society and politics in nineteenth-century Germany*, Oxford ; New York : Oxford university press, 1985, qui a relancé la discussion sur le *Sonderweg*.

[37] Helmuth Plessner, « Analyse des deutschen Selbstbewusstseins », in : *Die verspätete Nation*, p. 253.

[38] Peter-Ulrich Merz-Benz, « Die Idee als allumfassende Ordnung des Faktischen – Norbert Elias' Geschichtsphilosophie », in : Blomert, Kuzmics, Treibel (Hrsg.), *Zivilisationstheorie in der Bilanz*, p. 51 (note 21).

comédien qui tomberait le masque quand la représentation est finie. Il est lui-même la représentation. Il n'y a pas derrière les diverses figures historiques de l'homme un substrat intemporel[39].

Un autre point de départ commun à Elias et Plessner est la conviction que l'essentiel se joue dans les mouvements profonds qui traversent la société. Les événements politiques ne constituent qu'une surface, et les deux auteurs s'intéressent relativement peu aux partis politiques, aux grands acteurs historiques. Mais c'est évidemment là que les perspectives divergent : ces mouvements profonds renvoient pour Plessner à des forces spirituelles. C'est pourquoi Plessner et Elias divergent quand il s'agit d'identifier la pathologie principale. Pour Plessner, c'est clairement le nihilisme, pour Elias, c'est un rapport à la violence, qui transparaît par exemple dans la coutume du duel.

L'histoire de l'esprit allemand

Plessner place clairement au centre de son ouvrage ce qu'il appelle l'« histoire de l'esprit » [*Geistesgeschichte*]. Le *Sonderweg* est pour lui surtout, comme on a pu l'entrevoir, un *Sonderweg* philosophique. Plessner n'emploie le terme d'« habitus » que de façon marginale[40]. Le cœur du livre est constitué par un cours de philosophie. Le *Sonderweg* s'explique en premier lieu par le fait que l'Allemagne incarne un principe prénational, peu compatible avec l'idéal de l'État-nation. C'est ce qui explique qu'elle soit tiraillée entre plusieurs traditions (Berlin, Vienne) et qu'il lui ait été impossible dans le contexte moderne de réaliser l'idéal du Reich. L'autre problème principal qu'identifie Plessner est la forme particulière qu'a prise la sécularisation en Allemagne. Le luthéranisme a empêché le calvinisme et l'*Aufklärung* d'exercer une influence politique en Allemagne. Parallèlement, comme on l'a vu, il a donné le jour à une sorte de religion de la culture. Parce que ni l'État, ni l'Église n'étaient plus en charge de la « totalité de la vie »[41], la philosophie a dans un premier temps fait office de religion de substitution, de « service divin sans Dieu[42] ». Cette philosophie s'est peu à peu coupée de ses racines chrétiennes. La bourgeoisie étant sans idéal politique mondain, c'est l'idée de culture qui lui a servi de point de repère. Quand la culture s'est coupée de son horizon religieux, quand la philosophie, allant au bout de sa démarche, s'est retournée de façon critique contre la religion, puis contre la philosophie et la Raison elle-même, cette bourgeoisie s'est trouvée face à un vide normatif. Plessner évoque en particulier les figures de Marx, Kierkegaard et Nietzsche : ces trois penseurs ont contribué à retourner le « soupçon d'idéologie » contre la philosophie. On assiste alors à un ébranlement de l'autorité temporelle de la Raison, qui débouche sur le

39 Helmuth Plessner, *Die verspätete Nation*, p. 179.

40 Plessner considère par exemple que l'« industrialisme » a imprégné l'habitus et la physiognomonie de la bourgeoisie, Cf. *Die verspätete Nation*, p. 18.

41 Helmuth Plessner, *Die verspätete Nation*, p. 188.

42 Helmuth Plessner, « Analyse des deutschen Selbstbewusstseins », p. 259 (note 40).

nihilisme. La relativisation totale de l'homme, à laquelle conduit l'historisme, détruit la foi en une Raison humaine universelle et en l'humanité[43], et il n'y a plus que de l'« être immanent ». Au terme de cette relativisation totale, il y la biologie. L'effondrement de la religion de la culture ouvre alors la voie à la valorisation du *Volk* au « biologisme autoritaire[44] », ainsi qu'au culte de l'État pour lui-même.

Plessner ne pense évidemment pas que l'histoire ne s'explique que par les idées, mais insiste sur le fait qu'elles rentrent dans les chaînes causales[45]. Il n'ignore donc pas que la philosophie allemande s'inscrit dans contexte historique et sociologique. Il consacre par exemple tout un chapitre à l'influence de la révolution industrielle sur « l'attitude apolitique de la bourgeoisie allemande[46] ». Le succès du biologisme est ainsi dû au fait qu'il est porté par les classes moyennes, qui y voient une alternative au marxisme. On peut dire que la catastrophe de 1933 résulte d'une sorte d'interaction entre la pente immanente de la pensée et le contexte sociologique. Cependant, il est frappant de constater que Plessner n'évoque que très peu la question des conflits de génération ou des relations entre bourgeoisie et noblesse, auxquels Elias accorde un rôle moteur. Par ailleurs, le rapport aux valeurs militaires, central pour Elias, n'est abordé par Plessner que de façon marginale, pour une raison qu'il expose explicitement : l'autoritarisme et le goût pour la « discipline militaire » ne sont pour lui que des phénomènes dérivés, qui ont une fonction de compensation. L'armée est une autorité de substitution, qui comble un manque, celui d'une véritable tradition, d'une véritable autorité[47].

Habitus et idéologie chez Norbert Elias

L'approche d'Elias est donc sensiblement différente. Elias s'intéresse moins à ce qu'on pourrait appeler les idéologies, qu'aux normes du comportement, à l'habitus, c'est-à-dire à la pensée incorporée, qui renvoie à la structuration de la personnalité. Ces habitus sont eux même le produit de « figurations ». Dans ce modèle, ce qu'on pourrait appeler l'idéologie ne semble pas jouer un rôle essentiel, elle apparaît plutôt comme une sorte de justification secondaire. C'est pourquoi Elias conteste explicitement les approches en termes de *Kulturgeschichte*, et il est de ce point de vue en phase avec la critique de la *Kultursoziologie* qui était à la source de sa propre sociologie[48]. Les éléments idéologiques mis en évidence par Plessner sont absents chez Elias. C'est tout juste s'il évoque une « tendance à la sécularisation [49]». Le racisme biologique est

---

[43] Helmuth Plessner, *Die verspätete Nation*, p. 162.

[44] Helmuth Plessner, *Die verspätete Nation*, p. 162.

[45] « Den Gang der Dinge erklärt man nicht aus Ideen, doch fügen sich Geschick und Missgeschick nicht zur Kette ohne sie », Helmuth Plessner, *Die verspätete Nation*, p. 31.

[46] Cf. Helmuth Plessner, *Die verspätete Nation* p. 91-104.

[47] Helmuth Plessner, *Die verspätete Nation*, p. 164.

[48] Cf. Norbert Elias, *Studien über die Deutschen*, p. 161-173.

[49] Norbert Elias, *Studien über die Deutschen*, p. 313.

lui aussi peu invoqué[50] (Elias considérant que les nazis font un usage mythologique de la biologie). Significativement, Elias ne rabat pas le culte de la pureté du sang sur le biologisme, mais – conformément à sa grille de lecture sociologique – sur la conception aristocratique de la lignée[51]. Les idées philosophiques de la bourgeoisie ne sont pas pour Elias un objet central : ce n'est pas dans les livres philosophiques que l'on trouve l'expression de l'habitus, mais plutôt dans le langage courant, ou les best-sellers[52]. De même, les idées nationalistes des grands écrivains ne sont pas la « cause » du nationalisme[53]. La vision implicite de la société véhiculée par les corporations peut certes faire penser à Hobbes, mais, comme le souligne Elias, il ne s'agit pas là d'une philosophie politique à proprement parler, mais d'une tradition du comportement et de la sensibilité[54] : le politique est d'abord une affaire d'habitus. Ce qui intéresse Elias dans la pensée des *Bildungsbürger*, c'est la façon dont ils codent et décodent l'espace social. C'est pourquoi il fait un usage important de la littérature dans les *Studien über die Deutschen* (en particulier du roman *Der krasse Fuchs* de Walter Bloem). Car si l'on veut déchiffrer les « symboles implicites » mis en œuvre dans ces systèmes de différenciations que sont les sociétés, il est important d'avoir recours à des témoins ou des décrypteurs contemporains. Elias s'intéresse plus à la perception quotidienne de l'ordre social, à sa construction dans l'interaction, qu'à la production d'idées. Il arrive cependant à Elias d'aborder des discours de type philosophique, et d'y voir l'expression ou la légitimation de configurations politiques et sociales. C'est par exemple le cas lorsqu'il voit dans la philosophie moderne depuis Descartes le produit de l'*homo clausus*[55]. Dans les *Studien*, on note ainsi la forte présence de Nietzsche, dont Elias n'hésite pas à faire – de façon plus ou moins convaincante- un penseur qui élaborerait une sorte de « paraphrase philosophique » de la morale guerrière wilhelminienne[56]. Dans *Die verspätete Nation*, Nietzsche apparaissait comme un des liquidateurs de l'« instance philosophique ». Marx, un autre de ces liquidateurs cités par Plessner, est également évoqué par Elias : le marxisme a en effet selon lui servi de boîte à outil idéologique pour les terroristes des années 1970. Mais là aussi, Elias ne se situe pas véritablement sur le plan des idées : l'usage que fait cette génération de Marx est pour lui essentiellement stratégique et opportuniste, et s'inscrit dans un contexte sociologique déterminé. Compte tenu de ces présupposés méthodologiques, Elias ne prend pas pour point de départ dans l'introduction

[50] Cf. par exemple Norbert Elias, *Studien über die Deutschen*, p. 377.

[51] Norbert Elias, *Studien über die Deutschen* p. 393.

[52] Cf. Norbert Elias, *Studien über die Deutschen*, p. 148.

[53] Norbert Elias, *Studien über die Deutschen*, p. 194.

[54] Norbert Elias, *Studien über die Deutschen*, p. 149.

[55] Cf. le chapitre « Die Denkenden Statuen », in : Norbert Elias, *Die Gesellschaft der Individuen*, Frankfurt/Main : Suhrkamp, 1988, p. 130-164.

[56] Norbert Elias, *Studien über die Deutschen*, p. 157.

aux *Studien* l'idée pré-nationale dont l'Allemagne serait porteuse, mais la place de l'Allemagne au sein d'une figuration territoriale formée par trois peuples (les peuples latinisés, les Allemands et les peuples slaves), figuration au sein de laquelle l'Allemagne, espace intermédiaire aux frontières incertaines, est désavantagée. Elias arrive toutefois - par d'autres biais - à la même conclusion que Plessner, celle de la difficulté pour l'Allemagne de se réaliser et de s'incarner politiquement. Par ailleurs, l'idéologie joue tout de même un rôle dans la sociologie d'Elias, et il lui accorde dans les *Studien* une plus large place que dans le livre sur le processus de civilisation. Les « figurations » produisent des normes de comportement, mais aussi des façons de penser, qui agissent en retour sur la réalité, et acquièrent une certaine permanence. Un exemple pourrait être la glorification de la guerre : Elias en situe l'origine dans la période qui suit la Guerre de Trente Ans. C'est un élément idéologique qui se retrouve à partir de là dans tout une série de discours. Il peut arriver que les éléments idéologiques s'autonomisent complètement et deviennent un élément moteur. Elias explique ainsi que la raison principale pour laquelle les nazis ont massacré les Juifs est qu'ils croyaient sincèrement à leur propre idéologie : l'idéologie peut être dans certains cas un « facteur primaire[57] ». La relative perte d'influence de l'Allemagne (en tant que grande puissance européenne) a ainsi favorisé au XIXe siècle l'émergence d'idéologies « romantiques-conservatrices »[58]. Comme Plessner dans sa préface de 1959, Elias finit par en appeler à ne pas sous-estimer l'idéologie[59]. Elias attribue en particulier un rôle actif aux doctrines et aux idéaux nationaux qui se cristallisent et finissent par devenir constitutifs pour l'identité des individus[60], qui existent à travers ces symboles de leur statut[61].

On pourrait considérer d'une certaine façon qu'Elias et Plessner se complètent. Plessner part en quelque sorte d'en haut, pour montrer comment la philosophie allemande a pu favoriser l'émergence d'idéologies qui se sont révélées politiquement néfastes. Elias part plutôt d'en bas, des figurations sociales et politiques, pour montrer qu'elles suscitent des idéologies, dont on retrouve ensuite l'écho euphémisé chez des philosophes, comme Nietzsche ou des essayistes comme Ernst Jünger. Pour Plessner, la philosophie, sans être à proprement parler idéologique, a pu constituer pour les idées du national-socialisme une sorte de « terreau spirituel[62] » : certaines philosophies apparaissent ainsi comme dangereusement proches d'idéologies politiques anti-bourgeoises. Marx, Nietzsche et Kierkegaard sont ainsi à l'origine de trois « radicalismes » : le socialisme économique révolutionnaire, la radicalisation de

---

[57] Norbert Elias, *Studien über die Deutschen*, p. 407.

[58] Norbert Elias, *Studien über die Deutschen*, p. 468.

[59] Norbert Elias, *Studien über die Deutschen*, p. 406-407.

[60] Norbert Elias, *Studien über die Deutschen*, p. 445.

[61] Norbert Elias, *Studien über die Deutschen*, p. 463.

[62] « geistige[r] Nährboden », *Studien über die Deutschen* p. 26.

la théologie, le fascisme et le « décisionnisme »[63]. Dans la préface de 1959, Plessner incrimine plus particulièrement la philosophie de l'existence, ainsi que certains penseurs précis (Spengler, Klages, Heidegger, Schmitt)[64].

Toutefois, même s'ils abordent le problème par des biais différents, Elias et Plessner parlent en partie de la même chose : on peut ainsi penser que ce que Plessner appelle « humanisme politique » correspond en termes d'éthos à l'habitus bourgeois qu'Elias voit à l'œuvre aux Pays-Bas et en Angleterre, et qui se caractérise en particulier par la tolérance et la capacité au dialogue, l'aspiration à l'égalité, un habitus qui rend possible l'exercice de la démocratie parlementaire. Elias caractérise d'ailleurs explicitement le canon bourgeois comme humaniste, et l'associe à Kant et à la *Critique de la raison pratique*. L'habitus renvoie aussi à un système de pensée[65], et à des formes politiques : il est la condition de leur mise en œuvre.

L'Allemagne d'hier et de demain

Cette complémentarité relative entre Plessner et Elias ne doit cependant pas dissimuler qu'il y a d'importantes différences de perspective. Dans le cas de Plessner, la situation est compliquée par le fait qu'il existe deux éditions de l'ouvrage, et que la préface de 1959, jointe à quelques modifications dans les notes, réorientent le propos dans un sens qui ne correspond plus à l'intention initiale, sans forcément être contradiction complète avec celle-ci[66]. Le changement du titre participe de cette stratégie : le titre initial (*Das Schicksal deutschen Geistes im Ausgang seiner bürgerlichen Epoche*) n'évoquait pas un retard de l'Allemagne. Très clairement, Plessner place dans la préface de 1959 son livre sous le signe de la théorie que l'on pourrait dire « libérale » du *Sonderweg*. Selon cette théorie, l'Allemagne accumula au XIXe siècle un retard politique sur l'Angleterre et la France, en particulier du fait de l'échec de la révolution de 1848 : ce sont des forces conservatrices qui réalisèrent l'unification et la bourgeoisie, en position de faiblesse, renonça à une réforme parlementaire du régime[67]. Quand on le lit de près, en faisant abstraction de la préface, l'ouvrage

---

[63] Helmuth Plessner, *Die verspätete Nation*, p. 196.

[64] Helmuth Plessner, *Die verspätete Nation* (préface de 1959), p. 20. Voir aussi les analyses de l'élève de Plessner Christian Graf von Krockow dans : *Die Entscheidung : Eine Untersuchung über Ernst Jünger, Carl Schmitt, Martin Heidegger*, Frankfurt am Main : Campus Verl., 1990.

[65] Norbert Elias, *Studien über die Deutschen*, p. 181.

[66] Plessner a par exemple fait disparaître une note sur l'antisémitisme, qui n'était plus forcément opportune. Cf. Manfred Gangl, « Der Mythos der „späten Nation“ : Zur späten Anthropologie Helmuth Plessners », in : Gérard Raulet (éd.), *Historismus, Sonderweg und dritte Wege*, Frankfurt/Main : Lang, 2001, p. 155-182, p. 163 et suivantes. Sur la question épineuse de Plessner et la judéité, on pourra se reporter à Carola Dietze, *Nachgeholtes Leben*, p. 111-123 (note 8).

[67] Ce n'est pas le lieu de discuter ici cette théorie, mais on peut rappeler avec Christophe Charle que l'Allemagne est le seul pays ou, avant 1919, les partis libéraux ont exclu toute alliance avec le parti socialiste, Christophe Charle, *La Crise des sociétés impériales : Allemagne, France, Grande-Bretagne, 1900-1940*, Paris : Seuil, 2001, p. 81.

de Plessner est riche d'ambivalences, sur lesquelles plusieurs auteurs ont déjà attiré l'attention[68]. On a déjà signalé qu'il analysait la catastrophe à laquelle a conduit – selon lui –l'historisme de façon compréhensive et historiste. La même ambivalence caractérise aussi la solution que préconise Plessner. Cette solution est de l'ordre d'une philosophie, car les « idées ne meurent que par les idées[69] », et l'Allemagne est par excellence le pays de la philosophie. On pourrait penser à première vue que Plessner préconise un retour de l'Allemagne aux valeurs de l'« européisme » et de « l'humanisme politique ». Dans la mesure où l'Allemagne fait partie de l'Europe, elle s'inscrit pour lui dans cet horizon. En même temps, Plessner considère qu'il faut prendre au sérieux la contestation de cet humanisme dont l'Allemagne a été le lieu privilégié. L'Allemagne, en tant que centre du scepticisme[70] est d'un certain point de vue à l'avant-garde de l'ère bourgeoise, dont elle pousse la logique jusqu'à son terme ultime, parce qu'elle n'est pas contrebalancée par une tradition humaniste qui avait atteint son apogée au XVIIIe siècle[71]. Les Allemands, « peuple de l'histoire[72] », sont allés au bout de l'historisme. L'Allemagne est donc d'un point de vue philosophique en pointe, et elle a de ce fait également une mission particulière. L'idée que la nation allemande serait en retard peut en réalité être interprétée de plusieurs façons. La nation « en retard » est en effet aussi la nation tard venue, dont l'identité n'est pas encore consolidée, et qui n'a donc pas encore réalisé sa mission. Le retard est aussi une possibilité créatrice : Plessner retrouve là un topos du discours apologétique sur l'Allemagne. Significativement, Plessner n'incrimine pas clairement le nationalisme dans *Die verspätete Nation* : ce n'est que dans le texte « Deutschlands Zukunft » de 1948 que les thèmes du nationalisme fanatique et de l'impérialisme font véritablement leur apparition[73]. Mais même dans ce texte d'après la catastrophe, Plessner maintient l'idée d'une « mission universelle » de l'Allemagne, qui a vocation à rapprocher l'Est et l'Ouest, et à opérer une synthèse entre nationalisme et internationalisme[74]. Dans *Die verspätete Nation*, il est manifeste que l'existence de l'Allemagne a pour Plessner un « sens révolutionnaire ». Ce pays sans tradition est doté de « forces

---

68 Outre l'article de Manfred Gangl déjà cité, on peut se reporter au commentaire de Gérard Raulet in : *La philosophie allemande depuis 1945*, Paris : Colin, 2006, p. 88. Selon Jürgen Habermas, Plessner est comme fasciné par la logique immanente qui conduit à la fin (selon un commentaire cité par Manfred Gangl, « Der Mythos der „späten Nation" », p. 182 (note 68).

69 Helmuth Plessner, *Die verspätete Nation,* p. 45.

70 Helmuth Plessner, *Die verspätete Nation,* p. 40.

71 Helmuth Plessner, *Die verspätete Nation,* p. 46.

72 Helmuth Plessner, « Analyse des deutschen Selbstbewusstseins », p. 255 (note 40).

73 Cf. « Deutschlands Zukunft », in : *Die verspätete Nation,* p. 225-241(voir en particulier les pages 240-241).

74 Plessner cite une phrase de F. von Gentz : « Europa ist durch Deutschland gefallen, durch Deustchland muss es wieder auferstehen », Helmuth Plessner, « Deutschlands Zukunft », p. 241.

titanesques [75]», « les Allemands sont d'hier et d'après-demain[76] ». La solution ne consiste pas à rompre avec l'esprit allemand, mais à aller au bout de son « destin », en acceptant l'historicité radicale de l'homme, et en refusant les religions et les autorités de substitution. Le sentiment de l'historicité doit fonder une conscience de la liberté fondamentale de l'homme et lui donner le sens de sa responsabilité. Il induit aussi une *Reservatio mentalis* face aux solutions totalitaires. Entre les lignes, c'est sa propre philosophie - l'anthropologie philosophique - que Plessner propose ici comme solution, une philosophie qui fonde l'historicité de l'homme et intègre l'apport de la biologie, mais sans tomber dans le biologisme.

Plessner ne rompt donc pas avec l'idée d'une mission nationale, mais cherche à lui donner un nouveau contenu, d'ordre philosophique[77]. Il y a là évidemment une différence d'orientation sensible avec Elias, qui est moins confiant dans le pouvoir de la philosophie et qui est fondamentalement méfiant vis-à-vis des mythologies collectives, méfiance qui prend sa source dans son expérience sous la République de Weimar. On sait qu'il définit le sociologue comme un chasseur de mythes, et affirme que les hommes seraient plus heureux sans mythes. À l'arrière-plan de cette conviction, il y a une conception de la psychanalyse marquée par le révisionnisme anglo-saxon, pour laquelle la santé psychique implique de composer avec la réalité sociale. C'est pourquoi Elias présente les *Studien* comme une entreprise de thérapie de groupe, une démarche réflexive, qui en identifiant et en verbalisant les points douloureux, pourrait permettre de les surmonter (la psychanalyse est également à l'arrière-plan de la comparaison de l'ouvrage avec une biographie collective). Plessner évolue dans ses textes tardifs vers cette position : il défend les vertus d'une « psychologie historique », qui permet à la nation de se confronter à elle-même[78].

Un autre élément qui distingue Elias de Plessner est évidemment la théorie du processus de civilisation. Bien entendu, il y a aussi chez lui l'idée d'un standard européen de civilisation. Mais il n'y a pour Plessner rien au-delà des identités nationales qui se sont dégagées dans l'histoire. Chez Elias, la théorie du processus de civilisation fonde malgré tout une perspective normative (qui n'a cependant pas de fondement métaphysique). A la différence de Plessner, Elias pense qu'il se dégage des processus historiques des normes de la civilisation, qui permettent de situer les cultures sur une sorte d'échelle de la civilisation (qui n'a cependant pas de commencement ni de fin). Cette

[75] Helmuth Plessner, *Die verspätete Nation*, p. 92.

[76] Helmuth Plessner, *Die verspätete Nation*, p. 71.

[77] Joachim Fischer insiste sur ce point dans son article : « Die exzentrische Nation, der entsicherte Mensch und das Ende der deutschen Weltstunde. Über eine Korrespondenz zwischen Helmuth Plessners philosophischer Anthropologie und seiner Deutschlandstudie » in : *Deutsche Vierteljahrsschrift für Literatur- und Geistesgeschichte*, Jg. 64, 1990 (H. 3), p. 395-426.

[78] Helmuth Plessner, « Analyse des deutschen Selbstbewusstseins », p. 260 (note 40).

conception alimente son regard critique sur la période wilhelminienne. La manière dont il présent les Pays-Bas dans l'introduction est à cet égard significative. Les Pays-Bas, issus du Saint-Empire Romain Germanique, représentent ce que l'Allemagne aurait pu ou aurait dû devenir. En effet, les Pays-Bas ont développé de façon conséquente un modèle qui existait au départ également en Allemagne, celui de la démocratie urbaine des villes libre d'Empire. Parce que l'histoire de l'Allemagne est fondamentalement discontinue, cette tradition a selon Elias été oubliée. Dans un long développement, Elias retrace la genèse de l'esprit bourgeois aux Pays-Bas (en prenant un malin plaisir à ignorer totalement le rôle de la religion). Il rappelle comment cette démocratie urbaine a donné le jour aux Pays-Bas à une république, au sein de laquelle une confiance a pu s'instaurer entre aristocratie et bourgeoisie. Il insiste sur le fait que les Pays-Bas étaient le seul pays en Europe où la bourgeoisie était au sommet de la hiérarchie sociale Même si l'aristocratie était plus particulièrement chargée de la sécurité extérieure, les valeurs militaires n'ont donc pas imprégné l'ensemble de la société. Il s'agit là d'une configuration qu'Elias considère comme exemplaire[79]. Elias fait en réalité des Pays-Bas une sorte d'inverse positif de la société wilhelminienne. Cette configuration néerlandaise a produit selon lui cet habitus libéral évoqué plus haut, caractérisé par le sens de la négociation et de la discussion, la tolérance, l'aspiration à l'égalité. Les Pays-Bas sont également exemplaires en ce qu'ils ont renoncé à la puissance, sans sombrer dans cette dépression collective et ces rêves compensatoires de grandeur qui caractérisent selon Elias souvent ce type d'évolution. Un autre pays qu'Elias cite comme antagoniste de l'Allemagne est l'Angleterre, qui a elle aussi dû et su renoncer à sa grandeur impériale[80]. Les Pays-Bas et l'Angleterre incarnent un stade avancé de civilisation, qui correspond à la phase historique présente, celle où « l'unité de survie » n'est pour les nations européennes plus la nation, mais l'Europe, voire l'humanité entière[81]. Plessner refuse de son côté ce qu'on pourrait appeler la solution hollandaise. Dans les deux textes qu'il consacre aux Pays-Bas[82], il salue la contribution ancienne des Pays-Bas à l'« européisme » : les valeurs de raison, de tolérance, le sens du droit des individus, l'ouverture sur l'étranger, l'accueil de minorités opprimées. Mais en même temps, il décrit les Pays-Bas, comme un pays qui a payé son développement précoce (à la fin du Moyen-âge) par un

---

[79] « Im Verlauf der nationalen Entwicklung lieferten die holländischen Stadtbürger ein Musterbeispiel für die Lösung des Problems, wie sich Zivilisten vor gewaltsamen Übergriffen von außen schützen können, ohne von ihren eigenen militärischen Helfern beherrscht zu werden », Norbert Elias, *Studien über die Deutschen*, p. 18.

[80] Il est frappant de constater que la France, qui était pourtant au centre de l'ouvrage sur le *Processus de civilisation*, ne joue plus dans les *Studien über die Deutschen* qu'un rôle marginal.

[81] Norbert Elias, *Studien über die Deutschen* p. 100-101.

[82] Helmuth Plessner, « „Kannitverstaan". Hollands Verhältnis zu Deutschland », in : *Die verspätete Nation*, p. 243-259 ; « Holland und die Philosophie », in : *Schriften zur Philosophie* (Gesammelte Schriften, Bd. IX), Frankfurt/Main : Suhrkamp, 1985, p. 373-383.

retrait tout aussi précoce hors de l'histoire, un pays qui n'a plus de mission à réaliser. Faut-il opposer pour autant Plessner le nationaliste à Elias le cosmopolite ? C'est évidemment plus complexe que cela. Il est indiscutable que la pensée d'Elias ouvre une perspective cosmopolitique. Les hommes ont fondamentalement vocation à interagir, et cette dynamique d'interaction conduit au développement des chaînes d'interdépendance, et à ce que Georg Simmel appelait l'élargissement des cercles sociaux. En même temps, la vision d'Elias est dans les *Studien über die Deutschen* beaucoup moins schématique que dans la conclusion du livre sur le « processus de civilisation ». Certes il y a d'un côté cette dynamique d'intégration de l'humanité à l'arrière-plan, mais il y aussi tout ce qui advient dans l'histoire, et qui vient contrebalancer, diversifier, enrichir, troubler cette dynamique : les idéologies, les mentalités, les identités nationales, les éléments de discontinuité, les accidents de l'histoire. Tous ces éléments agissent en retour sur les configurations sociologiques, et créent les conditions de retours en arrière, ou bien d'états d'équilibre. Le processus de civilisation apparaît comme une réalité plurielle, voire une imbrication de processus liés entre eux. Certes il faut éradiquer les mythes, mais les hommes ne peuvent pas vivre sans représentation symbolique d'eux-mêmes. Les formes modernes de pouvoir passent par les symboles, et ces symboles ont une permanence et une inertie avec laquelle il faut compter. L'identité collective et l'identité individuelle sont imbriquées. La médiation par la nation apparaît comme une étape du processus de civilisation, puisqu'elle marque le passage d'un pouvoir personnel à un pouvoir collectif, qui s'incarne dans des symboles[83] : les nations sont le lieu d'une sorte d'idéal du moi collectif, qui, d'un certain côté, favorise le processus de civilisation, dans la mesure où les individus peuvent tirer de cette identité une sorte de profit narcissique[84] (c'est avec le concept de nation que le concept d'idéal du moi fait son apparition chez Elias). En même temps, le nationalisme se caractérise par un système de valeurs double : bourgeois et pacifié à l'intérieur, aristocratique et guerrier à l'extérieur (chaque nation européenne ayant géré cette dualité à sa manière). Ne pas tenir compte de cette strate nationale de l'identité, conduit toutefois à tomber dans un « rationalisme a-historique [85]». Quant à Plessner, s'il est insuffisant de le présenter comme un libéral critique des traditions allemandes, il n'est pas non plus un penseur *völkisch*. Il y a cependant au cœur de son anthropologie une tension constitutive. D'un côté, l'homme est un être déraciné, potentiellement porteur de toutes les métamorphoses (c'est pourquoi Plessner est fasciné par la figure du comédien). En même temps, cette indétermination liée à la « positionalité excentrique » de l'homme rend nécessaire le choix d'un masque, d'une identité. C'est dans *Macht und menschliche Natur* (1932) que Plessner pousse

[83] Norbert Elias, *Studien über die Deutschen*, p. 196-198.
[84] Elias parle de « Lustgewinn », in : *Studien über die Deutschen*, p. 210.
[85] Norbert Elias, *Studien über die Deutschen*, p. 437.

cette idée le plus loin. Mais même dans cet écrit, qui insiste sur la nécessité d'un enracinement dans un *Volk*, l'allégeance à un pouvoir, Plessner insiste sur le fait que toute identité est toujours relative, jamais fermée sur l'existence d'autres identités[86]. Dans les *Studien*, Elias se montre attentif à ces phénomènes d'identité : il n'en continue pas moins d'ouvrir la perspective d'une direction de la civilisation, une perspective qui semble largement étrangère à l'anthropologie de Plessner.

[86] Comme le note Joachim Fischer, l'anthropologie philosophique valorise deux principes : l'« excentricité » (l'irréductibilité à la vie, la capacité à inventer les identités) et la positionalité (le fait d'être situé dans une *Umwelt*, naturelle, mais aussi culturelle), et Plessner refuse en réalité qu'un principe l'emporte aux dépens de l'autre, Cf. Joachim Fischer, « Panzer oder Maske. „Verhaltenslehre der Kälte" oder Sozialtheorie der „Grenze" », in : Eßbach, Fischer, Lethen, *Plessners* Grenzen der Gemeinschaft *: Eine Debatte*, p. 101-102 (note 7).

Andrea Allerkamp*

„Träume von Nationen sind gefährlich."[1] Zur Rolle der psychischen Ökonomie in Elias' *Studien über die Deutschen*

Norbert Elias' Arbeitsgebiete, die sich in "Zivilisations- und Staatsbildungstheorie, die Symboltheorie des Wissens und der Wissenschaften, im weiteren Sinne die Prozeß- und Figurationstheorie"[2] unterteilen, sind ohne den Einfluss Sigmund Freuds nicht denkbar. Begriffe wie „Liebe", „Affekt", „Identifizierung", „Ambivalenz", „Ich-Ideal", „Über-Ich", „Trieb", „Angst" zeigen das nur allzu deutlich.[3] Der Forschung ist dies natürlich nicht entgangen.[4] Elias' Affinität zur Psychoanalyse ist unausgesprochen und komplex. Über das Verhältnis zu Freud gibt sein Werk zunächst nur wenig Auskunft. Erste Spuren finden sich am Rand vom *Prozeß der Zivilisation.* Inmitten von Überlegungen zum Geschlechterverhältnis und zum Schamempfinden taucht Freud schließlich in einer Anmerkung auf, jedoch erst nach „verwandten Vorstellungen" des britischen Soziologen Morris Ginsberg (1889-1970) und Beobachtungen aus Montaignes *Essais*. Die Fußnote schuldet Freud Dank, eine ausführliche Auseinandersetzung wird aber nicht für nötig befunden. Die Anstrengung, die unternommen wird, um den psychoanalytischen Einfluss negativ einzuschränken, mutet wie eine unbewusste Abwehr an.[5]

---

* Université de Poitiers, Faculté des Lettres et des Langues, 95 avenue Recteur Pineau, 86022 Poitiers.

1 Norbert Elias ; John L. Sotson : *Etablierte und Außenseiter*, Frankfurt a. M. : Suhrkamp, [1]1993, S. 45. Künftig im Text zitiert als [EA].

2 Norbert Elias : *Über mich selbst. Notizen zum Lebenslauf*, Frankfurt a. M. : Suhrkamp, 1990, S. 176.

3 In J. Laplanche ; J.-B. Pontalis : *Vocabulaire de la psychanalyse*, Paris : PUF, [4]2004., gehören diese Begriffe zu den festen Bestandteilen des psychoanalytischen Wortschatzes.

4 Hier nur einige Beispiele : Peter Reinhart Gleichmann : „Zur Historisch-Soziologischen Psychologie von Norbert Elias", in : Gerd Jüttemann (Hrsg.) : *Wegbereiter der Historischen Psychologie*, München ; Weinheim : Beltz, 1988, S. 451-462, Zitat S. 451. Stefan Breuer : „Über die Peripetien der Zivilisation", in : Helmut König (Hrsg.) : *Politische Psychologie heute*, Opladen : Westdeutscher Verlag, 1988, S. 411-432. Reinhard Blomert : *Psyche und Zivilisation : zur theoretischen Konstruktion bei Norbert Elias*, Münster : Lit Verlag, 1989. Helmut König : „Norbert Elias und Sigmund Freud : Der Prozeß der Zivilisation", in : *Leviathan.* 21 (1993), S. 205-220. Michael Schröter : „Triebkräfte des Denkens bei Norbert Elias. Ein Versuch psychoanalytischer Theoriedeutung", in : Ders. : *Erfahrungen mit Norbert Elias.* Frankfurt a. M. : Suhrkamp, 1997, S. 183-225. Georg W. Oesterdiekhoff : *Zivilisation und Strukturgenese. Norbert Elias und Jean Piaget im Vergleich*, Frankfurt a. M. : Suhrkamp, 2000. Sabine Delzescaux : „Autocontrainte et instance surmoïque : éléments de réflexions sur la référence d'Elias à la psychanalyse freudienne", in : Nouvelle revue de psychosociologie, 2007/2, N° 4, S. 201-212.

5 Laplanche/Pontalis (Anm. 3), S. 24 : „Gekennzeichnet und durchdrungen vom Trieb, gegen den sie sich letztlich richtet, nimmt die Abwehr oft ein zwanghaftes Gepräge an und geht, mindestens teilweise, unbewußt vor sich."

> Besonders die Vorstellung, daß die „remors" und dementsprechend auch jene psychische Struktur, die hier nach dem Vorgang Freuds, *wenn auch nicht ganz in seinem Sinne*, als „Über-Ich" bezeichnet ist… entspricht ganz den Ergebnissen der vorliegenden Untersuchung.
> Es *braucht dabei kaum gesagt werden, aber* es mag hier einmal ausdrücklich hervorgehoben sein, wieviel diese Untersuchung den vorausgehenden Forschungen Freuds und der psycho-analytischen Schule verdankt. Die Beziehungen sind für jeden Kenner des psycho-analytischen Schrifttums klar, und *es erschien unnötig*, an einzelnen Punkten darauf hinzuweisen, zumal sich das nicht ohne ausführlichere Auseinandersetzung hätte tun lassen. Die *nicht unbeträchtlichen Unterschiede* zwischen dem ganzen Ansatz Freuds und dem der vorliegenden Untersuchung sind ebenfalls hier *explicite nicht hervorgehoben* worden, besonders da sich vielleicht über sie nach einiger Diskussion *ohne allzugroße Schwierigkeiten* ein Einverständnis herstellen ließe. Es erschien wichtiger, ein Gedankengebäude möglichst klar und anschaulich aufzubauen, als an dieser oder jener Stelle eine Auseinandersetzung zu führen.[6]

Bedenkt man die unmittelbare Nachbarschaft des Frankfurter Fachbereichs für Soziologie und des *Instituts für Sozialforschung* in den dreißiger Jahren und Elias' berufliche Praxis als Gruppentherapeut im Londoner Exil,[7] so erscheint das Autorisierungsgesuch gegenüber der Psychoanalyse umso offensichtlicher. Die Kritik ließ denn auch nicht lange auf sich warten. Sigmund Heinz Foulkes, Psychoanalytiker und Kollege von Elias – ursprünglich sollte er die psychoanalytischen Teile des Zivilisationsbuches übernehmen –, rezensiert den *Prozeß der Zivilisation* 1941 zwar positiv, verbirgt jedoch seinen Ärger nicht. Offenbar war es ihm nicht gelungen, Elias davon zu überzeugen,

> dass er es der Analyse überlassen müsse, die notwendige Ergänzung von der Perspektive des Individuums zu liefern. Er konnte der Versuchung nicht widerstehen, es doch selbst zu machen. Dabei bediente er sich auf dem Wege eines Kompromisses mehr oder weniger analytischer Terminologie. Das geht natürlich nicht, und er muß es schon uns überlassen, in welchem Sinne wir unsere Termini gebrauchen.[8]

Worauf bezog sich Foulkes' Kritik ? Sie deutet nur an, dass Elias' Zivilisationstheorie ein behavioristisches Verständnis des Über-Ichs entwickelt. Elias' Über-Ich entsteht nicht, wie bei Freud, aus der menschlichen

---

[6] [Hervorhebungen AA] Norbert Elias : *Über den Prozeß der Zivilisation. Soziogenetische und psychogenetische Untersuchungen*. Bd. I : *Wandlungen des Verhaltens in den weltlichen Oberschichten des Abendlandes*, Frankfurt a. M. : Suhrkamp 1976, S. 324. Künftig im Text zitiert als [PdZ I].

[7] Blomert, *Psyche* (Anm. 4) widmet dieser Zusammenarbeit ein ganzes Kapitel in *Psyche und Zivilisation*, S. 47-89.

[8] Heinz Sigmund Foulkes : „Rezension zu Norbert Elias, Über den Prozeß der Zivilisation, Bd. II", in : Internationale Zeitschrift für Psychoanalyse und Imago, (XXVI) 1941, zitiert in : König, Elias (Anm. 4), S. 206.

Triebdynamik sondern aus der Verinnerlichung sozialer Ängste, als Folge interpersonaler Verflechtungs-zusammenhänge, die historisch und gesellschaftlich unterschiedlich ausgeprägt sind. Foulkes trifft damit den wesentlichen Unterschied der beiden Zivilisationstheorien. Helmut König hat dies so zusammen gefasst : „Elias legt den Akzent auf die zivilisierenden Kräfte von Staat und Ökonomie, Freud hingegen bemüht sich um eine triebtheoretische Begründung der Zivilisation."[9] Die Triebnatur ist aber nicht allein der wilde Gegner der Zivilisation, den es zu zähmen gilt, sie ist deren Grundlage. Der Vergleich mit Freud entblößt daher einen blinden Flecken in Elias' Zivilisationstheorie. Wie geht diese mit dem Risiko um, Psychogenese gänzlich in Soziogenese aufgehen zu lassen ?[10] Welche Rolle spielen Affekte und Triebe für die Herausbildung der Selbstzwang-Apparatur im nationalen Habitus der Deutschen ? Inwiefern steht die psychische Ökonomie im Dienst kultureller Ansprüche und welche Konsequenzen folgen daraus für die These vom Zusammenbruch der Zivilisation ?

I : Zivilisationsprozess : Vom Fremdzwang zum Selbstzwang

Der *Prozeß der Zivilisation* entwirft eine weit angelegte Erzählung der langfristigen Prozesse. Deren große Linien münden in immer strengeren Schemata der Selbstkontrolle („Selbstzucht"[11]), die immer weitere Bevölkerungskreise ergreifen und psychostrukturell immer tiefer gelagert sind. Zivilisierter Habitus und Herausbildung des staatlichen Gewaltmonopols sind eng aneinander gebunden, verlaufen jedoch nicht zwangsläufig in die gleiche Richtung.[12] Der Kulturabhängigkeit psychischer Entwicklung zufolge sind „Populationen staatsarmer Gesellschaften durch deutlich weniger zivilisierte, regulierte, kontrollierte und sensibilisierte emotionale und kognitive Strukturen gekennzeichnet als Populationen moderner Staatsgesellschaften."[13] Der wachsende Fortschritt auf dem Gebiet der Staatsbildung – es kommt zu einem hohen Steuerungspotential der physischen Gewalt, wie Elias mit Max Weber [SüD, 227][14] formuliert – geht mit einem wachsenden Prozess der Zivilisation

---

[9] *Ibid.*

[10] König geht sogar so weit, die komplexe Problematik der Zivilisationstheorie auf eine lineare Evolutionstheorie zu reduzieren. *Ibid.*, S. 207 : „Elias vertritt also keine Ursprungsphilosophie ; sein Buch enthält, was oft übersehen wird, keine Zivilisationskritik, sondern das Gegenteil : ein Loblied der Zivilisation."

[11] Norbert Elias : *Studien über die Deutschen. Machtkämpfe und Habitusentwicklung im 19. und 20. Jahrhundert*, Michael Schröter (Hrsg.), Frankfurt a. M. : Suhrkamp, 1989, S. 359. Künftig im Text zitiert als [SüD].

[12] [PdZ I, LXXVI] : „... daß der „Aufbau des 'zivilisierten' Verhaltens aufs engste mit der Organisierung der abendländischen Gesellschaften in der Form von ‚Staaten' zusammenhängt."

[13] Oesterdiekhoff, *Elias* (Anm. 4), S. 155.

[14] Max Weber : *Politik als Beruf.* Vortragsmitschrift mit Nachwort von Ralf Dahrendorf, München : Reclam 1919. Weber stellt hier eine der zentralen Staats-Definitionen auf : „eine Gemeinschaft, welche innerhalb eines bestimmten Gebietes das Monopol legitimer

einher. Doch was passiert in Krisenzeiten ? Der Konflikt zwischen Kultur und Triebleben steht in „Zeitgemäßes über den Krieg" zur Debatte. Über die Monopolisierung der Gewalt macht Freud sich dort keine Illusionen. Der „kriegsführende Staat" untersage den Gebrauch des Unrechts, „nicht weil er es abschaffen, sondern weil er es monopolisieren will wie Salz und Tabak. [Er] gibt sich jedes Unrecht, jede Gewalttätigkeit frei, die den Einzelnen entehren würde."[15]

Diese funktionale Zwiespältigkeit des Nationalstaates ist natürlich auch Elias nicht entgangen. Nationalstaaten agieren sowohl als Beschützer als auch Angreifer, heißt es in *Die Gesellschaft der Individuen.* Einerseits erfüllen sie die Funktion, den einzelnen Menschen als Staatsbürger vor „Gewalttätigkeiten anderer Menschen, im Innern des Staatsgebietes wie außerhalb seiner" [GdI, 277] zu schützen, andererseits greifen sie in Kriegszeiten andere Staaten an. Die erhoffte Überlebenseinheit des Nationalstaates verwandelt sich so in eine aktuelle Vernichtungseinheit : „Das gilt nicht nur in bezug auf die Angehörigen gegnerischer Staaten, sondern auch in bezug auf die Bürger des eigenen Staates." [GdI, 278]. „Es scheint vielmehr, daß sich jede Kultur auf Zwang und Triebverzicht aufbauen muß", lautet dazu Freuds Resümee, was die Annahme einschließt, „daß bei allen Menschen destruktive, also antisoziale und antikulturelle Tendenzen vorhanden sind"[16]. Elias' Prozess-Soziologie arbeitet im Gegensatz dazu mit einem Minimum an anthropologischen Prämissen. Die einzige Konstante, die Elias gelten lässt, ist nicht der Todestrieb sondern die Geselligkeit. Als soziales Wesen ist der Mensch auf Kommunikation angewiesen. Die „Modellierbarkeit"[17] seines Seelenhaushaltes erklärt seine Fähigkeit zu lernen, sich zu zivilisieren.

Von der animalischen und von der Triebnatur unterscheidet sich „ein zweiter Typ von individuellen Zwängen", die der Selbstkontrolle, so Elias in den *Studien über die Deutschen* :

> Auch was wir „Verstand" nennen, ist unter anderem eine Selbstkontrollapparatur, und ebenso das „Gewissen". Ich bezeichne diese Art von Zwängen als Selbstzwänge. Sie sind von den naturalen Triebzwängen verschieden, da uns biologisch nur ein Potential zum Selbstzwang mit auf den Weg gegeben ist. Wenn dieses Potential nicht durch Lernen, also durch Erfahrung, aktualisiert wird, bleibt es latent. Grad und Gestalt seiner Aktivierung hängen von der Gesellschaft ab, in

---

physischer Gewaltsamkeit für sich (mit Erfolg) in Anspruch nimmt". Damit der Staat bestehen kann, müssen sich die beherrschten Menschen der beanspruchten Autorität fügen.

15 Sigmund Freud : „Zeitgemäßes über Krieg und Tod" (1915), in : Ders., *Studienausgabe*, Bd. IX, Frankfurt a. M. : Fischer Taschenbuch, 2000, Bd. IX, S. 39.

16 Sigmund Freud : „Die Zukunft einer Illusion" (1927), in : Ders., *Studienausgabe*, Bd. IX, S. 141.

17 Norbert Elias : *Über den Prozeß der Zivilisation. Soziogenetische und psychogenetische Untersuchungen*, Bd. II : *Wandlungen der Gesellschaft. Entwurf zu einer Theorie der Zivilisation*, Frankfurt a. M. : Suhrkamp, 1976, S. 378. Künftig im Text zitiert als [PdZ II].

der ein Mensch aufwächst, und wandeln sich in spezifischer Weise im Fortgang der Menschheitsentwicklung. [SüD, 48]

Wie die idealtypische Entwicklung des Zivilisations- und Staatsbildungsprozesses aussieht, hat Elias exemplarisch an Frankreich demonstriert.[18] Auf der Ebene der Soziogenese schreitet die Entwicklung fort (1) von der ritterlich-höfischen Gesellschaft im Hochmittelalter (physische Gewalt wird durch eine friedlichere und beständigere Hof-Ordnung ersetzt) über (2) die höfisch-absolutistische Gesellschaft (die alte Kriegerelite wird entmilitarisiert und in einen untereinander konkurrierenden Hofadel verwandelt, es entstehen längere Interdependenzketten) bis (3) zur bürgerlich-industriellen Gesellschaft (Machteliten zeichnen sich nun durch Beruf und produktive Leistungen aus), was auf der territorialen Ebene Ausdruck findet in den Steuerungszentren Feudalhof, absolutistischer Staat und Nationalstaat. In der Abfolge der sich ändernden Verhaltenskodes (*courtoisie*, *civilité*, *civilisation*) manifestiert sich die Soziogenese auf subjektiver Ebene. Sie entspricht drei psychogenetischen Stadien :

1 - undifferenziertes Ich/ Es (das Leben in der Kriegergesellschaft ist eines der Extreme und der beständigen Unsicherheit, die Selbstzwangapparatur ist noch „diffus, unstabil und voll von Durchlässen für heftige, affektive Entladungen" [PdZ II, 327]) ;

2 - Ich-Dominanz (die Selbst- und Fremdbeobachtung erreicht eine bis dahin ungekannte Intensität, „der Kriegsschauplatz wird zugleich in gewissem Sinne nach innen verlegt" [PdZ II, 330]) ;

3 - Über-Ich-Dominanz (die bereits in der frühesten Kindheit einsetzende Konditionierung verfestigt sich zu einem Panzer ; es entsteht eine „automatische Selbstüberwachung", was dazu führt, dass die Triebe dem Über-Ich „nicht mehr unmittelbar zum Bewusstsein kommen" [PdZ II, 329]).

Da die kulturhistorische Bedingtheit von Gefühlen wie Scham, Schuld und Keuschheit in Vergessenheit geraten ist, erscheinen diese nun wie natürlich und angeboren. Doch das Zurückdrängen der körperlichen Gewalt hinter (private) Kulissen bedeutet nicht, dass die Zivilisation ein – ein für allemal – erreichter Zustand ist. In Umbruchsituationen kann es jederzeit wieder zu Gewaltausbrüchen in der Öffentlichkeit und damit zu Schüben der Entzivilisierung kommen.

In den *Studien über die Deutschen* geht Elias der zentralen Frage nach dem „akuten Zusammenbruch zivilisatorischer Kontrollen" auf den Grund : „Warum ist im zweiten Viertel des 20. Jahrhunderts in einem hochzivilisierten Volk der Standard des zivilisierten Gewissens zusammengebrochen ?" [SüD, 45] Drei Faktoren sind entscheidend : die strukturelle Schwäche des deutschen Staates, die schwache Selbstkontrolle oder die Vorliebe für Fremdzwänge,

[18] Wir folgen dem Überblick bei Breuer, „Peripetien", (Anm. 4), S. 416.

Disziplin und Hierarchie (autokratische Strukturen), und die zunehmende Akzeptanz einer allgemein um sich greifenden körperlichen Gewalt. Die große Erzählung über den spezifisch deutschen Habitus orientiert sich an den vier Zeiträumen, die Elias selbst mit erlebt hat.[19] In dieser „Zusammenschau von Vorgängen der Staatsbildung und der Bildung sozialer Persönlichkeitsstrukturen der Individuen" [SüD, Klappentext] zeichnet sich die fragile Stellung eines Landes ab, dessen rauschhaftes „Hegemonialfieber" [HC, 28] im eklatanten Widerspruch zur Fragmentierung seines stetig schrumpfenden Territorialgebietes steht. Mit dem Krieg von 1870/71, als Deutschland als Kaiserreich „geeint und gestärkt, Frankreich dagegen geschwächt" [HC, 37] hervorging, verändert sich die Machtbalance Europas.[20] Doch die Chance, politisch zu einer Einheit zu finden und den Prozess der funktionalen Demokratisierung einzuleiten, wird verpasst. Schon das germanische Reich war aufgrund seiner Ausdehnung des Territorialgebietes schlecht für die Herausbildung politischer Zentralorgane geeignet. Der Dreißigjährige Krieg verstärkt diesen Prozess der Zersplitterung noch. Ein starkes Gefühl der Demütigung und eine Sehnsucht nach Revanche ist die Folge.

Die weltfremde Nostalgie für das Erste Reich erklärt schließlich den phantasmagorischen Charakter des deutschen Habitus : „Der ganze Prozeß des deutschen Aufholens stand auf dem Spiel" [SüD, 14]. Da der Adel seine eigene bürgerliche Herkunft nicht anerkennt und die Ideale der deutschen Aufklärung – Gleichheit, Humanität, Universalität – verwirft, kommt es zu einer Idealisierung des Kriegerethos. Teile der bürgerlichen Machteliten orientieren sich am militärischen Ehrenkodex und organisieren sich in schlagenden Verbindungen. Die Niederlage von 1918 besiegelt das Symbol der Schwäche des deutschen Staates. Freikorps und Arbeiterorganisationen liefern sich Straßenschlachten, das Bürgertum kultiviert seine Republikfeindlichkeit. Die verspätete nationale Einigung, die vorherrschend autokratischen Strukturen, die Privilegierung militärischer Modelle – das alles bleibt nicht ohne Folgen für die Durchbrechung des Staatsmonopols und für die Zerstörung des zivilisierten Habitus.

Die Schwäche des staatlichen Gewaltmonopols in Deutschland ist Grundtenor seit den beiden Standardwerken *Die höfische Gesellschaft* und *Über den Prozeß der Zivilisation.* Die fehlende Zentralisierung und die kriegsbedingte Verarmung im 17. Jahrhundert ziehen zwei Konsequenzen nach sich : zum

---

[19] Schröter kommen die Thesen wie ein „Geschichtsatlas", „eine Reminiszenz aus Schultagen" vor. Michael Schröter : „Ein Autor und sein Herausgeber. Drei Berichte (1972-1990)", in : Schröter, *Erfahrungen* (Anm.4), S. 312.

[20] Elias bezeichnet die „Vorstellung…, es sei für ihre Sicherheit nötig, militärisch stärker zu sein als irgendein anderer Staat in ihrer Reichweite" als *furor hegemonialis.* Norbert Elias : *Humana conditio. Beobachtungen zur Entwicklung der Menschheit am 40. Jahrestag eines Kriegsendes (8. Mai 1945)*, Frankfurt a. M. : Suhrkamp, 1985, S. 28. Künftig im Text zitiert als [HC].

einen werden die „Menschen nicht in der gleichen Art zu einer Kontrolle zu sich selbst" angehalten sondern gewöhnen sich „in höherem Maße an die Unterordnung unter andere, an den Befehl von außen" und zum anderen bedeutet dies auf der Ebene des staatlichen Zusammenlebens „die [geringere] Verwandlung von Fremdzwängen in Selbstzwänge" [PdZ II, 432] : „So blieb die Triebregulierung des Einzelnen hier in besonderem Maße auf das Vorhandensein einer starken, äußeren Staatsgewalt abgestimmt." [PdZ II, 432]. Das Gefälle zwischen streng reglementiertem Fremddruck und Lockerung der Sitten, die „Formalitäts-Informalitäts-Spanne einer Gesellschaft" [SüD, 41], ist ein wesentlicher Faktor für die Aussetzung des Gewissens : „die Masse der Deutschen [hatte] kein starkes und unabhängiges persönliches Gewissen, das sie zu einem eigenständigen Handeln befähigt hätte." [SüD, 494]. Die Entwicklung eines verinnerlichten und stabileren Über-Ichs hat den Zivilisationsprozess von der höfischen Gesellschaft bis zu den berufsorientierten bürgerlichen Gesellschaften begleitet. Dieser Entwicklung entspricht in Deutschland nichts, was die Entstehung einer mehrparteilichen, parlamentarischen Republik hätte fördern können. Ohne die Herausbildung einer psychischen Selbstzwang-Apparatur kann sich der Prozess der funktionalen Demokratisierung nicht vollziehen.[21]

II : Das Über-Ich im Dienst kultureller Ansprüche

Das Programm der Figurationssoziologie hat der Psychoanalyse viel zu verdanken. Genauso wenig wie Freud geht Elias von einem Nullpunkt der Zivilisation aus sondern betrachtet diese als ein Produkt der Geschichte. Einig sind sich beide über die notwendigen Zwänge, die das Leben in befriedeten Gesellschaften mit sich bringt. Der Triebverzicht oder die „Erstarkung des Über-Ich" sei „ein höchst wertvoller psychologischer Kulturbesitz", schreibt Freud: „Die Personen, bei denen sie sich vollzogen hat, werden aus Kulturgegnern zu Kulturträgern."[22] Doch das hat seinen Preis.

> Die Aggression wird introjiziert, verinnerlicht, eigentlich aber dorthin zurückgeschickt, woher sie gekommen ist, also gegen das eigene Ich gewendet. Dort wird sie von einem Anteil des Ichs übernommen, das sich als Über-Ich dem übrigen entgegenstellt und nun als „Gewissen" gegen das Ich dieselbe strenge Aggressionsbereitschaft ausübt, die das Ich gerne an anderen, fremden Individuen befriedigt hätte. Die Spannung zwischen dem gestrengen Über-Ich und dem ihm unterworfenen Ich heißen wir Schuldbewußtsein ; sie äußert sich als Strafbedürfnis. Die Kultur bewältigt also die gefährliche Aggressionslust

[21] [SüD, 437] : „Es war eine der phantastischeren Äußerungen des ahistorischen Rationalismus unserer Tage, daß man damals annahm (wie man es vielfach auch heute noch tut), dem Aufbau demokratisch-parlamentarischer Einrichtungen werde eine Demokratisierung der Einstellungen und der Glaubensüberzeugungen auf dem Fuße folgen."

[22] Freud, Zukunft einer Illusion (Anm.16), S. 145.

> des Individuums, indem sie es schwächt, entwaffnet und durch eine Instanz in seinem Innern, wie durch eine Besatzung in der eroberten Stadt, überwachen lässt.[23]

Bleibt die Frage, inwiefern Freuds zweite Topik für das soziologische Modell Pate gestanden hat. Die Verwandlung von Fremdzwängen in Selbstzwänge, die Verschiebung ihres Gleichgewichts, jene „beständige Umbesetzung von äußerem Zwange in inneren Zwang“[24], stellt sich für Freud nicht anders als für Elias dar. Doch die Auswirkungen der Trieb-Umbesetzung sind nicht dieselben. Zwar betont auch Elias die Formung des Über-Ich „in der prägsamsten Phase der Kinder- und Jugendzeit, in dem psychischen Apparat des einzelnen Menschen“ [PdZ II, 333], aber anders als bei Freud bleibt das Über-Ich bei Elias stets dem gesellschaftlichen Druck unterworfen. Seine Funktion erschöpft sich darin, Instanz der Selbstbeobachtung und des Gewissens zu sein, „eine strafende und richtende Instanz im Sinne der Regeln der Gesellschaft“[25]. An die Stelle der menschlichen Triebnatur ist ein Zivilisationsprozess getreten, der seinen Fortgang in Zeit und Raum sucht und sich in jedem einzelnen Individuum wiederholt. Er nimmt seinen Ausgangspunkt mit der Geburt und setzt sich mit der Sozialisierung fort. Das heranwachsende Kind antwortet auf die Erwartungen anderer und ist daher – hier zeichnet sich der erste fundamentale Gegensatz zu Freud ab – nicht durch sein „Triebschicksal“ bestimmt. Seine Entwicklung vollzieht sich vielmehr innerhalb einer dialogischen Beziehung. Zur Sozialisierung des Individuums bedarf es einer „gesellschaftlichen Modellierung“. Elias' Anthropo-zentrismus ist hier kategorisch :

> Erst aufgrund dieses kontinuierlichen Triebgesprächs mit anderen Menschen erhalten die elementaren, die unbehauenen Triebimpulse des kleinen Kindes eine fester umgrenzte Ausrichtung, eine schärfer umrissene Struktur ; allein aufgrund eines solchen Triebgesprächs bildet sich in dem Kind jene differenzierte psychische Selbststeuerung heraus, durch die sich die Menschen von allen übrigen Lebewesen unterscheiden : ein mehr oder weniger individueller Charakter.[26]

Bei Freud ist das Über-Ich allerdings noch einer dritten Aufgabe unterstellt. Sie besteht darin, sich an der Bewunderung der elterlichen Ideale zu orientieren, was Freud „Idealfunktion“[27] oder „Idealich“ nennt.

Nicht zu übersehen ist die Tatsache, dass das Freudsche Über-Ich zunächst „ebensosehr Vertreter des Es wie der Außenwelt“ ist. In einem ersten Stadium

---

[23] *Ibid.*, S. 250.

[24] Freud, „Zeitgemäßes“, (Anm. 15), S. 42.

[25] Blomert, *Psyche*, (Anm. 4), S. 24.

[26] Norbert Elias : *Die Gesellschaft der Individuen* (1987), Frankfurt a. M. : Suhrkamp 2003, S. 46. [GdI]

[27] Sigmund Freud : „Neue Folge der Vorlesung zur Einführung in die Psychoanalyse (1933). 31. Vorlesung : Die Zerlegung der psychischen Persönlichkeit“, in : *Studienausgabe*, Bd. I, S. 504.

wird es durch die elterliche Autorität repräsentiert, in der sich Strafe und Liebe (als Belohnung) abwechseln : „der kategorische Imperativ Kants ist so der direkte Erbe des Ödipuskomplexes.“[28] Erst wenn das Kind in einem zweiten Stadium auf die ödipale Befriedigung verzichtet hat, kommt es zu einer Verinnerlichung der äußeren Gebote. Das Über-Ich erscheint schließlich wie ein gelungener Fall von Identifizierung mit den Eltern, die ihr eigenes Über-Ich auf das Kind übertragen haben.

Freuds progressive Ausarbeitung des Über-Ichs (die so genannte zweite Topik oder Theorie des psychischen Apparates) beginnt bereits 1914 mit der Einführung des Ichideals. Damit ist eine Instanz der Persönlichkeit gemeint, die aus der Idealisierung des Ich (Narzissmus) und den Identifizierungen mit den Eltern, ihren Substituten und kollektiven Idealen entsteht. Das Ichideal verkörpert das Vorbild, an welches sich das Subjekt anzugleichen sucht. Im kindlichen Narzissmus dient es als Instrument der Selbstbeobachtung. In *Das Ich und das Es* (1923) verwendet Freud Ichideal und Über-Ich noch synonym. In späteren Schriften wird dagegen das Ichideal einer anderen Instanz oder zumindest einer Substruktur des Über-Ichs zugeschrieben. Denn Ichideal und Über-Ich haben nicht die gleiche Funktion. Während das Ichideal als Vorbild dient, tritt das Über-Ich als gebietende und strafende Instanz auf. Es beobachtet das aktuelle Ich und misst es am Ideal : „Das Über-Ich peinigt das sündige Ich mit den nämlichen Angstempfindungen und lauert auf Gelegenheiten, es von der Außenwelt bestrafen zu lassen.“[29] 1923 fasst Freud das Über-Ich schon nicht mehr als Teil der Außenwelt sondern als Teil des Unbewussten auf.

> Während das Ich wesentlich Repräsentant der Außenwelt, der Realität ist, tritt ihm das Über-Ich als Anwalt der Innenwelt, des Es, gegenüber. Konflikte zwischen Ich und Ideal werden... in letzter Linie den Gegensatz von Real und Psychisch, Außenwelt und Innenwelt, widerspiegeln.[30]

Das erklärt auch die erweiterte, phylogenetische (in Elias' Worten die soziogenetische) Dimension des Über-Ichs. Das Erbe des Ödipuskomplex anzutreten, bedeutet zugleich, an den Ursprung der Kultur oder den „Vater der Vorzeit“ und seinen Mord durch die Brüderhorde zu mahnen :[31]

---

[28] Sigmund Freud : „Das ökonomische Problem des Masochismus“ (1924), in : *Studienausgabe*, Bd. III, S. 351.

[29] Sigmund Freud : „Das Unbehagen in der Kultur (1930)“, in : Ders. : *Studienausgabe*, Bd. IX, S. 252.

[30] Sigmund Freud : „Das Ich und das Es“ (1923), in : *Studienausgabe*, Bd. III, S. 303.

[31] Henry F. Ellenberger : *Die Entdeckung des Unbewussten. Geschichte und Entwicklung der dynamischen Psychiatrie von den Anfängen bis zu Janet, Freud. Adler und Jung*, Bern : Diogenes [2]1996, S. 728 : „Freud legte eine umfassende Theorie vor, die eine gemeinsame Grundlage für die Erklärung neurotischer Symptome, gesellschaftlicher und kultureller Manifestationen bei primitiven Völkern und für den Ursprung der Zivilisation lieferte. Der gemeinsame Kern wird demonstriert in der Geschichte von der Ermordung des Urvaters, eine Erweiterung der

> So wird das Über-Ich des Kindes eigentlich nicht nach dem Vorbild der Eltern, sondern des elterlichen Über-Ichs aufgebaut ; es erfüllt sich mit dem gleichen Inhalt, es wird zum Träger der Tradition, all der zeitbeständigen Wertungen, die sich auf diesem Wege über Generationen fortgepflanzt haben. (...) Die Menschheit lebt nie ganz in der Gegenwart, in den Ideologien des Über-Ichs lebt die Vergangenheit, die Tradition der Rasse und des Volkes fort, die den Einflüssen der Gegenwart, neuen Veränderungen, nur langsam weicht, und solange sie durch das Über-Ich wirkt, eine mächtige, von den ökonomischen Verhältnissen unabhängigen Rolle im Menschenleben spielt.[32]

Der strenge und repressive Charakter des Über-Ich resultiert nun nicht mehr allein aus der Wiederholung elterlicher Modelle. Denn wie ließe sich sonst die Tatsache erklären, dass es sich auch dann durchsetzt, wenn das Subjekt in den Genuss einer wohlwollenden Erziehung gekommen ist, die jede Form von Gewalt ausschließt ? Sein unerbittlicher Charakter erklärt sich vielmehr aus der Tatsache, dass das Über-Ich bereits frühe sexuelle und aggressive Regungen in den Dienst kultureller Ansprüche stellt. Dank seiner Vermittlung setzt sich so die Übertragung von Werten und Traditionen vergangener Generationen fort. Elias' „Generationsketten"[33], die mit dem Beispiel des bundesdeutschen Terrorismus als Generationskonflikt an historischer Schärfe gewinnen, erhalten in diesem Zusammenhang einen präzisen Sinn.

In *Warum Krieg ?* (1933) schreibt Freud über den „Prozeß der Kulturentwicklung" : Ihm „verdanken wir das Beste, was wir geworden sind, und ein gut Teil von dem, woran wir leiden." Und er fährt fort :

> ohne Zweifel bringt er körperliche Veränderungen mit sich ; man hat sich noch nicht mit der Vorstellung vertraut gemacht, daß die Kulturentwicklung ein solcher organischer Prozeß sei. Die mit dem Kulturprozeß einhergehenden psychischen Veränderungen sind auffällig und unzweideutig. Sie bestehen in einer fortschreitenden Verschiebung der Triebziele und Einschränkung der Triebregungen.[34]

Der Staat ist nur selten fähig, das Individuum für seine Entbehrungen zu entschädigen. Freud erkennt deshalb wie Weber und Elias die Herausbildung eines staatlichen Gewaltmonopols als notwendig an : „Eine sichere Verhütung der Kriege ist nur möglich, wenn sich die Menschen zur Einsetzung einer

---

Vorstellung vom Ödipuskomplex. Jeder kleine Junge, sagt Freud, muß in sich den geheimen Wunsch überwinden, seinen Vater zu töten und seine Mutter zu heiraten. Wenn das Kind fähig ist, diese Probe erfolgreich zu bestehen, verleibt es sich das Bild seines Vaters ein ; sein Über-Ich baut sich auf und es wird bereit für eine normale Reife und ein normales Erwachsenenleben ; wenn es die Probe nicht besteht, muß es neurotisch werden."

[32] Freud, „Zerlegung" (Anm. 26), S. 505.

[33] [SüD, 361] : „Generationsketten, in denen die Älteren und die Jüngeren in ihren kulturellen und politischen Orientierungen offenbar gleichgerichtet sind."

[34] Sigmund Freud : „Warum Krieg ? (1933)", in : *Studienausgabe*, Bd. IX, S. 285f.

Zentralgewalt einigen."[35] Da die Tötung eines Feindes triebhafte Neigungen befriedigt, muss der Todestrieb durch eine Vereinigung der Schwachen gebrochen werden : *L'union fait la force.* Zwei Dinge halten die Gemeinschaft zusammen : „der Zwang zur Gewalt und die Gefühlsbindungen – Identifizierungen heißt man sie technisch – der Mitglieder."[36] Von dieser Beobachtung ist der Schritt zur *Massenpsychologie und Ich-Analyse* nicht mehr weit. Dort stellt sich die Masse bereits als eine Art Komplex dar, die ihre einzelnen Mitglieder libidinös – das heißt über Identifizierung – aneinander bindet.[37]

III : Gefährliche Träume : Nationales Wir-Ideal

In seiner empirischen Studie *Etablierte und Außenseiter* bezieht Elias – nach langen Jahren der psychoanalytischen Begriffsverwendung – zur Freudschen Konzeption des Über-Ichs Stellung. Freud habe zwar die entscheidende Rolle der Eltern-Kind-Beziehung erkannt, sei aber in seiner Konzeption „der Instanzen menschlicher Selbstkontrolle" nicht weit genug gegangen, weil er das „Gepräge eines ‚Ichs', ‚Über-Ichs' und ‚Ich-Ideals'" in ein „vermeintlich autonomes ‚Innere'" [EA, 43] verlagert habe. Angesichts des bereits Ausgeführten erstaunt diese allzu schnelle Abfertigung. Der Bezug zu Freud dient allein dazu, eigene Begrifflichkeiten einzuführen, nämlich „die Funktionen des Wir-Bildes und Wir-Ideals", mit denen Elias die gefährlichen Träume von Nationen als Normalitätszustand zu entlarven sucht.

Der Prozess der funktionalen Demokratisierung wäre ohne eine „stärkere Betonung der Ich-Identität" [GdI, 240] undenkbar. Die großen Linien dieses Prozesses der Arbeitsteilung und Institutionalisierung artikulieren sich daher in einer extremen Pendelbewegung, in der die Balance zugunsten der „wirlosen Iche" ausschlägt. Im Unterschied zu Freuds psychischer Machtprobe, die sich gewiß innerhalb der Triebökonomie von Ich und Über-Ich abspielt, diese aber zugleich als ontogenetische Grundlage des Zivilisationsprozesses mit einbezieht, führt Elias' psychogenetische Konzeption des Wir-Ideals nicht weiter als bis zu den soziogenetischen Machtdifferentialen innerhalb des Staates. Die in *Was ist Soziologie ?* entwickelte „Fürwörterserie als Figurationsmodell" schafft dafür die epistemologische Basis. Da sich Individuen durch „fundamentale Gesellschaftlichkeit" [WiS, 134] auszeichnen, müsse die Soziologie der sozialen Adressierbarkeit Rechnung tragen und Abschied vom *homo clausus* (der Vorstellung vom isolierten Einzelmenschen) nehmen. Machtdifferentiale hingen somit von den jeweiligen Veränderungen ab, welche die Identifizierungen mit dem Staat durchlaufen : „Solange die Masse des deutschen Volkes... sehr breit war, betrachteten die Zugehörigen die Organisation, die wir 'Staat' nennen, mehr als etwas, zu dem man 'Sie', und

[35] *Ibid.*, S. 279.

[36] *Ibid.*

[37] Sigmund Freud : „Massenpsychologie und Ich-Analyse" (1921), in : *Studienausgabe*, Bd. IX, S. 97.

weniger als etwas, zu dem man 'Wir' sagte." [SüD, 440]. Wenn der Staat ausschließlich den Interessen der Etablierten dient, sieht sich die Masse wie ein Außenseiter an den Rand gedrängt. Sie kann sich nicht mit einem „Wir-Ideal" identifizieren. Erst „in Verbindung mit der parlamentarischen Vertretung aller Schichten begannen sämtliche Zugehörigen den Staat mehr als eine Wir-Einheit und weniger als eine Sie-Gruppe wahrzunehmen" [GdI, 277]. Demokratie erzeuge, so Elias, emotionale Zugehörigkeit zum staatlichen Körper. Auf zwischenstaatlicher Ebene aber könne man beobachten, wie die Konflikte weiter schwelen.[38] So verwickle die Einführung der allgemeinen Wehrpflicht die gesamte Bevölkerung in die Konflikte der anderen Massengesellschaften. Die Frage der nationalen Zugehörigkeit erhalte auf diese Weise einen hochgradig affektiven Wert. Von Staatsbürgern werde gefordert, dass sie ihre individuellen Bedürfnisse den nationalen unterordnen.

Die Homogenität der Ich-Wir-Identität, der „kollektive Druck in dieselbe Richtung, in die auch das individuelle Gewissen und Ideal drängt" [SüD, 443] mache erst die ideologische Allmacht nationaler Glaubenssysteme begreifbar. In diktatorischen Massengesellschaften schraube sich diese Dialektik bis zur „Verliebtheit und Hypnose" hoch, Freudsche Begriffe der Massenpsychologie, die Elias jedoch nicht verwendet. Dem Soziologen geht es vielmehr darum, die „eigene Schubkraft" solcher Prozesse zu zeigen.[39] Doch was bedeutet die Verknüpfung oder Ersetzung von Ich-Ideal und Wir-Ideal für die Sublimation – was im Zivilisationsprozess einem Engagement für den kollektiven Fortschritt oder der Liebe für eine Nation gleichkommt ?

In *Die Gesellschaft der Individuen* unterstreicht Elias, dass der nationale Habitus „in der Tat immer im Fluß" sei. Auffällig ist, dass das Modell der Figurationssoziologie sich auf biologische Metaphern der Bewegung stützt.[40] Die Rückwärtsgewandtheit des bürgerlichen Nationalideals manifestiert sich daher im „traumhaften Charakter des deutschen Selbstbildes", was Elias am unterschiedlichen Gebrauch der Wörter *Reich* und *empire* deutlich macht. Deutschland trauert um seine verloren geglaubte Größe, was zu gefährlichen Regressionen führt. Ein „stärker überhöhtes Wir-Ideal" [SüD, 424] eskaliert hier zu einem explosiven Gemisch von Fremdenhass (Abschottung nach Außen) und Identifizierung mit den Unterdrückern (Unterwerfung nach Innen)

---

38 [SüD, 442] : Die „Herausbildung gemeinsamer nationaler Werte und Glaubensdoktrinen [schloß] in allen europäischen Ländern immer noch die Vorstellung vom Kriege als der *ultima regum* ein".

39 [SüD, 195] : „Für nationalistische wie für andere Glaubensdoktrinen ist es typisch, daß sie unter bestimmten Umständen durch einen selbsttätigen Prozeß der wechselseitigen Verstärkung immer mehr Macht über ihre Gläubigen gewinnen."

40 Zur biologischen Metaphorizität von Elias' Sprache („Gewebe", „Geflecht", „Verflechtung", „Handlungskette", „Verlängerung" oder „Fließgleichgewicht") Helmut Kuzmics : „Fragen an das Werk von Norbert Elias", in : Annette Treibel ; Helmut Kuzmics ; Reinhard Blomert (Hrsg.) : *Zivilisationstheorie in der Bilanz. Beiträge zum 100. Geburtstag von Norbert Elias*, Opladen 2000, S. 261-284.

[SüD, 487]. Ohne diese Zusammenhänge würde der hohe Phantasiegehalt des nationalen deutschen Habitus ein Rätsel bleiben.

Bereits im Kaiserreich verliert sich der „mittelständische Moralkanon, dessen grandioseste philosophische Ausprägung Kants *Kritik der praktischen Vernunft* ist" [SüD, 130]. Im „schwarzen Idealismus" des Nationalsozialismus schlägt die ethische Grundformel in ihre entgegen gesetzte Richtung um.[41] Das Ende des zweiten Weltkrieges hätte es möglich machen können, „die politischen Institutionen sehr bewußt in der Richtung einer parlamentarischen Demokratie umzugestalten" [SüD, 436]. Doch der „analoge Schub in der Entwicklung [des] ‚Nationalcharakters' blieb aus", er behielt das „obrigkeitsstaatliche Gepräge, das er in Jahrhunderten autokratischer Herrschaft erworben hatte." [SüD, 437].

IV : Ichideal und Massenpsychologie

Elias' Rekurs auf Freud hat einen grundsätzlichen Tenor. Freud habe nur das Individuum und nicht die Gesellschaft gesehen. Wir haben bereits gezeigt, dass diese plakative Kritik an den späten kulturtheoretischen Schriften Freuds vorbeizielt. Denn wie wäre sonst der eindeutig politische Versuch zu verstehen, seit den zwanziger Jahren Massenpsychologie und Ich-Analyse zusammen zu denken ?[42] Schon allein die Tatsache, dass Freud in seiner Lektüre von Gustav Le Bons *La Psychologie des Foules* (1895) den Begriff *Masse* statt *Menge* verwendet,[43] zeigt die soziologische Ausrichtung. Freud betont zudem den revolutionären Charakter der Massen, weshalb sie den Menschen, die sich in Institutionen vergesellschaftet haben, als bedrohlich erscheinen.[44] Im Bemühen, die Massenpsychologie theoretisch zu fundieren, geht es auch darum, den klassischen Gegensatz zwischen individueller und sozialer Psychologie aufzuheben. Gewiss, das Ichideal spielt die erste Rolle bei der Bildung von Massen – doch als Instanz, die sich vom Ich deutlich unterscheidet und daher

---

[41] Elias zitiert den Spruch des Reichsministers und Generalgouverneurs des besetzten Polen, Hans Frank, [SüD, 493] : „Handle so, daß der Führer, wenn er von deinem Handeln Kenntnis hätte, dieses Handeln billigen würde."

[42] In einem Brief an Romain Rolland definiert Freud am 4. März 1923 sein Vorhaben. *Massenpsychologie und Ich-Analyse* solle den Weg zeigen, der von der Analyse des Individuums zum Verständnis der Gesellschaft führe. Zitiert in : Elisabeth Roudinesco ; Michel Plon : *Dictionnaire de la Psychanalyse.* Paris 1997, S. 853.

[43] Freud : „Massenpsychologie" (Anm. 36), S. 94 : „Man hätte von der Feststellung auszugehen, daß eine bloße Menschenmenge noch keine Masse ist, solange sich jene Bindungen in ihr nicht hergestellt haben, hätte aber das Zugeständnis zu machen, daß in einer beliebigen Menschenmenge sehr leicht die Tendenz zur Bildung einer psychologischen Masse hervortritt."

[44] *Ibid.*, S. 78 : „Es ist unverkennbar, daß die Charaktere der revolutionären Massen, besonders der großen Französischen Revolution, ihre Schilderungen beeinflußt haben. Die gegensätzlichen Behauptungen stammen aus der Würdigung jener stabilen Massen oder Vergesellschaftungen, in denen die Menschen ihr Leben zubringen, die sich in den Institutionen der Gesellschaft verkörpern."

auch „in Konflikte mit ihm geraten kann". „Wir nannten sie das ‚Ichideal'", rekapituliert Freud,

> und schrieben ihr an Funktionen die Selbstbeobachtung, das moralische Gewissen, die Traumzensur und den Haupteinfluß bei der Verdrängung zu. Wir sagten, sie sei der Erbe des ursprünglichen Narzißmus, in dem das kindliche Ich sich selbst genügte.[45]

„Was ist nun eine ‚Masse', wodurch erwirbt sie sich die Fähigkeit, das Seelenleben zu beeinflussen, und worin besteht die seelische Veränderung, die sie dem Einzelnen aufnötigt ?"[46] lauten die drei Fragen Freuds. Auf unbewusster Ebene lässt sich der Übergang vom Individuellen zum Kollektiven nur in topisch-dynamischen Begriffen beschreiben. Mit dem Ichideal richtet sich das Subjekt sein Objekt der Verliebtheit ein. Zu einer „Sonderung von Ich und Ichideal"[47] ist es in diesem narzisstischen Modell nicht gekommen. In der Masse wird die Stelle des Ichideals von einem hypnotisierenden Chef, dem Führer, besetzt. Die Identifizierung von Idealich, Objekt und Ich führt deshalb zur Dekonstruktion des Individuums. Das Ichideal spielt in dieser Depersonalisierung die Hauptrolle. Seine konstitutive Funktion für die Masse macht es zu einem Janushaupt, das zur einen Seite dem Individuellen und zur anderen dem Kollektiven zugewendet ist. Denn erst durch die Vergesellschaftung des Ichideals tritt das Subjekt in die Masse ein.[48] Eine konventionelle Masse definiert sich als „eine Anzahl von Individuen, die ein und dasselbe Objekt an die Stelle ihres Ichideals gesetzt und sich infolgedessen in ihrem Ich miteinander identifiziert haben."[49] In „rasch gebildeten, vergänglichen Massen" mag es daher wie ein Wunder erscheinen, „daß dasjenige, was wir eben als die individuelle Ausbildung erkannt haben, spurlos, wenn auch nur zeitweilig, untergeht."

„Wir haben dies Wunder so verstanden," rekapituliert Freud, „daß der Einzelne sein Ichideal aufgibt und es gegen das im Führer verkörperte Massenideal vertauscht."[50] Zwischen Führer und Masse entsteht ein mitreißendes Verhältnis, das sowohl der gegenseitigen Identifizierung von Individuen und Führer (zwischen Hypnotisierten und Hypnotiseur) als auch der suggestiven Wirkung der Masse selbst (von Individuum zu Individuum) zuzuschreiben ist. Wenn das Ichideal wenig später durch das Über-Ich ersetzt wird, so gleicht dieser Akt im Rahmen der politischen Resonanzen jener Überlegungen einem „diskreten metapsychologischen Staatsstreich".[51] Denn in

---

45 *Ibid.*, S. 102.

46 *Ibid.*, S. 67.

47 *Ibid.*, S. 120.

48 Paul-Laurent Assoun : *La métapsychologie*, Paris : PUF, 2000, S. 100-101 : „Métapsychologie et ‚psychologie sociale' : les destins de l'idéal."

49 *Ibid.*, S. 108.

50 Freud, „Massenpsychologie", S. 120.

51 Paul-Laurent Assoun : *L'entendement freudien*, Paris 1984, zitiert in : Elisabeth Roudinesco, *Dictionnaire de la Psychanalyse*, (Anm. 39), S. 494.

Massenpsychologie und Ich-Analyse kann sich Freud die Masse immerhin schon „als eine führerlos gewordene Urhorde vorstellen, die ihre feindseligen und ihre narzisstischen Strebungen in mehreren Phasen von Identifizierungen zivilisiert hat.“[52] Die Masse ist – trotz oder gerade wegen ihrer Triebhaftigkeit – lernfähig. Da sie ihre Mitglieder libidinös aneinander bindet, ist sie unausweichlich von der Ambivalenz des Gefühlslebens geprägt. Freud illustriert dies mit „Schopenhauers Gleichnis von den frierenden Stachelschweinen“. An einem kalten Wintertag wollen sich die Stachelschweine gegenseitig wärmen, müssen aber erst aneinander leiden, bis sie die richtige Entfernung herausgefunden haben.[53] Das Individuum ist kein isoliertes, es formt sich *mit* und *in* der Masse. Die Feststellung, dass es immer möglich ist, „eine größere Menge von Menschen in Liebe aneinander zu binden, wenn nur andere für die Äußerung der Aggression übrigbleiben“, führt Freud genauso wie Elias zur Frage des Nationalismus, jenem „Narzißmus der kleinen Differenzen“[54]. Das Problem der „relativ harmlosen Befriedigung der Aggressionsneigung“ kann in den Ausschlussmechanismen des Nationalstaates monströse Züge annehmen. Das zeigt die konstitutive Bedeutung des Antisemitismus für den Nationalsozialismus.

Die Erwähnung von Freuds *Massenpsychologie und Ich-Analyse* nimmt Elias in seiner Studie *Etablierte und Außenseiter* zum Anlass, sich gegen biologistische Denkmuster zu wehren, die hier Freuds Kulturtheorie zugeschrieben werden. Identifizierungen, so das Argument, seien nicht mehr „unkritisch auf biologische Erbmechanismen zurückzuführen“, die Elias in Freuds These vom Urvatermord auszumachen meint. Man müsse, so lautet das Postulat, „zwischen biologischen und soziologischen Formen der Vererbung ... unterscheiden und ihr Wechselspiel studieren“ [EA, 270]. Elias argumentiert jedoch selbst evolutionistisch bzw. behavioristisch. Denn das Modell des sozialen Habitus verdankt sich allein der historischen Rekonstruktion verschiedener Etappen, die in der Zivilisationstheorie vom Ich- zum Wir-Ideal führen. Schon das höfische Zusammenspiel von Fremdzwängen (die der König über den Umweg der Etikette ausübt) und Selbstzwängen (die vom aristokratischen Ethos ausgehen, einem Ethos des Prestige und der sozialen Distinktion) ist ein historisches Zeugnis mit weit reichenden Folgen für die

---

[52] Gertrud Koch : „Macht es die Masse ? – eine Problemskizze zur Massenkultur“, in : Friedrich Jaeger ; Jörn Rüsen (Hrsg.) : *Handbuch der Kulturwissenschaften*, Bd. 3 : *Themen und Tendenzen*, Stuttgart, Weimar : J. B. Metzler, 2004, S. 248.

[53] Schopenhauer zitiert nach Freud, „Massenpsychologie“, S. 95 : „Eine Gesellschaft Stachelschweine drängte sich an einem kalten Wintertage recht nahe zusammen, um durch die gegenseitige Wärme sich vor dem Erfrieren zu schützen. Jedoch bald empfanden sie die gegenseitigen Stacheln, welches sie dann wieder voneinander entfernte. Wenn nun das Bedürfnis der Erwärmung sie wieder näher zusammenbrachte, wiederholte sich jenes zweite Übel, so daß sie zwischen beiden Leiden hin- und hergeworfen wurden, bis sie eine mäßige Entfernung herausgefunden hatten, in der sie es am besten aushalten konnten.“

[54] Freud, „Unbehagen“ (Anm. 28), S. 243.

folgenden Generationsketten. Der soziogenetische Charakter des idealisierten Selbstbildes nimmt in dieser Übertragung eine Schlüsselrolle für die Herausbildung des zivilisierten Habitus ein. Umgekehrt ist die Zerstörung des individuellen Gewissens, „das Achselzucken über die barbarischen Doktrinen und Taten der Nationalsozialisten hinweg" [SüD, 408], der Beweis für die Fragilität des langfristig angelegten Zivilisationsprozesses. Mit keinem Wort kommt Elias auf Freuds „Narzißmus der kleinen Differenzen" zu sprechen, womit doch die gefährlichen Regressionen des Sublimierungsprozesses – und damit die Hysterie der gleichgeschalteten Masse – hätte erklärt werden können.

Die Hoffnung, „Sozialreligionen" [SüD, 480] wie jedes beliebige neurotische Symptom demaskieren zu können [EA, 44], teilen die beiden „Mythenjäger" [WiS, 53] Elias und Freud. Elias besteht jedoch auf der „Notwendigkeit, das Wir-Ideal neben dem Ich-Ideal als Teil der Persönlichkeit zu betrachten." [EA, 48][55] Es sei die soziale Angst vor der Deklassierung, die dem Pronomen „Wir" seine kollektive Dimension verleihe. Im *Prozeß der Zivilisation* setzt die Modellierung des Triebhaushaltes mit dem Aufkommen des Schamgefühls gegenüber der Öffentlichkeit ein. Das Ich ist von der „Liebe oder Achtung von Anderen" abhängig, deren Haltung es automatisch sich selbst gegenüber einnimmt.[56] In späteren Schriften erweitert Elias diese Beobachtungen, um sein Modell der Etablierten-Außenseiter zu stützen und die affektive Abhängigkeit des Individuums vom Nationalstaat zu erläutern.

Der Essay „Zusammenbruch der Zivilisation" stellt die Frage nach dem Ausbruch der Barbarei in der Nation von Kant, Schiller und Goethe. Elias lehnt sich hier eng an Freuds Terminologie an. Das folgende Zitat ist nur ein Beispiel unter vielen :

> Auch die Identifizierung mit einer sozialen Einheit, die massive Zwangsfunktionen hatte, und selbst die Liebe zu ihr, auch die Internalisierung des Unterdrückenden in der Form von Gewissen und Ideal, war nicht auf Deutschland beschränkt. [SüD, 442]

Doch die Lektüre der Freudschen Topik bleibt selektiv. Gewissen und Ideal werden in einem einzigen Atemzug genannt. Die topisch-dynamische Begrifflichkeit, mit der Freud die unbewusste Ebene des Übergangs vom Individuellen zum Kollektiven erfassen wollte, wird im soziologischen Figurationsmodell der Machtbalancen ausgelassen. Elias' Soziologie setzt sich zur Aufgabe, die „besonders oppressiven Züge der nationalen Gewissens- und

---

[55] [EA, 44f.] : „Während jedoch die affektiven Phantasien im Falle von Persönlichkeitsfunktionen wie Ich-Bild und Ich-Ideal rein individuelle Erfahrungen eines Gruppenprozesses verarbeiten, hat man es im Falle von Wir-Bild und Wir-Ideal mit individuellen Versionen kollektiver Phantasien zu tun."

[56] [PdZ II, 398] : „[Der eigene Seelenhaushalt] fürchtet den Verlust der Liebe oder Achtung von Anderen, an deren Liebe und Achtung ihm liegt oder gelegen war. Deren Haltung hat sich in ihm zu seiner Haltung verfestigt, die er automatisch sich selbst gegenüber einnimmt. Das ist es, was ihn gegenüber den Überlegenheitsgesten Anderer, die in irgendeiner Hinsicht diesem Automatismus in ihm selbst aktualisieren, so wehrlos macht."

Verhaltenstradition in Deutschland" [SüD, 443], die Pathologie der gefährlichen Träume von Nationen als Normalzustand zu entlarven. Den „Phantasie-Impulsen in den Forderungen des eigenen Gewissens" könne man umso schwerer entrinnen, da sie der kritischen Prüfung anhand von Tatsachen nicht zugänglich seien. Der „zwanghafte, unentrinnbare und unerbittliche Charakter dieser Forderungen" erhöhe sich noch durch den kollektiven Druck, durch „die *wechselseitige Verstärkung* der verinnerlichten Stimmen" [SüD, 443].

Elias geht jedoch in seinem Essay „Der Zusammenbruch der Zivilisation" weder dem Freudschen Begriff der Masse nach noch dessen progressiver Ausarbeitung des Über-Ich, das sich vom Ichideal emanzipieren muss, um überhaupt erst die Herausbildung eines zivilisierten Habitus – und eines demokratischen Staates – zu ermöglichen. Hatte die Entthronung des Ich- bzw. Wir-Ideals durch das Über-Ich in der Massenpsychologie für psychologischen Sprengstoff gesorgt, so wartet man in den *Studien über die Deutschen* vergeblich auf eine tiefer gehende Auseinandersetzung. Stattdessen bleibt es bei einer defensiven Ablehnung, die Freud mit Durkheim gleichsetzt.

> Man mag zu der Anschauung neigen, daß sich die Muster des „äußeren" und des „inneren", des Fremd- und des Selbstzwanges einfach ergänzten, daß die beiden Zwangsapparaturen einander lediglich verstärkten. Eine solche Idee findet sich etwa bei Durkheim: die Gesellschaft, so scheint er gedacht zu haben, projiziert ihre Normen und Regeln in das Individuum hinein. Freud und viele seiner Nachfolger nahmen eine gleichermaßen statische Korrespondenz an, auch wenn es in ihrem Fall oft den Anschein hat, als ob es das „Individuum" sei, das sein Gewissensmuster in die „Gesellschaft" hineinprojiziert. [SüD, 434]

Elias' Ausführungen scheinen sich vielmehr gegen das eigene kommunikative Modell zu richten, das von einer idealtypischen Entwicklung des Individuums innerhalb eines „Triebgespräches" ausgeht. Die *Studien über die Deutschen* legen so die Widersprüche des eigens entworfenen, dialogisch angelegten Figurationsmodells offen. Das ist vielleicht auch der Grund, weshalb die psychische Ökonomie der Wechselwirkung von Lebens- und Todestrieb keine Rolle für die Analyse des Zusammenbruchs der Zivilisation spielen darf. Elias' Ausführungen zum Nationalsozialismus wirken denn auch nicht überzeugend genug. Der eigenen Utopie eines teleologisch angelegten Zivilisationsprozesses gehen sie jedenfalls nicht auf den Grund: „N'est pas Freud qui veut !"[57].

Zwar wird die Fähigkeit des Führers diskutiert, „eine Rolle in dem Ichideal auszufüllen, das eine Nation, oder eine andere Gruppierung, von sich hat" [SüD, 444], was einen mehr oder weniger großen Spielraum für die Variationen des nationalen Selbstbildes einräume. Zwar geht es mit Weber und Freud um

[57] Eugène Enriquez : „Préface", in : Sabine Delzescaux : *Norbert Elias. Civilisation et Décivilisation*, Paris : L'Harmattan, 2002, S. 16.

die Entzauberung von Welt und Subjekt. Zwar werden die Träume aufgezählt, welche die deutsche Gesellschaft von sich selbst träumt und die sie deutbar machen. Eine weiter führende Analyse des Unbewussten als Königsweg zur Selbsterkenntnis der Gesellschaft wird jedoch abgewehrt.[58] Das unterscheidet Elias auch von Denkern wie Siegfried Kracauer oder Walter Benjamin, die den Gehalt des Traumes als gesellschaftlichen Grund erkannten und auf dieser Einsicht ihre epistemologischen Gebäude zu errichten suchten.

[58] Sigmund Freud: „Neue Folge der Vorlesung zur Einführung in die Psychoanalyse. 35. Vorlesung: Über eine Weltanschauung (1933)", in: *Studienausgabe*, Bd. I, S. 599f. Während die Religion, so Freud, kein Zugeständnis an die Frage der Wahrheit machen könne, „weil sie damit jeden Einfluß auf die Menge einbüßen würde", sei es dagegen Aufgabe der Wissenschaft, Fortschritte zu erzielen und zwar „ganz ähnlich wie in einer Analyse".

Thomas Keller*

Deutsches Raubrittertum oder europaïscher Nonkonformismus ? Zur Frage der Gewalt in Norbert Elias' Doppelbiographie des Menschen und der Gesellschaft

I : Biographien

In den *Studien über die Deutschen*[1] variiert Elias die biographische Doppelstruktur der „Figurationen", die er in *Prozess der Zivilisation* vorgeführt hatte : die biographische Struktur tritt – nicht überraschend - in einzelnen Individualbiographien, dann aber – ungewöhnlich - auch als historische Biographie der Gesellschaft auf. Erst dadurch kann er die Interdependenz von Sozio- und Psychogenese aufzeigen.

Das Besondere der *Studien* liegt nun in den konkreten biographischen Beispielen, die den spezifischen Zivilisationsbruch in der deutschen Geschichte belegen. Elias zieht autobiographische Dokumente von gewaltbereiten Kriegern im rechten Spektrum, insbesondere von Ernst Jünger und von Ernst von Salomon, heran, um die „satisfaktionsfähige Gesellschaft" zu beschreiben.

Im folgenden sollen die Reflexionen über die Raubritter Jünger und Salomon, die den Teil III (Zivilisation und Gewalt. Über das Staatsmonopol der körperlichen Gewalt und seine Durchbrechungen 1., 2.,3., S.223-299, in Bielefeld 1980 entstanden, nach Aussage von Schröter von Elias selbst druckfertig gemacht) der *Studien* ausmachen, im Vordergrund stehen. Zugleich soll an diese Überlegungen eine Kritik der Elias'schen Zivilisationstheorie angeschlossen werden.

In der Vorstellung vom Prozess der Zivilisation verbirgt sich ein doppelter Ansatz der Schwellenerhöhung. Danach müssen sowohl die Schamschwelle als auch die Gewaltschwelle erhöht werden, um Zivilität zu befestigen. Beiden Erhöhungen der Schwelle ist gemein, dass sie Zivilität an Triebverzicht und Selbstbeherrschung binden. Besonders die Aussagen über Scham haben Kritik hervorgerufen. Die Auffassung von Gewalt hat nicht in derselben Weise zum Widerspruch gereizt.

Während Elias in der Regel in seinen Texten nur Zunahme an Scham, aber nicht Schamlosigkeit zeigt, stellt er Gewaltexzesse in den *Studien* breit aus. Dass Gewaltbereitschaft eine deutsche Besonderheit in einer konkreten historischen Situation darstellt, kann nun nur in Vergleichen plausibel werden. Elias selbst zögert wohl aus diesem Grunde, als Schröter ihm die Zusammenstellung einiger verstreuter Texte zu den *Studien über die Deutschen* vorschlägt[2]. Er will keine Beschränkung auf ein einziges Land. In der Tat ist der Vergleich in den

* Thomas Keller, Département d'Etudes Germaniques, Université de Provence, 29, Avenue Robert Schuman, 13621 Aix-en-Provence Cedex 1, thomas.keller@univ-provence.fr.

[1] Norbert Elias : *Studien über die Deutschen*, Suhrkamp, Frankfurt/M., 1989.

[2] Michael Schröter : *Erfahrungen mit Norbert Elias*, Suhrkamp, Frankfurt/M., 1997.

Studien nur sehr rudimentär verwirklicht. Dass Elias selbst einen länderübergreifenden Querschnitt nicht verwirklicht hat, mag erstaunen, ist er doch Schüler und Assistent von Karl Mannheim, der die Generationensoziologie begründet und damit einen „kollektiven" biographischen Ansatz eingeführt hat. Es bietet sich eine grenzüberschreitende Sicht auf Alterskohorten in Deutschland und Frankreich an, die Gewaltbereitschaft in derselben Generation in den Blick bekäme. Für die von Elias herausgestellte Personengruppe ist dies seine eigene Generation, der Salomon in Deutschland angehört und in Frankreich die sogenannten Nonkonformisten Malraux, Nizan, Caillois, Bataille, Sartre.

Sobald sexuelle und erotische Grenzüberschreitungen und gewalttätige Konfliktaustragung auch in „westlichen" Gesellschaften mit ausgeprägten höfisch-zivilen Traditionen eine wichtige Tendenz darstellen, muss ein solcher komparativer Ansatz auf das Zusammenspiel von Normenbruch und Zivilität in der Moderne schlechthin bemerkbar werden. Zum Zusammenhang von Obszönität und Zivilität in länderübergreifender Sicht habe ich mich anderweitig geäussert[3]. Um die *Studien über die Deutschen* aufzuschliessen, ist die Verschränkung von Gewaltbereitschaft und Zivilität entscheidend. In einem synchronen Querschnitt soll die nonkonformistische Generation dementsprechend in Deutschland und Frankreich durchleuchtet werden.

Ich werde das rendez-vous manqué in mehreren Schritten nachholen : einmal auf der systematischen Achse, indem ich Zivilität und doppelte Biographie aufeinander beziehe und vier zivilisierende Elemente in den Zivilitätsmustern der Prozesstheorie herauslöse. Ein anthropologischer und kommunikationstheoretischer Einschub beschäftigt sich mit dem Zusammenhang von Umgangsformen und gewalterzeugender Entblössung. Dann überprüfe ich in einem Querschnitt, inwieweit das Raubrittertum zwischen und in den Kriegen wirklich eine deutsche Spezialität ist. Dafür nehme ich Generationsschnitte anhand von Strömungen, Bewegungen, Orientierungen und kulturellen Praktiken in Deutschland und Frankreich vor.

Zunächst aber zu dem einschlägigen Gewaltbefund bei Elias.

II : Individualbiographie und Gesellschafts-biographie : deutsche Raubritter und deutsche Barbarei

Elias' biographischer Ansatz weitet das Freud'sche Modell einer wünschenswerten Bändigung der Triebe des Einzelmenschen auf ein „wir" aus ; damit werden Eigenschaften der Individualbiographie auch Eigenschaften der kollektiven Biographie einer Staatsgesellschaft. In den *Studien* ist dies das Kriterium der Satisfaktionsfähigkeit, das erlaubt, ein aristokratisches Verfahren

---

[3] Thomas Keller : Verhaltenslehren der Kälte und Höflichkeit. Zivilität und Nonkonformismus der Zwischenkriegszeit in Deutschland und Frankreich, in Dorothee Kimmich (Hrsg.), Der gepflegte Umgang mit der Sprache. Interkulturelle Aspekte der Höflichkeit in Literatur und Sprache, Transcript Verlag, Bielefeld, 2008, S.105-135.

zur Auszeichnung von Einzelmenschen und zum Verhaltenskodex einer Gesellschaft zu machen. Elias' Begriff der Zivilisation bietet die Psychogenese zu Plessners Konzept der verspäteten Nation[4], sowohl das satisfaktionsfähige Individuum wie auch die „satisfaktionsfähige Gesellschaft" stellen eine eigene auch biographische Konstruktion dar. Die biographische Doppelstruktur formuliert Elias folgendermassen :

> Es wäre, so scheint mir, eine schöne Aufgabe, die Biographie einer Staatsgesellschaft, also zum Beispiel Deutschlands, zu schreiben. Denn wie in der Entwicklung eines Einzelmenschen Erfahrungen früherer Zeiten in der jeweiligen Gegenwart fortwirken, so auch in der Entwicklung einer Nation. Noch heute lebt in der Entwicklung Deutschlands die Erfahrung fort, dass das Deutsche Reich lange Zeit ein schwacher Staat war... In einer Biographie Deutschlands müsste man dann schildern, wie dieses Gefühl der Schwäche und Machtunterlegenheit ins Gegenteil umschlug...[5]

So bietet es sich an, autobiographische Dokumente zwecks Demonstration von nationalen Befindlichkeiten heranzuziehen. Die Nation hat eine Erinnerung, wie eine Person. Dass sich Nationen als Autobiographien konstituieren, ist bereits früher bemerkt worden[6]. Insofern sie als Akteure mit Ansprüchen und Emotionen auftreten, gehen sie sogar den sogenannten „autobiographischen Pakt" ein : sie enthüllen die jeweilige psychische Verfasstheit von Person und Nation. Jene Personifizierung der Nation ist indes distanzlos. Eine Doppelbiographie, wie Elias sie konstruiert, wird hingegen kritisch. Sie setzt ein tertium comparationis voraus. Elias bestimmt in der Tat ein solches vom deutschen Menschen und von deutscher Staatsgesellschaft, nämlich ihre Unsicherheit. Beide schwanken zwischen Ohnmachts- und Allmachtsgefühlen.

Es ist diese schwache unsichere Person, die noch an formellen Kriterien der Satisfaktionsfähigkeit (Duell, Mensur etc.) orientiert ist, aber zum Träger und Instrument unbeherrschter Gewalt wird. Der neue deutsche Machtstaat ab 1871 ist auch ein schwacher Staat, insofern sein Monopol auf Gewalt unvollständig ist und die Standards der Zivilität bedroht sind. Damit

---

[4] Helmut Lethen : *Norbert Elias' Konstruktion der „satisfaktionsfähigen Gesellschaft". Die Wandlungen des „verbürgerlichten Kriegerethos" und das Ideal des Lebens in der Distanz*, in Reinhard Blomert/Hans Ulrich Esslinger/Norbert Giovanni (Hrsg.), *Heidelberger Sozial- und Staatswissenschaftler zwischen 1918 und 1958*, Metropolis-Verlag, Marburg, 1997, S.291-310.

[5] *Studien*, S.233.

[6] Vgl. Roberto Simanowski : Einleitung : Zum Problem der kulturellen Grenzziehung, in Horst Turk, Brigitte Schultze, Roberto Simanowski (Hrsg.), Kulturelle Grenzziehungen im Spiegel der Literaturen : Nationalismus, Regionalismus, Fundamentalismus, Wallstein, Göttingen, 1998, S.21.

Joseph Jurt : Autobiographie de la nation. La constitution de l'identité narrative des Etats-nations, in Thomas Keller/Georges Lüdi (Hrsg.), Biograpien und Staatlichkeit/Biographies et pratiques de l'Etat, Berliner Wissenschaftsverlag, Berlin, 2008, S.11-30, S.19.

bekommen die Nation bzw. der Staat und die Person die Struktur einer psychologischen bzw. pathologischen (Auto-)Biographie. In Elias' Studie werden aus den autobiographischen und anderen literarischen Dokumenten einer Nation dann biographische Materialien, die der Forscher auswertet, um bestimmte Figurationen einem kritischen Blick zu unterwerfen.

Elias grenzt seinen soziologischen Befund der steigenden Gewaltbereitschaft von Deutschen auf die Epoche 1870 bis 1945 ein. Er will dafür einen Beweis qua biographischer literarischer Texte erbringen. Um die wachsende Verrohung im Kaiserreich zu demonstrieren, zieht er Walter Bloem *Volk wider Volk* (1912) heran, der einen Rückblick auf den Krieg von 1870/71 bietet. Eine Frau wird gefangen, getreten und brutal mitgeschleift : „man hatte längst verlernt, zwischen Mensch und Vieh zu unterscheiden… Ein gefangener Feind war nichts als eine wilde, tückische Bestie“[7]. Von einem ähnlichen Verlust von Zivilisierung ist der Rückblick auf das Kriegserlebnis im Ersten Weltkrieg in Ernst Jünger, *In Stahlgewittern* (1922) gekennzeichnet :

> Unser Aufzug, bei dem sich das Winseln der Gefangenen mit unserem Jubeln und Lachen vermischte, hatte etwas Urkriegerisches und Barbarisches.[8]
>
> In einer Mischung von Gefühlen, hervorgerufen durch Blutdurst, Wut und Trunkenheit, gingen wir im Schritt schwerfällig, doch unaufhaltsam los…. Ich kochte vor einem rasenden Grimm, der mich und uns alle auf eine unbegreifliche Weise befallen hatte. Der übermächtige Wunsch zu töten, beflügelte meine Schritte. Die Wut entpresste mir bittre Tränen. Der ungeheure Vernichtungswille, der über der Walstatt lastete, verdichtete sich in den Gehirnen und tauchte sie in rote Nebel ein. Wir rufen uns schluchzend und stammelnd abgerissene Sätze zu, und ein unbeteiligter Zuschauer hätte vielleicht glauben können, dass wir von einem Übermass an Glück ergriffen wären.[9]

Hier sprechen keine Adeligen, sondern Bürger, die zugleich anti-bürgerlich sind und das Adelskriterium der Satisfaktionsfähigkeit übernommen haben. Sie bauen die Offiziersgesinnung anders als die adeligen Offiziere ein : der Krieg ist keine soziale Gegebenheit, sondern Gewalttat und Brutalität werden zum Ideal der männlichen Haltung[10], für die im Krieg die Schleusen geöffnet werden.

Mit den Fememorden zu Beginn der Weimarer Republik, an den Revolutionären Luxemburg und Liebknecht, an den bürgerlichen Politikern Rathenau und Erzberger, bricht sich eine neue Form terroristischer Gewalt in einer vordergründig zivilen Nachkriegsgesellschaft Bahn. Die antibürgerliche Haltung von deklassierten Bürgerlichen kennzeichnet eher die Teilnehmer am Kapp-Putsch, die Freikorpskämpfer im Baltikum als die adeligen Eliten in der

---

[7] *Studien*, S.239.
[8] *Studien*, S.275.
[9] *Studien*, S.277f.
[10] *Studien*, S.279.

Reichswehr. Elias' Generationsgenosse Ernst von Salomon bietet in *Die Geächteten* eine Fülle von Belegen für die mörderische Gewaltbereitschaft der antibürgerlichen Terroristen aus dem Bürgertum :

> ... Wir knallten in überraschte Haufen und tobten und schossen und schlugen und jagten. Wir trieben die Letten wie Hasen übers Feld und warfen Feuer in jedes Haus und pulverten jede Brücke zu Staub und knickten jede Telegraphenstange. Wir schmissen die Leichen in die Brunnen und warfen Handgranaten hinterdrein. Wir erschlugen, was uns in die Hände fiel, wir verbrannten, was brennbar war. Wir sahen rot, wir hatten nichts mehr von menschlichen Gefühlen im Herzen. Wo wir gehaust hatten, da stöhnte der Boden unter der Vernichtung. Wo wir gestürmt hatten, da lagen, wo früher Häuser waren, Schutt, Asche und glimmende Balken, gleich eitrigen Geschwüren im blanken Feld. Eine riesige Rauchfahne bezeichnete unseren Weg. Wir hatten einen Scheiterhaufen angezündet, da brannte mehr als totes Material, da brannten unsere Hoffnungen, unsere Sehnsüchte, da brannten bürgerliche Tafeln, die Gesetze und Werte der zivilisierten Welt, da brannte alles, was wir noch vom Wortschatz und vom Glauben an die Dinge und Ideen der Zeit, die uns entliess, wie verstaubtes Gerümpel mit uns geschleppt.[11]

Elias beglaubigt die Gewalterfahrung auch autobiographisch. Er schildert das Schicksal seines schwärmerischen vom Kommunismus angezogenen Schulkameraden Bernhard Schottländer, dessen Leiche mit Stacheldraht umwunden aus dem Breslauer Stadtgraben gezogen wird[12].

An der menschenverachtenden und enthemmten Orientierung und Verhaltensweise dieser modernen Raubritter und Mörder kann kein Zweifel bestehen. Das Problem ist nun, dass Elias mehrere Prozesse der Zivilisation voraussetzen muss, um seine Begründung für den Gewalteinbruch in Deutschland führen zu können. Solche Prozesse sind die Konditionierung zum Erwachsenen, die jüdisch-christliche Humanität, die höfische Gewaltvermeidung und das staatliche Gewaltmonopol.

III : Der Zivilisationsprozess 1 und 2 : Erwachsenwerden und Humanität

Auf dem Weg zur Zivilität bewegt sich die Menschheit von Nacktheit zu Bekleidung der Scham, von Gewalt zu Beherrschung von Gewalt. Diese zwei Pfeiler der Zivilisationstheorie sind nun beide problematisch. Duerr bestreitet, dass die Menschheit sich in einer Erhöhung der Schamschwelle und der Reduzierung der Gewalttätigkeit entwickle. Seine ethnologischen Materialien zeigen, dass die Nackten nicht nackt sind, dass die „Wilden" nicht wild sind ; es

[11] *Studien*, S.258f.

[12] *Studien*, S.246.

gibt nur Zivilisierte[13]. Elias selbst betont, die Schamgrenze könne wieder sinken, wenn der Zwang internalisiert ist. Er hat Duerr niemals direkt geantwortet, ihn wohl nicht für satisfaktionsfähig gehalten. An seiner Stelle hat Schröter bestimmte Einwände entkräftet[14] : dass Mittelaltermenschen keine schamlosen Wilden und „Wilde" nicht ohne Zivilisation sind, gestehe Elias bereitwillig zu. Auch behaupte er nirgends eine lineare Entwicklung.

Hier scheint Elias mit den Vertretern der philosophischen Anthropologie wie Plessner überein zu kommen, die die Monopole des Menschen möglichst kleinhalten wollen. In Hinblick auf die Tier-Mensch-Schnittstelle sind solche verbleibenden Monopole Lachen und Weinen, in Hinblick auf die Schnittstelle zivilisiert/wild ist kein Monopol mehr zu halten, da eine unauffälligere Zivilität alle Menschen kennzeichnet : sie gewinnen „Macht" zum offenen Rollenspiel. In der „Persona-Anthropologie" kommt Kultur allen zu[15]. Der Blick auf die ganze Welt und alle Zivilisationen legt ein Nebeneinander von Entwicklungsgängen nahe, die indes niemals einsinnige Wege von Nacktheit zu Scham sind. Die Konsequenz ist, Zivilität anderswo und überall, auch aussereuropäisch wahrzunehmen. Eine solche Sicht stärkt in gewisser Weise das Entsetzen über den Zivilisationsbruch im fortgeschrittenen modernen Deutschland und Elias' Absicht, auf Standards der Zivilität zu bestehen.

Nun führt Elias seine Demonstration einer deutschen Besonderheit nicht in Hinblick auf Scham, sondern auf Gewaltbereitschaft. Die Frage nach der Scham taucht gleichwohl indirekt und verdreht in den *Studien* im Begriff der Ohnmacht auf : als zwanghafte Vermeidung vor Beschämung, als Angst vor der Blösse, die die Raubritter umtreibt. Es ist diese Notwendigkeit der Schamvermeidung, des Selbstschutzes, die die Gewaltausbrüche auslöst. Elias benötigt insofern eine Theorie der Gewalt, die mit Schamvermeidung verbunden ist. Wie aber untermauert Elias theoretisch sein zweites Standbein der Zivilisationstheorie, die Gewaltbereitschaft ? Er nimmt zunächst in einer hobbeschen Sichtweise einen Krieg aller gegen aller an :

> Wie ist es möglich, dass so viele Menschen normalerweise friedlich miteinander leben können, ohne Furcht vor Stärkeren ge- oder erschlagen zu werden... wie in den grossen Staaten und Städten unserer Tage. Man sieht es vielleicht erst, wenn man gewahr wird, wie viel höher

---

[13] Hans Peter Duerr : *Der Mythos vom Zivilisationsprozess*, Band 1 : Nacktheit und Scham, 1988, Band 2 : Intimität, Suhrkamp, Frankfurt/M., 1990, Band 3 : Obszönität und Gewalt, Suhrkamp, Frankfurt/M, 1993.

Für Duerr kann Nacktheit nie und in keiner Kultur alltäglich sein. Dagegen Jean-Claude Bologne : *Nacktheit und Prüderie*, Böhlau, Weimar 2001, die Praxis Nacktheit ist von der historischen Situation abhängig, Nacktheit kommt immer wieder vor.

[14] Vgl. Michael Schröter : *Erfahrungen mit Norbert Elias*, l.c.

[15] Vgl. Helmuth Plessner : *Macht und menschliche Natur* (1931), in H. Plessner, *Zwischen Philosophie und Gesellschaft*, Suhrkamp, Frankfurt/M., 1979, S.276-365, S.321.

Die Macht zu X – Plessner sagt nicht : Gewalt - besteht eben gerade in der Möglichkeit, Rollen zu spielen, Masken aufzusetzen, als Offenheit, als Spielraum der Distanzierung, als Zivilität.

das Gewaltniveau im Verkehr von Mensch zu Mensch in früheren Epochen der Menschheitsentwicklung war. Die primäre Haltung ist in der Tat, dass Menschen, wenn sie in Konflikt geraten, wenn sie auf Menschen wütend sind oder sie hassen, aufeinander losgehen und sich schlagen oder je nachdem auch ermorden. Hier zeigt sich das Problem, das ich meine ; denn alles das – Wut aufeinander, Hass, Gegnerschaft, Rivalität – ist ja immer noch da, aber das Sich-Schlagen oder gar das Morden ist vergleichsweise sehr in den Hintergrund getreten.[16]

Die regellose individuelle körperliche Gewalttätigkeit ist der Ausgangszustand parallel zu Schamlosigkeit. Die unbewiesene These, derzufolge das Gewaltniveau früherer Epochen ungleich höher sei[17], nähert Elias' Gewaltvorstellung derjenigen von ursprünglicher Nacktheit an : Duerrs Kritik an Elias hat doch ihre Berechtigung, insofern für Elias (in einer Doppelbiographie) vormoderne Kulturen wie Kinder sind. Kinder sind gewalttätig, sie „neigen zu Rauferei", so Elias wörtlich in den *Studien*[18]. Diese Sichtweise von einer Konditionierung, die erwachsen macht und der erste Schritt zur Zivilität ist, situiert Elias in die Nachfolge von Freud. Sie scheint mir unhaltbar, sofern sie die Existenz „kindlicher" Kulturen annimmt. Zwar liegt keine mit Duerrs Projekt vergleichbare Studie vor, die die Kultur (bzw. Zivilisation) der Gewalteinhegung in vormodernen europäischen und in aussereuropäischen Kulturen zeigt. Mein Argument ist auch nicht, dass ich den Fortschritt ziviler Verzichte und die Vorzüge des Rechtsstaats mit seinem Gewaltmonopol in Frage stelle. Ich wende vielmehr ein, dass es – jenseits von allgemeiner Konditionierung zum Erwachsenen, jenseits von jüdisch-christlicher Mordtabuisierung, jenseits höfischer Gewaltvermeidung und jenseits des staatlichen Gewaltmonopols - andere gewaltreduzierende Institutionen des Dritten, von Mittlerinstanzen bereits immer und überall gegeben hat und gibt. Erwähnt sei nur im aussereuropäischen Kontext die friedensstiftende Funktion des Kula-Rings zwischen den Inseln vor Neu-Guinea...

Das barbarische mörderische Verhalten von Salomon ist nicht eigentlich entblössend, aber enthemmt in der Gewaltanwendung, die Täter und Opfer hervorbringt. Was Elias indirekt feststellt, ist der Ausfall einschreitender Drittinstanzen in der Moderne – und zwar des einschreitenden äusseren Mittlers, dem Staat oder anderen Friedensinstanzen, sowie innerer Mittler : dem mordtabuisierenden Gewissen und dem konditionierenden Über-Ich. Auf den inneren Mittler kommt Elias in einem anderen Zusammenhang, einem anderen Teil der *Studien* zu sprechen. Die rohe Gewalt erinnert ihn an Zeiten im alten Griechenland. Barbarisierung heisst : Verstoss gegen Humanitätsstandards, die

---

[16] *Studien*, S.227.

[17] *Studien*, S.227.

[18] *Studien*, S.229.

sich in vielen Jahrhunderten gebildet haben. Der Massenmord ist vor und in der Antike noch legitimiert, kein schlechtes Gewissen plagt die Mörder[19]. Zwischen der Gewalt der deutschen Kämpfer und der Antike liegt aber psychogenetisch der Aufbau eines bestimmten Gewissens und eines Zivilitätstandards, der Massenmord stigmatisiert und den Zivilisationsbruch in Deutschland als Abweichung einzustufen erlaubt.

Elias grenzt Zivilität historisch und räumlich ein. Er differenziert sie aus, insofern dieser Selbstzwang durch Gewissen und Konditionierung doch an den Antritt von jüdisch-christlichen Normen gebunden ist und ein europäischer Vorgang für ihn zu sein scheint. Elias identifiziert unzweifelhaft eine nachweisbare Entwicklung. Die Überstellung der Kriegsverbrecher aus dem früheren Jugoslawien an das Haager Kriegstribunal demonstriert die Realität einer „Weltinnenpolitik", die Folge einer Durchsetzung universaler Normen ist.

Gleichwohl sind diese mehr oder weniger impliziten Annahmen problematisch, insofern auch in nach-antiken christlich geprägten Gesellschaften nachweislich Massenmord praktiziert und auch legitimiert wurde. Konstruiert Elias so etwas wie einen Rückfall in einen primitiven Urzustand in Deutschland, der früher herrschte, als es noch wenig Menschen auf der Erde und keine Staaten gab ? Die Rebarbarisierung in Deutschland würde bedeuten, dass hier das Gewissen der modernen Mörder jüdisch-christliche Humanitätsstandards ausser Kraft setzt. Es ist nun zweifelhaft, ob der Vorgang des Erwachsenwerdens oder die Erhöhung der Humanitätsstandards eine deutsche Besonderheit erklären können. Elias setzt nun weitere Elemente der Zivilisierung in der Geschichte ein, die sich auf die neuere europäische Geschichte beziehen. Der Vorgang des Triebverzichts, hier des Verzichts auf persönliche Gewaltausübung infolge von nachantiken Humanitätsstandards, wird in der Moderne von zwei weiteren Dynamiken ergänzt : von der Ausbildung des höfischen Verhaltenscodes und von der ständigen Ausweitung des staatlichen Gewaltmonopols. Nationen mit mehr kriegerischen als höfischen Traditionen und mit langen Phasen staatlicher Schwäche wie die deutsche haben insofern ein Problem, als aus Minderwertigkeitsgefühlen Gewaltneigung resultiert.

IV : Der Zivilisationsprozess 3 und 4 : höfische Gewaltvermeidung (informell – formell) und staatliches Gewaltmonopol

Elias zufolge macht die immer dichtere soziale Verflechtung in ganz Europa die Einhegung von Gewalt unumgänglich. Der Eingriff geschieht durch äussere Zwangsmittel und durch innere Disziplin, wodurch die Affekte reguliert werden. Der äussere Zwang wird Selbstzwang. Dies motiviert Elias' Sympathie für die höfische Kultur. Der Höfling hat den Selbstzwang verinnerlicht, was sich dann auf den Bürger überträgt, der ebenfalls dem Gewaltverzicht

---

[19] *Studien*, S.46.

zustimmt. Erst relativ spät in seinem Leben übernimmt Elias von seinem niederländischen Schüler Wouters die Unterscheidung von formell/informell[20]. Indem er den Vorgang kodifizierter Verhaltensformen mit dem neuen Begriffspaar erfasst, entkommt er dem engen Rahmen der höfischen Kultur. Er baut es in die spät geschriebenen Teile der *Studien*, in Teil 1 „Zivilisation und Informalisierung" von 1978, und auch in Teil III ein, um Kritik an seiner Zivilisationstheorie vorzubeugen. Zivilisiert/unzivilisiert sei nicht mit formell/informell gleichzusetzen. Er habe nie behauptet, dass es eine allgemeine Entwicklung von informell zu formell gebe. In den Briefen Mozarts koexistieren noch formelle Ehrerbietung in Grussformel und gleichzeitig obszöne private Äusserungen[21]. Die Verhöflichung der Krieger stellt eine eigene zivilisierende Leistung dar. In Frankreich fallen die Eleganz der Sprache und der Charme der Frauen auf[22]. Das Bürgertum begrenzt dann die Macht des Adels und übernimmt zugleich Aspekte des höfischen Verhaltens. Die formellen Verhaltensformen des Hofes breiten sich in Europa nicht überall gleichermassen auf andere Schichten aus. In der französischen Geschichte waren „die französische Sprache und der französische Habitus... so stabil, dass die Kontinuität ... erhalten blieb. Das höfisch-aristokratische Gepräge der französischen Sprache verlor sich nicht, als das französische Bürgertum zur modellsetzenden Gruppe wurde"[23]. In westlichen Gesellschaften setzt sich die egalitäre Tendenz früher als in Deutschland durch.

Für Elias kann die Formalität wegfallen, sobald der Selbstzwang hinreichend verinnerlicht ist. Informelles Verhalten ist vereinbar mit Zivilität, wenn die Gewaltmöglichkeit an übergeordnete Instanz abgegeben ist. Ist der Selbstzwang einmal allgemein geworden, sind informelle Verhaltensweisen (lockeres Verhalten, auch Nacktheit, allerdings nicht private Gewalt) wieder möglich. Nach 1945 werden auch jüngere Deutsche informeller, dies ist aber nicht mit einem Abbau von Zivilität gleichzusetzen. Die informellen Züge in heutigen Gesellschaften deuten nicht auf Rebarbarisierung[24].

Nationen, die früh Höfe und starke Staaten herausgebildet haben, wie Frankreich, haben einen Vorteil. Der preussische Hof verfügt weniger über eine höfische Tradition als der Hof Frankreichs[25]. Durch die zahlreichen Kriegswirren bekommen in Preussen die Werte des Kriegers Vorrang vor denen des Höflings[26]. Die deutsche Geschichte, in der sich statt des Höflings der Krieger durchsetzt und das Bürgertum sehr spät die Macht erringt, bringt Figurationen der Gefährdung hervor. Die Pointe von Elias ist, dass gerade

[20] *Studien*, S.43.
[21] *Studien*, S.40.
[22] *Studien*, S.84.
[23] *Studien*, S.16.
[24] *Studien*, S.45.
[25] *Studien*, S.82.
[26] *Studien*, S.85.

Kulturen mit dem informellen Innerlichkeitskult anfällig sind. Sie bringen den krassen Gegensatz von Kultur und Zivilisation in der deutschen Geschichte hervor und verhindern, dass die Spanne zwischen formell und informell geringer wird.

Das Formalitäts-Informalitätsgefälle ist in Deutschland zwischen 1871 und 1945 besonders hoch. Charakteristisch ist die Gleichzeitigkeit von einem Formalisierungsschub[27] im Reich und einem Informalisierungsschub zunächst in den Kolonien und dann auch im Mutterland[28]. In Deutschland breitet sich der monarchische Kanon nach unten aus. Nach 1871 wird das Duell eine Praxis des Adels und des Bürgertums. Gewalt lässt sich ebenfalls in den Koordinaten formell-informell fassen : das Duell ist ritualisiert, Duellanten haben Sekundanten, ein Duellant hat die Wahl der Waffen etc. Im Duell ist Gewalt formalisiert und bleibt straffrei. Elias gibt das Beispiel von Hinckeldey, dem bürgerlichen Polizeidirektor von Berlin, verheiratet mit einer Adeligen. Er schreitet gegen illegales Spiel in einem Berliner Adelsclub ein. Der adelige Duellant von Rochow-Plessow, der um seine Überlegenheit als Schütze weiss, spielt den Beleidigten, fordert Hinckeldey zum Duell und tötet ihn mit Lust[29]. Hinckeldey kann dem Duell nicht ausweichen, ohne seine Ehre zu verlieren. Der Adelige braucht keine Bestrafung zu fürchten. Dies stellt einen Rückschritt zu den Zeiten ohne den Rechtsstaat und ohne das Gewaltmonopol des Staats dar.

Die Distanz zur weit verbreiteten Prügelei, einer informellen Form der Gewalttätigkeit in unteren Schichten, bleibt erhalten. Die Beziehung zu Frauen aus gleichen Kreisen ist hochgradig formalisiert. Zu Mädchen aus unteren Schichten bestehen informelle Umgangsformen. Dieses Nebeneinander von formell/informell gebe es so in Frankreich und den Niederlanden nicht. Diese Gesellschaften seien egalitärer, die Spanne formell/informell geringer.

Elias fügt das Begriffspaar formell/informell auch in den hier im Vordergrund stehenden Teil III ein. Die Einheit von 1871 ist durch Krieg erreicht. Krieg und Gewalt erscheinen so als etwas Gutes und Schönes[30]. Im Ausgang der Niederlage von 1918 bildet sich ein „Doppelbinderprozess“ zwischen Gewalt auf der rechten und linken Seite[31]. Elias identifiziert die charakteristischen extremen Formen des Freund-Feind-Paradigmas in literarischen Texten von „rechten“ Raubrittern. Anhand von Jüngers *Stahlgewittern* stellt er den Typus des bürgerlichen Aussenseiters im Krieg vor, der am Adelskanon orientiert ist[32]. Sie sind dann im geschlagenen Deutschland deklassiert. *Die Geächteten* von Ernst Salomon bietet den Typus des

27 *Studien*, S.110.
28 *Studien*, S.138.
29 *Studien*, S.91ff.
30 *Studien*, S.236.
31 *Studien*, S.248.
32 *Studien*, S.279.

„Abenteurers". Der autobiographische Text zeichnet eine Radikalisierung in drei Teilen nach. Ab 1918 treten terroristische Aussenseiter auf mit der Abfolge von „Die Versprengten, Die Verschwörer, Die Verbrecher"[33], so die Gliederung von Salomons *Geächteten.* Salomon geht den Weg vom „Versprengten" (Kadett im preussischen Kadettenkorps) über den „Verschwörer" (Freikorps im Baltikum, Massaker in Dörfern) zum „Verbrecher" (konspirativer Geheimbund Organisation Consul, Ermordung von Rathenau)[34]. Der moderne Krieger will sein Umfeld erregen. Er nimmt eine kalte Haltung ein und zögert nicht, mit Sprengstoff gegen die Sinnlosigkeit aufzubegehren[35].

Die Verhaltensweisen der Freikorpskämpfer sind ambivalent. Sie sind einerseits verzweifelt, sie sind nicht steif bürgerlich, also nicht formell[36]. Die bürgerliche Zivilisation löst sich auf[37], zugleich bewahrt die anarchistische unkontrollierte Gewaltorgie aristokratische Elemente. Damit gehören die Freikorps zu den Vorgängern und Wegbereitern der Nazis, aber „sie blieben bei aller Verwilderung in ihrer Haltung und Mentalität der elitären Offizierstradition, der alten, adelig-bürgerlichen satisfaktionsfähigen Gesellschaft verhaftet. Hitler, der Gefreite, durchbrach die elitären Barrieren der Offiziers- und Studentenbewegung ..."[38]. Erst die Zugehörigkeit zur „germanischen Rasse" eröffnet den Weg zur Massenbewegung. In der Tat sind weder Jünger noch Salomon zu den Nazis übergegangen (was Elias allerdings nicht erwähnt). Salomon beginnt sich bereits in *Die Geächteten* von seiner Gewalttätigkeit zu distanzieren.

Nun kann an der andauernden anti-demokratischen und anti-egalitären Haltung von Jünger und Salomon kein Zweifel bestehen. Für Elias verhalten sich Selbstzwang und Gewalt komplementär und antipodisch : Danach lösen sich weite Teile deklassierter Bürger vor allem nach 1918 mit dem adeligen Kriegerethos vom Verbot der Gewaltausübung. Die Hoffnung, dass die Triebkontrolle inzwischen so stark ist, dass keine Gewalt und keine Vergewaltigung mehr stattfindet, erweist sich als Illusion. Die Tabuisierung persönlicher Gewalt wird da durchbrochen, wo Staats- und Habitusbildung unsicher sind, vor allem aber in der Situation der Demütigung nach 1918. Auch dieser Kausalnexus von Demütigung und Gewalt ist zugleich psycho- und soziogenetisch : er gilt für Einzelpersonen und Nation.

Die Analyse von Elias lässt nun ein Gefühl des Unbehagens zurück. Die biographischen Beispiele verorten Gewalt vereindeutigend auf der Rechten. Zur Grenzziehung auf der Links-Rechts-Skala kommt die nationale

33 *Studien*, S.252.

34 *Studien*, S. 252 f.

35 *Studien*, S.295f.

36 *Studien*, S.255.

37 *Studien*, S.259.

38 *Studien*, S.261.

Begrenzung. Mag die Männerwelt der Freikorps auch sehr deutsch sein, so ist in der Dandypose, in der aristokratischen Verachtung des engherzigen Bürgertums ganz offensichtlich etwas Grenzüberschreitendes wirksam. Die Wahrung der Form, die die Umgebung auf Satisfaktionsfähigkeit abtastet, stellt Unterscheidungen da sicher, wo ökonomisches Kalkül und vertraglich geregelte egalitäre Rechtsform nicht vor Beschämung schützen können. Die von Elias herangezogenen modernen Raubritter sind ja gerade durch extremen Selbstzwang bei plötzlich hereinbrechender Exzessivität gekennzeichnet, die sich in autobiographischer Expressivität verlängert. Im Gewaltrausch erscheinen die Raubritter nicht formalen Regeln unterworfen. Ekstase und Entblössung – das ist für Elias angstbesetzt, hat nicht einmal eine ambivalente Dimension. Deshalb kommt der Leib konkret in der Analyse nicht vor, auch nicht der auf ihn ausgeübte Zwang, wehrhaft zu stehen. Ausgeblendet ist die der Gewalt vorhergehende Szene der drohenden Blösse, wie auch die auf den Rausch folgende Szene, in der der vorgefallene Gewaltakt nicht nur erschreckend ist, sondern auch grotesk. Eine Szene letztlich nicht der Gemeinschaft der Ritter, sondern ihrer Einsamkeit. Nicht zur Sprache kommt schliesslich die militante littérature engagée selbst, die die Schreibfeder in eine wirksame Waffe verwandeln will.

Die menschenverachtende Gewalt von Salomon bricht sich Bahn in einer Situation, als er sich in die Enge gedrängt fühlt. Es fehlt ihm an Angstfreiheit und Souveränität. An Selbstzwang hingegen besteht in Deutschland kein Mangel. Der brüske Wechsel zwischen Formalität und Exzess bei denen, die mit der geballten Faust in der Tasche umherlaufen und dann wild um sich schlagen, überträgt einen nicht-gehörten Appell an Würde und Schonung. Unter den Bedingungen der drohenden Entwürdigung zerfliessen die Grenzen zwischen in Formen eingehegten Extremerfahrungen und regellosen Gewaltexzessen. Die Versuche, ungehemmte Gewaltpraxis mit mangelndem Selbstzwang zu erklären, vermögen mich nicht zu überzeugen.

V : Leere Umgangsformen und gewalterzeugende Entblössung

In Elias' Zivilisationstheorie verbirgt sich eine Asymmetrie. Für Scham gilt : ist der Selbstzwang allgemein geworden, kann auch Nacktheit, also Informalität wieder auftreten. Das Verbot der Nacktheit kann aufgehoben werden, ohne dass Massenvergewaltigungen an Stränden mit Nacktbadenden drohen. Immer noch errichten innere Instanzen wie Achtung vor körperlicher Integrität und wie Diskretion eine Grenze, die den Nackten vor Übergriffen schützt (die gewaltige Macht des Eros begrenzt). Die Tendenz zur massenhaften Selbstentblössung ist auf Gewalt so nicht übertragbar : der Satz „wo der äussere Zwang ein innerer geworden ist, kann anarchistische Gewalttätigkeit, also Informalität wieder zugelassen werden" macht keinen Sinn. Die Macht der Gewalt kann Elias nicht in derselben Weise ausblenden. Ein Zwang wie das staatliche Gewaltmonopol kann Elias zufolge nicht aufgehoben werden, ohne die Zivilität preiszugeben, das heisst hier der Gewalttätigkeit Tür und Tor zu öffnen. Fällt der zivilisierende Zwang in seinen verschiedenen Ausprägungen weg, bricht Gewalt aller gegen alle herein, so die Befürchtung von Elias.

Seine Sichtweise setzt voraus, dass der Prozess der Gewalteinhegung in Europa sich nur unter grossen Risiken diversifiziert. Sobald nur eine oder mehrere Komponenten des Zwangs – erwachsenes Verhalten, das Gewissen der Humanität, die Beachtung der Formen, der Staat mit seinem Recht - bei Konflikten ausgeschaltet ist, droht der Zivilisationsbruch. Diese Zwänge sind Drittinstanzen, die individuelle Gewaltausbrüche zwischen zweien reduzieren. Elias rehabilitiert nun äusseren und inneren Zwang, indem er ihn dem Exzess entgegensetzt. Er zieht nicht Schlüsse aus der Tatsache, dass die „kippenden" Umgangsformen der Raubritter direkt mit extremen Erfahrungen von Erniedrigung korreliert sind. So ist auch die in der Gewalt eingeschlossene körperliche und psychische Beschämung zu entschlüsseln.

Obwohl Elias die Ohnmachtserfahrung der im Krieg Unterlegenen betont, bleibt der blinde Punkt in seiner Zivilisationstheorie die Angst vor Entblössung. Auch sie hat eine individualbiographische und eine kollektive Dimension. Besonders in Situationen der Schwäche, etwa nach einer Niederlage im Krieg kommt es auf zivile Umgangsformen an, die Demütigung vermeiden bzw. auffangen. Die entsprechenden Umgangsformen umfassen Courtoisie, Höflichkeit, Takt und Verstellung u.a.m.. Die unleugbare Gewalttätigkeit, die Elias als widersprüchliche Mischung von formellen und informellen Elementen im wilhelminischen Deutschland und in der Weimarer Republik fasst, weist auf eine misslungene Verarbeitung von Ambivalenzen und psychischen und sozialen Gesetzmässigkeiten hin, deren Nichtachtung gewalterzeugend ist.

Nicht die zivilen Umgangsformen selbst, wohl aber der durch sie bewirkte Verzicht darauf, sich selbst und andere dem Gesichtsverlust auszusetzen, stellen Selbstsicherung, einen Raum der Intimität sicher. Verhaltensstilisierungen deuten auf Scham als Wesensmerkmal des Menschen schlechthin. Scham ist nicht nur, wie Elias denkt, Resultat inkorporierter Konflikte, sie ist nicht nur Beschämung in einer historischen Situation[39]. Sie sichert ein Gleichwicht zwischen Nähe und Distanz und geht insofern aus peinlichen leiblichen Empfindungen und aus der Sichtbarkeit der Person, aus dem drohenden vernichtenden Blick hervor. Hier lässt sich die anthropologische Bestimmung der „exzentrischen Positionalität" (Plessner) mit dem Begriff der „leeren Formalität" verbinden. Die Verhaltensform selbst muss die Gewalt bereitstellen, um eine schützende Grenzziehung, ein Schutz vor dem Risiko der Lächerlichkeit, ein Wahren von Würde und Prestige sicherzustellen : „Das

39 Vgl. Karl-Siegbert Rehberg : Positionalität und Figuration gegen jede Gemeinschaftsverschmelzung. Soziologisch-anthropologische Theorieverschränkungen bei Helmuth Plessner und Norbert Elias, in Wolfgang Essbach/Joachim Fischer/Helmut Lethen (Hrsg.), Plessners Grenzen der Gemeinschaft. Eine Debatte, Suhrkamp, Frankfurt/M., 2002, S.213-247.

Individuum muss zuerst sich eine Form geben, in der es unangreifbar wird, eine Rüstung gleichsam, mit der es den Kampfplatz der Öffentlichkeit betritt"[40]. Fällt diese formale Grenzziehung weg, droht Gewalt.

Die Formalität der Umgangsformen garantiert einen Schutz, sie mindert Konflikte. Kant betont in seiner *Anthropologie in pragmatischer Hinsicht*, dass höfliche Verhaltensformen nicht Betrug seien, da jedem klar ist, dass sie nicht eine dahinter liegende Gesinnung abbilden. Er begreift den Hang, seine wahren Gesinnungen zu verhehlen und andere zur Schau zu tragen, als einen Beitrag zur Zivilisierung. Höflichkeitsformen haben ihren Sinn, weil sie so leer sind, denn sie sagen nichts über die innere Einstellung aus, wie von Simmel demonstriert : Jemanden auf der Strasse grüssen, bedeutet oft gar nichts ; aber jemanden nicht zu grüssen, deutet darauf hin, dass die sozialen Beziehungen gefährdet sind bzw. löst Konflikte aus[41]. Formalität entschärft Agonalität, erkennt sie aber auch zugleich an. In dieser Ambivalenz wird sie in allen Gesellschaften eingesetzt.

Nach Goffman stellen Anstandsregeln der Etikette das Wichtigste im interindividuellen Handeln dar : „The gestures which we sometimes call empty are perhaps the fullest things of all"[42]. Robert Murphy behauptet, Ritual und Etikette seien „leere Formen", die dazu dienen, den Bruch zwischen Norm und Handlung, zwischen Ideal und Realität zu kennzeichnen und zu überbrücken[43]. Es ist riskant und sozial schädlich, mit offenem Gesicht zu agieren wie auch den anderen zu entblössen. Mit Maske kann jemand auch eine unangenehme Wahrheit sagen. Zugespitzt gesagt : erst die Maske erlaubt den Verzicht auf Falschheit. Maskierung gibt gewalttätigen Impulsen einen Raum, macht den realen Gewaltausbruch aber zugleich weniger wahrscheinlich.

Brown und Levinson[44] sprechen der Höflichkeit das Verdienst zu, die potentielle Aggressivität sozialer Interaktionen zu entschärfen, ohne sie zu leugnen. Ereignen sich gesichtsbedrohende Handlungen („face threatenings acts"), setzen negative Imagebedürfnisse (die bedrohte Autonomie des Handelns aufrechterhalten, sich schützen) und positive Bedürfnisse (der Wunsch, von anderen geachtet zu werden) ein. Die Befolgung der Regeln betrifft den Ehrenkodex in der Gruppe sowie die Behandlung der Aussenwelt, besonders des Gegners. Entscheidend ist die kulturschaffende Fähigkeit der Distanzierung, die es erlaubt, Rollen zu übernehmen und dem unmittelbaren Impuls zur Gewalt nicht nachzugeben. Die einschreitende Drittinstanz liegt in

40 Helmuth Plessner : Grenzen der Gemeinschaft. Eine Kritik des sozialen Radikalismus, in Gesammelte Schriften V, Suhrkamp, Frankfurt/M., 1981, S.82.

41 Ich referiere hier Klaus-Peter Köpping : „Obszönität", in Christoph Wulf (Hrsg.), *Vom Menschen. Handbuch Historische Anthropologie*, Beltz Handbuch, Beltz, Weinheim und Basel, 1997, S.568-585.

42 Zitiert nach Klaus-Peter Köpping, „Obszönität", S.569.

43 Robert Murphy : *The Dialectics of Social Life*, Allen & Unwin, London, 1971.

44 Penelope Brown/Stephen Levinson : *Politeness. Some Universals in Language Usage* (1978), University Press, Cambridge, 1987.

der immer schon zivilen Natur des Menschen selbst, der freilich im Besitz seiner „Würde“ sein muss. Hier ergibt sich die Rückbeziehung von Konzepten zur rituellen Kommunikation auf ältere Vorstellungen von höfischen Umgangsformen, die Verstellung (dissimulatio) eingeschlossen (besonders das *Handorakel* von Gracián...). Die „Fülle leerer Formeln“ zu betonen heisst, die Bedeutung von Masken zu erkennen.

Die Rehabilitation höfischer Umgangsformen bei Elias, Plessner u.v.a. verdankt sich der wachsenden Skepsis gegenüber der sogenannten Authentizität. Simulatio von Gefühlen bildet ab, spiegelt vor, was häufig nicht ist. Der Zeuge der Szene hat nicht die geringste Garantie für Wahrhaftigkeit, für eine Äquivalenz zwischen Ausdruck und Gefühlsrealität. Dagegen verbirgt dissimulatio, was ist. Es ist etwas im Busch (Hass, Tabubrüche). Dissimulatio ist eingesetzt, um bösen Überraschungen zu entgehen, um Konflikte zu vermeiden und um sich vor Demütigung zu schützen. Nicht nur Verzicht auf Beleidigung und physische Gewalt, sondern auch Verzicht darauf, dem anderen zu nahe zu treten, macht Achtsamkeit aus.

Grenzziehungen halten neben der blossen Vermeidungsstrategie einen Mehrwert bereit[45]. Sie können der sozialen Praxis Qualitäten wie Diskretion, Anerkennung des sozialen Werts der Person, Wohlwollen ihr gegenüber hinzufügen und den menschlichen Umgang anziehend machen. Über die schematische Anwendung einer Regel, über Zwang hinausgehend, der leidenschaftliche Gefühle glättet, ist eine taktvolle Umgangsform unvorhersehbar und erfinderisch[46].

Insofern die Rituale der satisfaktionsfähigen Gesellschaft den Gewaltausbruch nicht verhindern können, erfasst Elias eine Krise des zivilen Modells in Deutschland. Die massive Rückkehr der „persona“ (im Wortsinn der „Maske“) in der Zwischenkriegszeit überträgt das Bedürfnis, gesichtsbedrohende Handlungen zu vermeiden bzw. gegen sie gewappnet zu sein. Es bezeugt, dass Selbstbehauptungen auf dem Wege bürgerlicher Formen der Zivilität – im Rahmen der Innerlichkeitskultur und des Rechtssubjekts - an Legitimation verloren haben bzw. unwirksam sind, da sie Demütigungen nicht verhindern können. In dieser Situation treten die anti-bürgerlichen Formen von Zivilität, die mit Normenbrüchen arbeiten, verstärkt und radikalisiert auf. Diese Regelverstösse können Verschwörungen und Gewaltakte, Anschläge, Grobheiten, Beschimpfungen, auch sexuelle Tabubrüche sein. Solche Transgressionen, die als obszön oder gewalttätig in Gesellschaften

---

45 Thomas Hübel : Aporien der Höflichkeitskonzepte bei Immanuel Kant und Rudolph von Jhering, in Brigitte Felderer/Thomas Macho (Hrsg.), Höflichkeit. Aktualität und Genese von Umgangsformen, Fink, München, 2002, S.143-154 ; Bruno Accarino : *Spuren des Hofstaates in Plessners „Grenzen der Gemeinschaft“, in Plessners Grenzen der Gemeinschaft. Eine Debatte*, Hrsg. von Wolfgang Essbach/Joachim Fischer und Helmut Lethen, Suhrkamp, Frankfurt/M., 2002, S.131-159, S.148.

46 Accarino, S.148.

wahrgenommen werden, sind in Situationen wahrscheinlicher, die den verletzlichen, lächerlichen oder grotesken Körper missachten und verschwinden lassen.

Nicht allein Prozesse der Zivilisation wie die Durchsetzung des staatlichen Machtmonopols entscheiden, ob die Gewaltbereitschaft sinkt, ob die Umgangsformen Demütigungen entschärfen können. Der Ritter, der keinen Innerlichkeitskern des Ich zeigt, der hinter und mit der Maske der Zivilität mit Gesten operiert, die gewaltsam unterscheiden und schützen, bringt eine morphologische Dimension in den Blick. Die spezifische Haltungen übersetzen in unterschiedliche Körpersprachen : der bewaffnete Arm, der andere schützt ; die geballte Faust ; die offene Hand, die signalisiert : ich trage keine Waffe ; die Unbeugsamkeit ; die Zuvorkommenheit für andere ; die Pose der Harmlosigkeit... Die Körpergebundenheit des Subjekts gibt immer wieder eine Grenze vor, auch in grotesken Weisen, so erwähnt Salomon im *Fragebogen* seine extremen Gewichtsschwankungen im Laufe seines Lebens. Für diese Ritter ist die zivile Existenz selbst eine Maskierung, für Salomon z.B. der Beruf des Drehbuchautors, für andere der Beruf des Bibliothekars (hier sei Bataille genannt).

Rituale, die leer erscheinen mögen, schliessen eine gruppenbildende Wirkung nicht aus. Die Freikorps und Geheimbünde sind militante Kleingruppen, deren besondere zugleich konventionelle Formen nach aussen hin schützen, innerhalb der Gruppe eine Solidarität stiften, die momentan bleibt. Die Gruppe fusioniert nicht ihre Mitglieder, sie versammelt agierende Personae, aber keine Person-Individuen. Sie ist keine dauernde Gemeinschaft. Dass Elias nicht wie Gehlen und Schmitt Korps und farbentragenden Verbindungen beitritt, sondern der Jugendbewegung angehört, ist bedeutsam. Die Freistudenten bilden eine Bildungsgegenwelt gegen die Korps mit ihren Riten wie Duell und Mensur. Aber die Gemeinschaftsorientierung der Jugendbewegten ist kein Ausweg. Auch Elias braucht Distanzierungen. Vergleichbar mit Plessner, der in den zwanziger Jahren die „Grenzen der Gemeinschaft" aufzeigt, nimmt Elias Anleihen beim höfischen Ideal vor, behauptet freilich auch dessen Fortsetzung im bürgerlichen Rechtsstaat. Die Maske wandelt sich zum bürgerlichen Schutzschild vor Demütigung. Elias' Generationsgenosse Salomon koppelt dagegen Zivilitätsmerkmale mit einem Ressentiment gegen den bürgerlichen Rechtsstaat. Entschlossene Härte macht Diskussionen und feminine Haltungen verächtlich. Das Sich-Stellen, dem Tod ins Auge schauen werden verherrlicht. In den Formen verbirgt sich die verzweifelt unterdrückte Wut und Glut[47], die dann gewaltsam durchbricht.

[47] Rehberg, allerdings in Bezug auf Gehlen, in Karl-Siegbert Rehberg (Hrsg.) : *Norbert Elias und die Menschenwissenschaften. Studien zur Entstehung und Wirkungsgeschichte seines Werkes*, Suhrkamp Frankfurt/M. 1996, S.245.

Solche formalisierenden Prägungen zeichnen Habitus und Diskurse in verschiedenen Ländern[48], wie auch verschiedene Milieus und Gruppen innerhalb einer Kultur und interkulturell (etwa Dandys und Avantgarden) aus. Die von Elias vorgestellten gewalttätigen Gruppen (Freikorps, Geheimbünde...) setzen dem Wunsch nach Nahetreten das Bedürfnis der Distanz, der Grenze entgegen. Das Kriterium der Satisfaktionsfähigkeit führt Gewalt in ausgesuchten Räumen wieder ein. Den Rittern fehlt es nicht an Selbstzwang (ganz im Gegenteil), aber sie können angesichts drohender Beschämung nicht in Formen Gewaltverzicht leisten.

„Leere" Formalität wie auch Sinn für Würde unterhalten ein ambivalentes Verhältnis zur Gewalt jenseits von höfischen Kontexten. Sie mindern das Gewaltniveau, lassen der Gewalt aber auch Reservate. Solche Reservate der Gewalt (nicht nur der Missachtung des staatlichen Gewaltmonopols) gibt es auch in Frankreich : genannt seien die Mutprobe (bizutage) an der Ecole Normale supérieure, die ebenfalls Ehre, Satisfaktionsfähigkeit sicherstellt ; verwiesen sei auf gewaltsame Proteste von Bauern und Jägern, die keine rechtliche Ahndung hervorrufen, auf Strassensperren der Lastfahrer und Taxichauffeure, die mehr oder weniger toleriert werden, auf die Zerstörung eines Mc Donalds durch José Bové, die breiten Beifall hervorruft... Solche rechtsfreien Räume der Gewalttätigkeit und Konflikte deuten einerseits auf fehlende und versagende Mittler, beziehungsweise auf den Zusammenbruch von Mittlerfunktionen hin. Sie bezeugen andererseits die Fortdauer von aufgeladenen extremen Interaktionen, die durch kein Gewaltmonopol aufgefangen werden. In ihnen wird häufig ein antibürgerliches Gefühl der Verletzung laut. Um den Anforderungen von Scham und Ehre Genüge zu tun, müssen weiterhin andere zivile Lösungen praktiziert werden.

Es gibt gute Argumente dafür, die Reservate der Gewaltbereitschaft in angelsächsischen Ländern und in den Niederlanden für kleiner als in Deutschland zu halten. Franzosen und Deutschen sind indes der Widerstand gegen Kaufmannsmentalität und -kulturen sowie schlimme Demütigungen in der Geschichte gemeinsam. Es müsste deshalb zweierlei verglichen werden : das jeweilige Verhalten von Deutschen und Franzosen in Situationen der Niederlage ; die Gewaltbereitschaft von deutschen und französischen Nonkonformisten.

VI : Nonkonformistische Avantgarden in Europa und Gewalt

Auffällig ist, dass Elias keinen Dialog mit deutschen Forschern führt, weder mit seinen Kritikern wie Hans Peter Duerr über die historische Langzeit-Biographie von Schamlosigkeit zu Scham, noch mit Forschern, die ebenfalls biographische Dokumente der Gewalttätigkeit der soldatischen Männer und Freikorpskämpfer benutzen. Der Teil der *Studien über die Deutschen*, der über

48 Vgl. Shoshana Blum-Kalka : *Fragen der Anwendung und Vergleichbarkeit von Höflichkeit im familialen Diskurs. Eine interkulturelle Betrachtung*, in Felderer, l.c., S.237-252.

Ernst Jünger und Ernst von Salomon geht, ist 1980 in seiner Bielefelder Zeit entstanden. Elias hätte nun etwa *Männerphantasien* von Theweleit (1977)[49], Sloterdijks Studien über die Autobiographien der Weimarer Republik[50], Bohrers Studien zu Jünger und Lethens Studien zur Neuen Sachlichkeit kommentieren können. Erst nach Elias' Tod haben Nicolaus Sombart (1991)[51] und Helmut Lethen[52] ihre Arbeiten über die deutschen, kalten Männer veröffentlicht. Nun sind auch diese Studien entweder monokulturell angelegt (Theweleit, Sloterdijk, Lethen) oder betonen den Kontrast zwischen der deutschen Männergesellschaft und dem französischen Land der Frauen (Sombart).

Männerphantasien stimmt in einem Punkt mit Elias überein : Theweleit verortet den *weissen Terror*, so der Titel des zweiten Bandes, das Feindbild auf der Rechten, wenngleich vereinzelt auch Brecht-Zitate vorkommen. Beide verbinden Psychologie mit gesellschaftlichen Fragestellungen, beide erweitern und bündeln Individualbiographien zu Kollektivbiographien des soldatischen deutschen Mannes, des gepanzerten Deutschen etc. Sloterdijk präsentiert im Unterschied zu Elias feindliche Brüder wie Jünger und Brecht, damit Lethen vorwegnehmend. Lethen fügt in seiner *Verhaltenslehre der Kälte* so unterschiedliche Personen wie Plessner, Brecht, Serner und Werner Krauss hinzu.

Was ganz fehlt, sind systematische biographische Bezüge zu anderen Ländern und grenzüberschreitende Generationsschnitte. Peter Bürger und Karl-Heinz-Bohrer, die im Motiv der Gewalt und Plötzlichkeit eine deutsch-französische Korrespondenz anlegen, finden kein Echo bei Elias. Die möglichen Gegen- bzw. Parallelwelten zu dem von ihm herausgelösten Phänomen der „satisfaktionsfähigen Gesellschaft" und des „verbürgerlichten Kriegerethos" sind indes zentral für den Argumentationsgang von Elias. Er fühlt sich sowohl der eleganten und spielerischen französischen Welt der aufgeklärten Salons wie auch der den Selbstzwang verallgemeinernden Bürgerkultur und Staatlichkeit, die höfische Elemente egalitär beerbt, verbunden.

---

49 Klaus Theweleit : *Männerphantasien 1 : Frauen, Fluten, Körper, Geschichte* (1977), Rowohlt, Reinbek bei Hamburg, Rowohlt, 1982 ;
Männerphantasien 2 : Männerkörper – zur Psychoanalyse des weissen Terrors (1977), Rowohlt, Reinbek bei Hamburg, 1982.

50 Nicht zur Kenntnis nehmen – zumindest nicht für die 1960, 1978 und 1980 geschriebenen Teile, konnte Elias die 1983 erschienene *Kritik der zynischen Vernunft* von Sloterdijk, dessen historisches Hauptstück das „Weimarer Symptom" (Peter Sloterdijk :*Kritik der zynischen Vernunft*, Band 2, Suhrkamp, Frankfurt/M., 1983, S.697-920) behandelt und hier etwa Schriften von Jünger bespricht. Bereits 1978 erschienen ist allerdings Peter Sloterdijk : *Literatur und Organisation von Lebenserfahrung. Autobiographien der 20er Jahre*, Hanser, München, 1978.

51 Nicolaus Sombart : *Die deutschen Männer und ihre Feinde* (1991), Fischer, Frankfurt/M., 1997.

52 Helmut Lethen : *Verhaltenslehre der Kälte. Lebensversuche zwischen den Kriegen*, Suhrkamp, Frankfurt/M., 1994.

Damit überspielt Elias eine Spaltung im 19.Jahrhundert, nämlich diejenige in eine anständige Bürgerkultur und in eine anti-bürgerliche Dandy- und Bohèmekultur, die von der Angst vor Lächerlichkeit gelenkt ist. Die Koalition von Geistesaristokraten und deklassierten Bürgerkindern, die sich in verschiedenen Ländern beobachten lässt, bringt erlesene Gruppen von Dandy-Rittern hervor. Sie ist revolutionär und, da gegen egalitäre Aspekte des Fortschritts gerichtet, auch gegen-revolutionär. Die Opposition gegen Konsum und Egalitarismus schafft merkwürdige Übergänge zwischen konservativ und sozialistisch, rechts und links, die die Modernisierung begleiten. Die Haltung der Körper ist nicht nur Dressur. In Formen der Exzentrizität kommt auch ein Widerstand gegen Geldwirtschaft und egalitäre Demokratie zum Ausdruck. Neue Sozialcharaktere der Moderne entstehen : der Bildungsbürger, Intellektuelle, Beamte, Untertan, Dandy, Flaneur, Bohemien, freischwebende Intellektuelle[53]. Zu ihnen gehören auch die von Elias herangezogenen Raubritter.

Die Verachtung des Koofmich kennzeichnet auch in Frankreich und Grossbritannien eine Strömung gegen die Geldzivilisation : bei Flaubert, bei dem Flaneur Baudelaire, bei dem Dandy Wilde, ohne Dandyismus auch bei dem Katholiken Péguy. Jules Barbey d'Aurevillys Studie über den „Ur-Dandy" Brummell von 1845 wird 1911 in der Übersetzung von Richard Schaukal in Deutschland veröffentlicht. Die désinvolture übernimmt Jünger von Baudelaire, sie geht auf den Ur-Dandy Beau Brummell zurück[54]. Bohrer zeigt in seiner *Ästhetik des Schreckens* (1978), wie Ernst Jünger den Typus in Deutschland verwirklicht. Auf das Spielen mit Anarchismus, Terror, Sprengstoffattentat, Verbrechersympathien trifft er bei Oscar Wilde[55] und anderen Dandys. Dandys nehmen eine aristokratische Haltung in einer bürgerlich-demokratischen Umwelt an, sie wollen noch einmal den gentleman spielen. Sie pflegen einen Habitus der décadence. Bohrer führt seine These von der deutsch-französischen Transversale des Schreckens mit Blick auf Wahlverwandtschaften zwischen dem Dandy Ernst Jünger und den französischen Surrealisten[56]. Diese Avantgarde will nicht einen neuen Stil erfinden, sondern Aktivist und Propagandist eines neuen Lebensgefühls sein. Der berühmte Ausspruch von Breton « L'acte surréaliste le plus simple consiste, revolver aux poings, à

---

53 Vgl. Hans Joachim Krüger : *Aspekte der Zivilisationsanalysen von Norbert Elias*, in Helmut Brackert/Fritz Wefelmeyer (Hrsg.), *Kultur. Bestimmungen im 20.Jahrhundert*, Suhrkamp, Frankfurt/M., 1990, S.317-343.

54 Rainer Gruenter, Formen des Dandyismus. Eine problemgeschichtliche Studie über Ernst Jünger, in Euphorion Bd. 46, Heft 3 (1952), S.170-201.

55 Karl Heinz Bohrer : *Die Ästhetik des Schreckens* (1978), Ullstein, Frankfurt/M.-Berlin-Wien 1983, Kapitel zum Dandyismus : S.31-41, S.34.

56 Bohrer arbeitet die Nähe und Distanz zwischen Snobismus und Schockerfahrung von Jünger und den Positionen von Breton und Aragon heraus.

descendre dans la rue, et à tirer au hasard, tant qu'on peut, dans la foule »[57] - spiegelt die ästhetische Seite einer Ohnmachtserfahrung : Der reale Terror überholt jeglichen Terror in der Einbildungskraft ; absolute Verzweiflung treibt das surrealistische Ich zur Gewalt, zur Selbstzerstörung oder zu wahlloser Aggressivität. In diesem Sinne wird Literatur engagiert, verwandelt sich die Schreibfeder in eine Waffe[58].

Jener Bruch mit der Welt von gestern, der Welt der Väter ist auch unter verschiedenen Bezeichnungen wie Amerikanismus, Neue Sachlichkeit erfasst worden. Er ist ein internationales Phänomen und prägt die verschiedenen historischen Avantgarden : Futurismus, Dadaismus, Konstruktivismus, Surrealismus. Keine Gefühlswallungen strömen in den Text ein. Der Umgang mit dem Gegner und in der eigenen Gruppe ist oft extrem aggressiv, unhöflich wenn man so will. Er ist vom Zwang sich zu überbieten bestimmt. Das Spiel mit dem Verbrecher treibt Dadaisten wie Huelsenbeck um[59]. Und doch ist der Rittertypus gewissermassen „verdreht" ständig präsent : als Dandy, als Narr, als Trickster. Man findet ihn in literarischen, in philosophischen Texten, in den einschlägigen Zeitschriften der Epoche. Keine dauerhafte Gemeinschaft der Mitglieder der aktionistischen Gruppe ist denkbar, jede Aktion des Einzelmitglieds wie der Gruppe ist distanzierend.

Die um 1905 geborene nonkonformistische Generation mit Salomon und Malraux (und Elias) distanziert sich zwar vom Kältepathos der Neuen Sachlichkeit[60] und teilt doch mit ihr die Vorliebe für Stil, Contenance. Aufbegehren und ritterliche formvollendete Umgangsformen bilden eine Zivilität, die sich nicht als bürgerliche Wohlanständigkeit, eben nicht als Konformismus, nicht als passives blindes Beachten der Regeln manifestiert. Vielmehr ist ihr ein agonales Element eigen. Häufig spielten die Ritter ihre Rolle herunter, pflegten das Understatement. Dies gilt für deutsche und für französische Nonkonformisten. Allen gemeinsam ist die Kombination von Entschiedenheit und Grosszügigkeit, die Ferne zur Enge des Spiessbürgers und zur gefühlsbetonten Innerlichkeitskultur.

Die Ritualisierungen im Alltag entlasten und ermöglichen es, Problematisierungen und Diskussionen zu vermeiden, die angeblich unfaire

---

[57] Peter Bürger, Der französische Surrealismus. Studien zur avantgardistischen Literatur, Suhrkamp, Frankfurt/M., 1996, S.18f, S.200f.

[58] « … de Malraux à Breton, à Drieu la Rochelle et à Sartre, toute la génération anti-proustienne a été hantée par le rêve quasi alchimique de transformer en arme à feu ses porte-plumes… cette littérature engagée rêve d'un réalisme qui ne serait plus (comme celui du dix-neuvième siècle) représentatif mais performatif, un réalisme dans lequel les mots, au lieu d'être les signes de choses auxquelles ils ne touchent pas, ne laisseraient pas intact le monde qu'ils décrivent. » (Denis Hollier, *Les Dépossédés (Bataille, Caillois, Leiris, Malraux, Sartre)*, Minuit, Paris, 1993, S.179f).

[59] Vgl. Thomas Keller, Dadasein.

[60] Vgl. Thomas Keller, Deutsch-französische Dritte-Weg-Diskurse. Personalistische Debatten der Nachkriegszeit, Fink, München 2001.

Machtverhältnisse nur verschleiern. Hier geht es um mehr, als die Distanz zu wahren. Die Sprache des Körpers ist eindeutig : es ist die geballte Faust. Die Deutschen nach 1918 fühlen sich mehr erniedrigt als alle anderen, die Gedemütigten müssen sich bewaffnen. Die snobistische Pose eines Salomon ist von einem Dandy wie Oscar Wilde sicherlich sehr verschieden in ihrer Gewaltbereitschaft. Mögen solche extremen Ausformungen von Gewaltbereitschaft im zu spät gekommenen und grössenwahnsinnigen, dann deklassierten und gedemütigten Deutschland ausgeprägter und häufiger sein als in seinen westlichen Nachbarländern, so ist gerade die snobistische Pose auch von Jünger und Salomon ein Indiz dafür, dass sich in dieser Verhaltensweise eine allgemeinere Abgrenzung zum bürgerlichen Rechtsstaat und zum kaufmännischen und unternehmerischen Bürgertum ausdrückt.

Die Rückkehr der Kriegsteilnehmer, bei Salomon eine völlig traumatische Eingangsszene zu den *Geächteten*, die beim jungen Beobachter die Entscheidung hervorruft, sich niemals demütigen zu lassen, der Deklassierung entgegenzuhandeln, hat in der entsprechenden Szene auf dem Wiener Hauptbahnhof Anfang November 1918 in der Erzählung von Manès Sperber[61] bereits eine komödiantische Note. Für Salomon ist entscheidend, dass nicht der Rechtsstaat, sondern nur der Raubritter das eigene Territorium, Land und Frau verteidigen kann. Traumatische Urszene ist die Vergewaltigung. Der nationale Revolutionär kämpft gegen Eindringlinge in Land und Körper der Frauen. Salomon schildert in *Die Geächteten*, dass ein französischer Besatzungsoffizier eine deutsche Frau vergewaltigt und die Geheimorganisation OC den Vergewaltiger tötet. Die Ritterlichkeit zeigt sich nicht in dem Abenteuer, Frauen zu erobern, sondern in der Macht, sie zu beschützen. Grenzziehung und Grenzüberschreitung sind sexuell konfiguriert. „Urszene" ist hier das Bild der Grenzverletzung, das gewaltsame Eindringen in das Territorium des Landes und in den Körper der Frau.

Der Zwang, die leibliche Spannung „auszustehen" und für andere einzustehen, kann für deutsche Männer zurückgehen, begeben sie sich in das Land der Frauen. Salomon, der in Deutschland französische Besatzungsoffiziere mit seinem Hass verfolgt, wird in Frankreich gelöster. *Boche in Frankreich*, zuerst 1950 erschienen, 1951 erneut als Teil des *Fragebogens* als Antwort auf die Frage des Fragebogens nach Auslandsaufenthalten, schildert eine Begebenheit, die 1931/32 spielt. Salomon, der in den zwanziger Jahre nach seiner Teilnahme am Rathenau-Mord seine Strafe absitzt, entzieht sich nach seinem Engagement in der Bauernbewegung Schleswig-Holsteins der Zeugenvernehmung im Landvolkprozess. Er soll ein Buch über den Bauernaufstand für Rowohlt schreiben und bekommt dafür im Baskenland ein Haus zur Verfügung gestellt. Modern ist dieses Frankreich nicht. Aber es lehrt die sinnliche Liebe und das gute Leben. Der gute König Henri IV wird denn

61 Vgl. Lethen, l.c., S.16-19.

auch beschworen. Salomon improvisiert, verkauft Eis, schmuggelt. Das Liebesverhältnis zu dem baskischen Mädchen Majie entmobilisiert ihn. Salomon geniesst die Freuden der Sexualität. Majie bleibt bei aller Leidenschaft doch an Ratio, Ordnung und Mass gebunden. Sie hält Normen und Regeln wie Kirchgang und Beichte, schliesslich auch Ehelichung eines ihr zugedachten Landsmannes ein. Salomon kehrt nach Deutschland zurück, in die Politik der Konflikte, ist aber, wie sein weiterer Lebensweg zeigt, wenngleich immer noch Nationalrevolutionär, weniger gepanzert. Er vergisst nie seine Passage in der anderen Kultur, die Liebesgeschichte, die ihn verändert hat : „Wenn ich an Majie denke, so denke ich an Frankreich, und wenn ich an Frankreich denke, denke ich an Majie. O süsse Majie, o heiliges Frankreich ! Ihr habt mir den Traum meines Lebens geschenkt, les grandes vacances de ma vie.“[62] In der Liebesbeziehung zu einer Französin wird er nicht nur friedlicher, sondern auch dicker. Der komödiantische Teil kommt zu seinem Recht.

Indes ist zu simpel anzunehmen, der deutsche Mann sei von der Gewalt kuriert, sobald er die Erfahrung der (französischen) Frauen gemacht habe. Salomon macht eine weitere Besatzungserfahrung. Anders als nach 1918 kann er bei der zweiten Besatzung – derjenigen nach 1945 – die Gewaltanwendung der Besatzer weder verhindern noch ahnden. Im *Fragebogen* führt Salomon seinen Ehrverlust vor : er kann in amerikanischer Kriegsgefangenschaft seine jüdische Lebensgefährtin Ille nicht vor den körperlichen Demütigungen durch amerikanische Soldaten schützen[63]. Als er und Ille sich vor den feixenden amerikanischen Soldaten ausziehen müssen, stellt er fest :

> In diesem Augenblick verlor ich meine Würde, das kostbarste Gut des Mannes, für immer. Seit Adam war es das Gesetz und die Würde des Mannes, die Frau zu schützen. Ich hatte Ille schützen können, zehn Jahre lang. Nun konnte ich sie nicht mehr schützen. In diesem Augenblick wurden mir moralisch die Eier abgetreten.[64]

Charakteristisch ist hier, wie die Grobheit („die Eier abtreten“) mit dem Imperativ des ritterlichen Verhaltens in eins fällt. Salomon zufolge verkörpert die amerikanische Macht die heuchlerische liberal-bürgerliche Moral, die entwaffnet, demütigt und mit unehrenhaften Mitteln den Besiegten kastriert, insofern sie den fairen und offenen Schlagabtausch meidet.

Weder die wehrlose europäische Bürgerwelt noch die (amerikanische) hedonistische Massen- und Konsumgesellschaft können einen Sinnhorizont bilden. Eine kraftvolle Welt hat immer noch höfisch/höfliche Kennzeichen und nähert formvollendete grenzziehende Personen verschiedener Kulturen an.

---

[62] Ernst von Salomon : *Der Fragebogen*, Rowohlt, Reinbek bei Hamburg, 1997, S.516.

[63] Vgl. Thomas Keller : *Dadasein – über Exzentrizität*, in *Cahiers d'Etudes Germaniques* No 52 (2007), L'Allemagne insolente, S.97-122.

[64] Ernst von Salomon : *Der Fragebogen* (1951). Rowohlt, Reinbek bei Hamburg, 1997 (rororo 10419), S.563 ; auf französisch : *Le questionnaire*. Gallimard, Paris, 1953 (übersetzt von Guido Meister).

Zu solchen Figuren gehören auch die avantgardistischen Personen und Gruppen der Zwischenkriegszeit.

In französischen Texten lassen sich leicht Beispiele für die Missachtung des staatlichen Gewaltmonopols, für die Bejahung von Terror, Mord und physischer Gewalt finden. In beiden Ländern treiben Versprengte, Verschwörer und Mörder ihr Unwesen : den tötenden Freikorpssoldaten im Baltikum können Malrauxs mordende Revolutionäre in Asien (Garine oder Kyo) an die Seite gestellt werden. Bewusst legt Malraux seine Ritter „gemischt" an : Sie sind nicht nur Verräter an ihrer Klasse, sondern auch an ihrer „Kultur", ihrer Nation. Perken ist Deutsch-Däne (*La Voie Royale*). Garine (*Les Conquérants*) hat einen schweizerischen Vater und eine russisch-jüdische Mutter. Kyos Vater ist Japaner, seine Lebensgefährtin May ist norddeutsche Ärztin ; Klein ist deutscher Trotzkist, der in der Münchner Räterepublik gekämpft hat (*La Condition humaine*). Kassner (*Le temps du mépris*) ist deutscher Kommunist. Die Revolutionäre verbindet eine Brüderlichkeit (keine Gemeinschaft) über die Grenzen von Staaten, Kulturen und Gesellschaften hinweg.

Die skandalösen Wahlverwandtschaften sind in Frankreich viel früher aufgefallen. Bezeichnenderweise verzeichnen Salomon und Jünger eine starke Resonanz beim französischen Publikum. Der Vertreter eines französischen Sozialfaschismus und spätere Kollaborateur (und Malraux-Freund) Drieu La Rochelle begrüsst in den dreissiger Jahren, Salomon als Gesinnungs- und Kampfgenossen. Drieu betont den grossen Stil (« l'aisance des entournures »), den einen Salomon mit Malaparte, Moravia, Pasternak verbinde[65]. Ein deutscher Dandy, Hans Mayer, stellt im französischen Exil vor einem Publikum mit französischen Dandys, dem Collège de sociologie, den Erfolg von Salomons *Die Geächteten* in Frankreich heraus[66]. 1950 macht in Frankreich das Buch *Portrait de l'aventurier* von Roger Stéphane[67] Furore. Der Abenteurer, das ist das Dreigespann Ernst von Salomon, André Malraux, E.T. Lawrence. Kurz zuvor hatte der katholische *Esprit*-Herausgeber Emmanuel Mounier

---

65 « Les écrivains de notre temps qui sont les plus représentatifs en profondeur dans le communisme ou dans le fascisme sont ainsi des hommes qui adhèrent aux principes essentiels de la philosophie d'un régime social et politique, mais qui maintiennent l'aisance de leurs entournures. En Russie : Pasternak, Babel ; en Italie : Malaparte, Moravia ; en Allemagne : Ernst von Salomon. » (Pierre Drieu La Rochelle : *Sur les écrivains*, Gallimard, Paris, 1964, S.121).

Drieu besucht Salomon 1935 in Berlin : « Hier au soir, j'ai passé la soirée avec l'écrivain allemand que j'aime le plus : Ernst von Salomon qui a été des années en prison pour avoir participé au meurtre de Rathenau. Il m'a parlé avec beaucoup de franchise et de force. C'est beau de voir un homme au-dessus des événements. » (S.10)

66 Hans Mayer : *Les rites des associations politiques dans l'Allemagne romantique*, in : Denis Hollier, *Le Collège de Sociologie*, Gallimard, Paris, 1979, S.447-474, S.451.

67 Roger Stéphane : *Portrait de l'aventurier* (1965), Grasset, Paris, 1986. Die Erstversion von 1950 erschien im Verlag Le Sagittaire. Stéphane hat in die spätere Auflage von 1965 den *Fragebogen* (1952) von Salomon eingearbeitet, noch später in einem Postscriptum den Tod Salomons 1972.

Querverbindungen zwischen dem Rathenau-Attentäter Salomon und dem Résistant Malraux hergestellt[68].

Vor allem der Brückenschlag des französischen Faschisten zu Malraux ist skandalös, die Annäherung missachtet souverän die Grenzziehung zwischen dem deutschen nationalen Revolutionär und dem französischen Linksintellektuellen, dann Staatsdiener[69]. « Les Européens sont las d'eux-mêmes, las de leur individualisme qui s'écroule, las de leur exaltation... ils sont capables d'agir jusqu'au sacrifice », heisst es bei Malraux[70]. Das persönliche Auftreten ist durch einen doppelten „anti-expressionistischen" Vorbehalt gekennzeichnet, den man bereits bei Dadaisten und Surrealisten antrifft. Die Nonkonformisten sagen weder ich noch wir.

Sie alle praktizieren Formen der Zivilität, die Formen mit Takt, aber auch mit Normverletzungen verbinden. Den Kämpfern gegen die bürgerlich-liberale Gesellschaft ist das Bedürfnis gemeinsam, gesichtsbedrohende Handlungen zu vermeiden. Sie verachten nutzorientierte Verträge, politische Debatten, rechtsstaatliche Konfliktregelungen und das staatliche Gewaltmonopol : « Nous croyons au bonheur d'une prompte décision »[71]. Entscheidung und schnell folgende Aktion haben den Vorteil, dass sie keine Idee am Anfang brauchen und die Tat selbst, die Revolution, die Idee ersetzt. Auch der Erfolg oder das Ergebnis der Tat, der Revolution ist nicht entscheidend, die Helden von Malraux wollen nicht in der kommenden kommunistischen Gesellschaft leben. Entscheidend ist : nicht Opfer sein.[72]

Bei Salomon und Malraux führt die Erfahrung des Absurden in der körperlichen Niederlage und der psychischen Demütigung zu der Konsequenz, rechtsstaatliche Gewalt im revolutionären Akt zu bekämpfen. Kyo bejaht in *La condition humaine* das Töten : « Que Kyo fît tuer, c'était son rôle. Et sinon, peu importait : ce que faisait Kyo était bien fait. »[73]. Damit wahrt er seine Würde. Auf die Frage « Qu'appelez-vous la dignité ? ça ne veut rien dire » antwortet Kyo : « Le contraire de l'humiliation »[74]. Kyo wählt den Selbstmord, um der Folter, der Demütigung zu entgehen : er behält die Initiative des Handelns, er

---

68 Emmanuel Mounier : *Malraux, Camus, Sartre, Bernanos. L'espoir des désespérés* (1949), Seuil, Paris, 1953, S.142-143.

69 Vgl. Thomas Keller : *André Malraux et Ernst von Salomon - autobiographie et acte*, in Thomas Keller/Freddy Raphaël (Hrsg.), *Biographies au pluriel/Biographien im Plural. Interculturalité, couples, mise en scène/Interkulturalität, Paare, Inszenierung*, Presses Universitaires de Strasbourg, Collection Faustus, Strasbourg 2001, S.89-132.

70 André Malraux : *La Tentation de l'Occident*, zitiert nach Stéphane, *Portrait*, S.55.

71 Salomon, *Les réprouvés*, zitiert nach Stéphane, S.58.

72 « S'agit-il pour nous de succès ? Je ne veux pas être une victime seulement », Salomon, *Les Réprouvés*, II, S.8, zitiert nach Stéphane, S.108f.

73 André Malraux : *La condition humaine* (1933), Gallimard folio, Paris, 1972, S.56.

74 Malraux : *La condition humaine*, S.244f.

bleibt souverän : « se tuer est l'acte »[75]. Er wird nicht gedemütigtes Opfer. Seine Geste erinnert an die eines Samurai.

Garine tritt an die Seite der Gedemütigten :

> Je n'aime pas les pauvres gens… je les préfère, mais uniquement parce qu'ils sont les vaincus... je n'ai qu'un dégoût haineux pour la bourgeoisie dont je sors. Mais quant aux autres, je sais si bien qu'ils deviennent abjects, dès que nous aurons triomphé ensemble… Nous avons en commun notre lutte…[76]

In *Les Conquérants* verliert Garine sein Geld an der Börse (so wie Malraux das Vermögen seiner deutschen Frau Clara verspielt hat). Er muss sich vor den Richtern verantworten, da er eine Abtreibung finanziell unterstützt hat. Er durchlebt den Prozess als Farce, als Ohnmacht, Verachtung, Ekel[77], der ihn entwaffnet hat. Dieser Prozess ist ein Echo auf denjenigen, in dem Malraux sich wegen des Raubs von Kunstgegenständen in Indochina verantworten musste.

So wie Malraux seinen Prozess als absurd kennzeichnet, ist für Salomon derjenige gegen die Rathenau-Mörder eine Farce, die dem aristokratischen Code zuwiderläuft : „die feige Flucht vor der Gesinnung, die Furcht vor dem Kampfe mit dem offenen Visier“[78]. Er akzeptiert das Urteil, das den Mord bestraft, denunziert aber das rechtliche Verfahren das er für heimtückisch hält. Die Kombattanten schlagen sich nicht mit gleichen Waffen.

In *Les Conquérants* zieht Garine nach seinem Prozess in den Krieg, aber die Bewegungslosigkeit in den Schützengräben treibt ihn zur Verzweiflung. Er ist von dem eisernen Willen der Bolschewiken angezogen, Unordnung und Terror zu säen. Erinnerungen, besser : Bilder, verfolgen ihn. Im Fieberwahn erlebt er erneut eine Szene der Revolution, die Zerstörung einer Kirche, die die Absurdität der Kämpfe veranschaulicht[79]. Der Akt wird ein Kampf gegen die menschliche Absurdität, ein Kampf, der nicht durch eine revolutionäre Doktrin bestimmt ist.

Die revolutionäre Gruppe ist allein durch gemeinsame Handlungen gebunden, sie verhindert nicht Gewalt untereinander. Die Verschwörer schonen den Verräter, er fällt nicht wirklich der Verachtung anheim. Der Verräter Weigelt in *Die Geächteten* soll zunächst hingerichtet werden. Salomon beschimpft ihn grob, dann erfasst ihn eine unendliche Müdigkeit und er lässt ihn laufen : hau ab ! Grobheit und Grosszügigkeit ergänzen sich. Nicht Mitleid, sondern die Erkenntnis, dass die gemeinsame Tat zählt und nur die Beteiligten

---

[75] André Malraux : *La Condition Humaine*, S.257.

[76] André Malraux : *Les Conquérants*, S.123.

[77] « impuissance navrante, mépris, dégoût », in André Malraux : *Les Conquérants*, S.113f.

[78] Salomon : *Die Geächteten*, l.c., S.346.

[79] André Malraux : *Les Conquérants*, l.c., S.237.

etwas angeht, motiviert den Gnadenakt[80]. Kein Richter des Rechtsstaats kommt dazwischen. Ganz entsprechend geht es bei Malraux zu. In *Les Conquérants* will Garine den Verrat vergessen, damit er sich nur noch an das gemeinsame Abenteuer erinnern kann. Mit dem Verräter verbindet ihn eine unauslöschliche Brüderlichkeit, keinen Feind kennt er besser[81].

Der Abenteurer paktiert innerlich mit seinem Gegner und versetzt sich an seine Stelle. Er nimmt die ideologischen Rechtfertigungen aus der Aktion heraus und spricht sich nicht das Recht zu, den Verrat zu bestrafen und ideologische Treue zu fordern. Deshalb ist jede Aktion zwiespältig. Der Verrat ist auch eine Aktion und besser als sattes Bürgerleben. Der Widerständler und der Verräter sind durch dieselbe Ablehnung der liberalen Welt geeint. Das eigenartige Spiel der Geschlechter – bei Malraux die Vergewaltigung des Travestierten durch Männer – wiederholt sich in der Figur des Verräters, der der Verschwörergruppe ungeachtet seines Verrats angehört. Malraux stellt in *L'Espoir* den Bezug zwischen dem Vertrauen zum Verräter und dem Sexualakt mit einer Spionin her : « Manuel sentait une sourde confiance entre cet homme et lui... Quand on couche avec une espionne, pensa-t-il, ça doit un peu ressembler à ça. »[82].

Den Verräter laufen zu lassen ist auch eine grosszügige ritterliche Geste. Absurdität und Lächerlichkeit der Verschwörung sind auch Malraux und Salomon bewusst. Immer bleibt das Heldentum gepaart mit Schwindel, Hochstapelei, Komödie. Im Rückblick ist für Salomon der bewaffnete Kampf zwischen 1918 und 1933 eine Farce : „dieser unvergleichliche Vorgang des Sichopferns, die Selbstvernichtung - das Grandiose des Versuchs, die Erde an den Mond zu sprengen. - Alles in allem eine ganz hübsche Pubertätserscheinung“[83]. Die Gewalt ist nicht mehr mit Erhabenheit korreliert, sondern mit Lächerlichkeit : „meine hektische Teilnahme am Versuch der schleswig-holsteinischen Bauern, zu einer eigenen Ordnungssetzung zu gelangen, war mir ein derber Spaß geblieben, die endlose Bemühung im Kreise um Ernst Jünger eine Verzweiflung.“[84].

Im Sarkasmus erhält sich ein Rest von Zivilität. Die Nazis konnten ihn nicht kaufen, bürgerlich ist er auch nicht geworden. Er spart nicht. Eine Grosszügigkeit hält sich durch. Die Lächerlichkeit von Salomon und Malraux steht noch quer zum Nutzen, sie ist « désintéressement ». Die Revolution führen die Helden nicht aus Eigeninteresse durch. Malraux inszeniert die

---

80 « Salomon et Weigelt : Tous deux nous reconnûmes l'acte, et à travers l'acte nous nous reconnûmes nous-mêmes et sous la suggestion de l'acte, nous reconnûmes que ce qui s'était passé ne regardait que lui et moi. » (zitiert nach Stéphane, note 67, S.67).

81 « Oublier la trahison, pour ne plus se souvenir que de l'aventure commune. Une ineffable, essentielle complicité l'unit avec le traître », « il est peu d'ennemis que je comprenne mieux », zitiert nach Stéphane, *Ibid.*, S.104.

82 Malraux : *L'Espoir*, zitiert nach Stéphane, *Ibid.*, S.105.

83 Salomon : *Der Fragebogen*, S.109.

84 Salomon : *Der Fragebogen*, S.352.

Aktion als Selbsthingabe. So verzichtet Katow auf sein Mittel, sich der Folter zu entziehen, die weitergereichte Zyankali-Kapsel fällt dann aber auf den Boden[85]. Brüderlichkeit zeigt sich in der Entscheidung, den Kameraden die Demütigung zu ersparen. Aber das Mittel kommt nicht zum Einsatz. Absurdität setzt sich durch.

Nizan inszeniert in *La Conspiration* die Verschwörung einer Gruppe von Normaliens als Farce. Sartre hat seinen Jugendfreund und Kameraden an der ENS als einzigen „Dandy"[86] unter den eher ungepflegten Zöglingen der ENS dargestellt. Er macht da mit Schielen einen angenehmen Eindruck, wo dasjenige von Sartre selbst unangenehm ist. Mit „Unverfrorenheit" (« insolence ») die Moden zitierend (Golfhose, Stock, Monokel oder extrem grosse Hornbrille) orientiert er sich am angelsächsischen Snobismus[87] : « Cynisme charmant, son humour noir, son implacable et douce agressivité… il s'absorbait dans la contemplation de ses ongles, en lâchant ses violences avec une sournoise et trompeuse sérénité »[88]. Die Frauen, auf die er anziehend wirkt, hält er auf Distanz und sendet die Botschaft aus, körperliche Liebe beschmutze bloss. Entscheidend ist die Kompromisslosigkeit : « Ce qui ne variait pas, c'était son extrémisme, il fallait en tout cas, ruiner l'ordre établi »[89]. Oft schlecht gelaunt und schweigsam schüchtert Nizan seine Kameraden ein, die ihn bewundern, als er ein Jahr Erzieher in einer englischen Familie in Aden wird. Nizans Vater, der sich zum Ingenieur hocharbeitet, hat in den Augen des Sohns die Arbeiterklasse verraten. Der Zorn des Sohns ist echt : « ses paroles de haine, c'était de l'or pur »[90]. Wie ein Tier im Käfig droht er zu ersticken. Der Eintritt in den PC, die Gründung der Familie und die Aufnahme der Lehrerlaufbahn (immer mit Monokel) sind eine einzige Entscheidung : Er heisst den Machiavellismus und den souveränen Zynismus der sowjetischen Führer gut. Immer aber weiss er, dass auch der Kommunismus keine Antwort auf die Tatsache des Todes hat. Derselbe Nizan sagt sich nach dem Hitler-Stalin-Pakt vom Parti Communiste los und wird zum bevorzugten Hassobjekt der französischen Kommunisten, er bleibt der Sohn des Vaters, der seine Klasse verraten hat. Früh stirbt er vor Dünkirchen bei den ersten Kampfhandlungen beim Einmarsch der Wehrmacht. Es bleibt die Unbeugsamkeit seiner Verweigerungen (« l'inflexibilité de ses refus »[91]).

---

[85] « L'action… c'est le don absolu de soi, de plus que de soi », Malraux, *La condition humaine*, zitiert nach Stéphane, S.68. Stéphane kommentiert : « en donnant le cyanure, Katow s'en prive, renonce à s'en servir, à s'épargner le supplice ».

[86] Jean-Paul Sartre : « Préface » de Paul Nizan, *Aden Arabie* (1931), La Découverte/Points 1996, S.7-60, S.19 (das Vorwort datiert von 1960).

[87] Sartre, S.18.

[88] Sartre, S.19.

[89] Sartre, S.23.

[90] Sartre, S.21.

[91] Sartre, S.59.

Die Würde jener militanten Menschen ist nicht die Menschenwürde der liberalen Gesellschaft. Sie bildet sich in der besonderen Gruppierung, der verschwörerischen Geheimgesellschaft. Der Nonkonformist verachtet nicht den Schwachen und Armen, wie Elias behauptet. Er verachtet den Koofmich und die elende Masse.

Die Revolutionäre in (Indo)China und in Frankreich stellen sich desinteressiert in den Dienst einer (spirituellen) Mission wie Ordensbrüder im Orden, erwarten nichts von aussen, wollen dem Aussen nichts schulden, frei für den Tod sein. Das Ziel ist die Wiederbewaffnung. In den Heften der Zeitschriften *Nouvelle Revue Française*, *Esprit* und *Volonté* von November 1938 beklagt das Collège de Sociologie mit Bataille, Caillois und Leiris kurz nach dem Münchner Abkommen und vor dem nächsten Krieg die drohende Entmännlichung (dévirilisation) des Menschen. Der bürgerliche Individualismus beraubt den Menschen seiner persönlichen Würde und vitaler Bindungen. Er ist der Herausforderung nicht gewachsen, anstatt zu kämpfen ist er ein Schaf, das zur Schlachtbank geführt wird. Das Collège ruft zu Haltung angesichts des drohenden Todes auf[92].

Auch hier taucht das Arsenal des nonkonformistischen Ritters auf : Männlichkeit, Haltung, Kampf, Ekel vor den Lügen der bürgerlichen Politik. Die Erfahrung der individuellen Beschämung, der Ohnmacht verbindet sich mit einer gesellschaftlichen Erfahrung von Entmachtung. Am Vorabend eines neuen Krieges reagiert das Collège auf eine Krise der bürgerlich-liberalen Gesellschaft, die sich als nicht wehrhaft gegenüber den Radikalisierungen der Zeit erweist. Die Ohnmacht der Einzelindividuen kann nicht in der nationalen und bürgerlich-liberalen Gemeinschaft überwunden werden. Soziale Kohäsion soll in einem Schicksal erreicht werden, das in Grenzüberschreitungen protohistorische und exotische Erfahrungen integriert. Das soziale Band wird ein vitales.

In der Nummer 41 « Révolution et Révolutions » vom 1. Juni 1937 von *L'Ordre Nouveau* veröffentlicht Roger Caillois einen Artikel, der „L'agressivité comme valeur“ überschrieben ist. Der Mauss-Schüler Caillois unterscheidet den grosszügigen schaffenden Produzenten vom parasitären Konsumenten. Die Produzenten sind Geistesaristokraten, sie verachten fast die Muße und den Lohn[93]. Caillois zieht die Organisation in Geheimgesellschaften wie den Ku-Klux-Klan und Orden wie den der Jesuiten vor, um zu zeigen, dass nur entschlossene, homogene und aggressive Gruppenformen, die die unreinen Gewöhnlichen verachten, erfolgreich die Gesellschaft so umformen, dass der Produzent die Übermacht über die Konsumenten, über die befriedigten blöden Schafe gewinnt. In « Le vent d'hiver » beschreibt Caillois „eine Gemeinschaft

---

[92] « Déclaration du Collège de Sociologie », in Denis Hollier : *Le collège de sociologie.* NRF, Gallimard, Paris, 1977, S.99-104, S.103-104.

[93] Roger Caillois : *L'agressivité comme valeur*, in *L'Ordre Nouveau*, no 41, juin 1937, S.56-58, S.57.

von Personen, die unter sich stark gebunden sind, sich spontan als geistesverwandt erkannt haben, und bereit sind, sich bedingungslos gegenseitige Hilfe zu gewähren"[94]. Diese Auserwählten verachten die elende Masse. So entsteht eine Hierarchie der Seinsweisen (« hiérarchie des êtres ») - und der Menschen. Diese Gesellschaft ist gegliedert und anti-egalitär. Sie unterscheidet sich damit entscheidend von liberalen Massengesellschaften.

Für die französischen Nonkonformisten haben aussereuropäische Realitäten eine besondere Bedeutung. Aussereuropäisch betätigt sich Malraux. Um die Erfahrung der Entäusserung (« dépossession ») zu machen, muss Leiris nach Afrika gehen. In Afrika findet Caillois Kulturen der Anähnelung, die er in *Le mythe et l'homme* beschreibt. In ihnen geht das Leben zurück, etwa in der Mimicry-Technik der Gottesanbeterin. In Kontrast hierzu engagiert der kampfbereite europäische Mensch sich in entschlossenen Geheimgesellschaften. Die Normenbrüche der Franzosen spielen sich häufig in den Kolonien ab. Der Verlust der deutschen Kolonien entzieht den deutschen Abenteurern einen mehr oder weniger rechtsfreien Raum.

Die gewaltbereite Zivilität in Frankreich wächst, da der angeblich starke Staat die Aufgabe der Vermittlung und des Schutzes angesichts der drohenden kriegerischen Gewalt nicht übernehmen kann. Die synchrone Analyse der europäischen Landschaft der „Ritter" zwischen den Kriegen macht etwas anderes klar : immer wenn die zwischenstaatliche Auseinandersetzung zu einer Demütigung des Besiegten führt, immer wenn der bürgerliche Rechtstaat die Ohnmacht von einzelnen nicht verhindern kann, steht Gewalt ins Haus. Die Satisfaktionsfähigkeit wird bemüht, um sich in der Niederlage zu behaupten. Der ungehemmte Gewaltausbruch droht dann, wenn Grenzüberschreitung und Gewalt unmittelbar in das Leben der Menschen eingreifen und sie demütigen. Dabei sind die dreissiger Jahre in Frankreich nicht mit den zwanziger Jahren, dann jedoch mit der Naziherrschaft in Deutschland gleichzusetzen. Aber auch Frankreichs Fixpunkte sind unsicher geworden.

VII : Schluss

Aus der Doppelbiographie des deutschen Menschen und des deutschen Staats ist eine deutsch-französische Doppelbiographie geworden. Sie führt nicht zu einer Einebnung aller Unterschiede. Der Befund deutet aber auf eine gemeinsame Beschämung und Kränkung von Deutschen und Franzosen hin, die – bleibt man bei der Elias'schen Konstruktion - sich individuell und auch gesamtgesellschaftlich äussert.

[94] « Une communauté de personnes fortement liées, qui se sont spontanément reconnues apparentées et qui se trouvent prêtes à supporter une assistance mutuelle inconditionnée », Roger Caillois : *Le vent d'hiver*, in Denis Hollier, *Le collège de Sociologie*, Gallimard, Paris, 1979, S. 75-97, S.85.

Wendet man die Instrumente der Doppelbiographie europäisch an, gabelt sich leere Formalität. Die Zivilität zeigt sich dauerhaft doppelt : im bürgerlichen Anstand und im ästhetischen Aufstand des 19. Jahrhunderts gegen die moderne bürgerliche Welt. Nach 1918 zeichnet sich ein Bewusstsein der Ohnmacht gegenüber den grossen Kräften der Zeit ab, insbesondere gegenüber der amerikanischen Modernität und dem bolschewistischen Aufbruch. In den Krisen des 20. Jahrhunderts werden die beiden Erben der höfischen Kultur zu erbitterten Feinden. Wild gewordene Gentlemen konkurrieren mit wild gewordenen (Klein)Bürgern. Die „anständigen" Kleinbürger dürfte man eher bei den Nazis wieder finden, wenngleich sie auch Aufständische gegen das Bürgerliche sind. Nicht die Raubritter haben Elias' Mutter in Auschwitz ermordet.

Die modernen „Ritter" sind davon überzeugt, Rollen im sozialen Leben so wählen zu müssen, dass sie nicht Opfer werden, nicht gedemütigt werden. Sie wollen einerseits Gewalt nicht nur erdulden, andererseits eine noble Haltung einnehmen, mit der sie etwa Besiegte und Verräter verschonen. Zivilität hat so zwei Funktionen : sie ersetzt kriegerische Formen der Konfliktaustragung durch zivile Bürgerlichkeit ; sie beerbt aristokratische Ritualität, in der achtsame Verfahren Entblössung und Gesichtsverlust vermeiden. Beide zusammen erst ergeben ein belastungsfähiges Gefüge von Sozialität.

Die These, im Westen gehe die Gewaltbereitschaft zurück, in Deutschland nehme sie zu, muss modifiziert werden. Deutsche und französische „Ritter" bilden eine kritische Transversale gegen die Waren- und Massengesellschaft. Ihnen ist gemeinsam, dass sie Selbstbehauptung und soziales Verhalten nicht dem Vertrag und der Diskussion anvertrauen. Ihre aristokratische Höflichkeit schliesst Konventionen aus, die Humanität auf Gegenseitigkeit, auf Beziehungen zwischen gleichen Rechtssubjekten festlegen. Für sie kann bürgerliches Dasein Demütigung, Gesichtsverlust nicht verhindern. Wenn die Distinktionen der bürgerlich-liberalen Kultur nicht mehr greifen, nicht mehr Grenzen ziehen, greift das scheidende Ritterschwert ein und teilt in traditionaler Sicht in satisfaktionsfähig / nichtsatisfaktionsfähig, in anthropologischer Sicht in würdig/unwürdig.

Der interkulturelle Querschnitt weist so auf die Notwendigkeit hin, zusätzlich zu den Errungenschaften der bürgerlich-liberalen Gesellschaft eine Sensibilität für Beschämung zu kultivieren, Erniedrigungen von anderen und von sich selbst zu vermeiden und in Macht-Situationen extremer Ungleichheit und Ausgeliefertheit rücksichtsvoll zu agieren. Die Teilnehmer jener Gesellschaft müssen darauf vertrauen können, ihre Würde bewahren zu können.

Jenseits von Rechtsstaat und Marktgeschehen schafft exzentrische Zivilität einen Spielraum für Abenteurer, Dandys, Ausgeflippte, Nonkonformisten. Das Phänomen ist europäisch. Die agonale Zivilität kann sehr militant-grenzziehend, unbeugsam sein, aber auch taktvolle Elemente entwickeln. Die

Krise des Liberalismus verändert die Umgangsformen europäisch. Wenngleich Reservate der Gewalt auch in Frankreich bis heute sich halten, so sind menschenverachtende Exzesse in deutschen Kontexten doch häufiger. Es gilt auch : In Frankreich gab es keine Freikorps, aber Spielwiesen in den Kolonien entlasten ; in Frankreich sind die Faschisten nicht aus eigener Kraft an die Macht gelangt, aber unter dem Schutzschirm der deutschen Besatzung morden auch französische Milizen ; keine Massenvernichtung in französischer Eigenregie hat stattgefunden, wohl aber Beihilfe dazu. Auch erlebt die französische Gesellschaft in den siebziger Jahre keinen Terrorismus, der mit der Brutalität der RAF vergleichbar wäre.

Bestimmte Elemente der satisfaktionsfähigen Gesellschaft sind ein gesamteuropäisches Phänomen, das sich dann gesamteuropäisch abschwächt. Nach 1945 wird der hier dargestellte Typus des Dandys selten. Gegenseitig anerkannte Grenzen und europäische Integration und soziale Standards schaffen Sicherheit, vergleichbare demokratische Sicherungen schaffen Recht, freie Tauschbeziehungen schaffen Wohlstand. Die Transfers von Menschen, Gütern und demokratischen Normen gleichen in Europa aus.

In poetologischen Begriffen kann man diesen Wechsel auch als Ende der Tragödie fassen. Dadurch ersetzt der Citoyen den Heros[95]. Das persönliche Empfinden für Gerechtigkeit prallt nicht mehr an kollektiven Gesetzen ab. An die Stelle des Schicksals, der sich vererbenden Schuld und Rache, treten das abwägende Urteil und die allgemein akzeptierte Strafe, an die Stelle des heroischen Einzelnen der diskutierende citoyen und der seinen Wohlstand geniessende Bourgeois. Wo es kein bedrohtes, verfolgtes, sich auflehnendes und fliehendes Individuum mehr gibt, gibt es auch keine Tragik mehr.

Die egalitäre Gesellschaft mit Massenkonsum, Arbeit und sozialer Sicherheit, mit Massenentblössung an Stränden und in Medien für alle ist kein guter Nährboden für aristokratische Formen. Sie gedeihen in der Krise, da wo Menschen gedemütigt werden. In Konflikten, in der der Migrationshintergrund bemüht wird, auch in antiwestlichen Bewegungen, schlägt uns wieder eine Kultur der Ehre entgegen.

Wenn aber mit der reifen bürgerlichen Kultur auch ein Ablegen des schützenden Panzers, die Angstfreiheit der Männer gemeint ist, gehört Elias zu den immer noch Schutzbedürftigen. Mag die folgende Behauptung nicht sehr politically correct sein, so soll sie doch gewagt werden : Elias ähnelt mehr den einsamen Rittern der satisfaktionsfähigen Gesellschaft, als ihm lieb sein kann. In seinem Gedicht „Verlassene" heisst es (3. Strophe) :

[95] Christoph Menke : Die Gegenwart der Tragödie. Versuch über Urteil und Spiel, Suhrkamp, Frankfurt/M., 2005.

Denn dicht umhüllt im Urwald der Gefühle
Schwelt wild und scheu die unerlöste Scham
Und nährt mit Kräften der Verfluchung Mühle
Leid zeugt den Armen Lust und Lust zeugt Kühle
Und der Entblössung Furcht und Liebe Gram[96].

---

[96] Norbert Elias : *Los der Menschen. Gedichte. Nachdichtungen*, Suhrkamp, Frankfurt/M., 1987, S.34.

Tables des Matières

DE L'ALLEMAND (DA), déjà parus :

Achim GEISENHANSLÜKE, *Le sublime chez NIETZSCHE*, 2000.

Friedrich HÖLDERLIN, *Le Fardeau de la Joie*, traduit de l'allemand et commenté par Kza Han et Herbert Holl, 2002.

Alfred GULDEN, *Sans Toit*, roman traduit de l'allemand par Françoise Lartillot, 2003.

Nadia LAPCHINE, *Poésie et histoire dans l'œuvre tardive d'Erich ARENDT (1903-1984)*, tomes I & II, 2003.

Alexander KLUGE, *De la grammaire du temps*, recueil de textes traduit par Anne-Elise Delatte, 2003.

Françoise LARTILLOT (dir.), *Ernst CASSIRER, Lectures d'une œuvre :* Geist und Leben, 2004.

Herbert HOLL et Günter KRAUSE (dir.), *Heiner MÜLLER et Alexander KLUGE : Le grouillement bariolé des temps,* (Actes du colloque international CRINI/Université de Nantes), 2004.

Alain COZIC et Jacques LAJARRIGE (dir.), *Traversées du miroir. Mélanges offerts à Erika Tunner*, 2005.

André COMBES et Françoise KNOPPER (dir.), *L'opinion publique dans les pays de langue allemande*, 37ème Congrès de l'Association des Germanistes de l'Enseignement supérieur (AGES), Université de Toulouse-Le Mirail (26-28 mai 2004), 2006.

Pierre BEHAR, Françoise LARTILLOT et Uwe PUSCHNER (dir.), *Médiation et Conviction. Mélanges offerts à Michel Grunewald*, 2007.

Francoise LARTILLOT et Reiner MARCOWITZ (dir.), *Révolution française et monde germanique*, 2008.

Hilda INDERWILDI ET Catherine MAZELLIER (dir), *Écritures en décalage. Le théâtre contemporain de langue allemande*, 2008.

L'HARMATTAN, ITALIA
Via Degli Artisti 15 ; 10124 Torino

L'HARMATTAN HONGRIE
Könyvesbolt ; Kossuth L. u. 14-16
1053 Budapest

L'HARMATTAN BURKINA FASO
Rue 15.167 Route du Pô Patte d'oie
12 BP 226
Ouagadougou 12
(00226) 76 59 79 86

ESPACE L'HARMATTAN KINSHASA
Faculté des Sciences Sociales,
Politiques et Administratives
BP243, KIN XI ; Université de Kinshasa

L'HARMATTAN GUINEE
Almamya Rue KA 028
En face du restaurant le cèdre
OKB agency BP 3470 Conakry
(00224) 60 20 85 08
harmattanguinee@yahoo.fr

L'HARMATTAN COTE D'IVOIRE
M. Etien N'dah Ahmon
Résidence Karl / cité des arts
Abidjan-Cocody 03 BP 1588 Abidjan 03
(00225) 05 77 87 31

L'HARMATTAN MAURITANIE
Espace El Kettab du livre francophone
N° 472 avenue Palais des Congrès
BP 316 Nouakchott
(00222) 63 25 980

L'HARMATTAN CAMEROUN
BP 11486
Yaoundé
(00237) 458 67 00
(00237) 976 61 66
harmattancam@yahoo.fr

Achevé d'imprimer par Corlet Numérique - 14110 Condé-sur-Noireau
N° d'Imprimeur : 720095 - Mai 2017 - Imprimé en France